LE SIÈGE

ET

LA PRISE DE CAEN

PAR CHARLES VII

en 1450

PAR

V. HUNGER,

de la Société des Antiquaires de Normandie.

PARIS

IMPRIMERIE CHAMPON ET PAILHÉ

7, Rue Darcet

1912

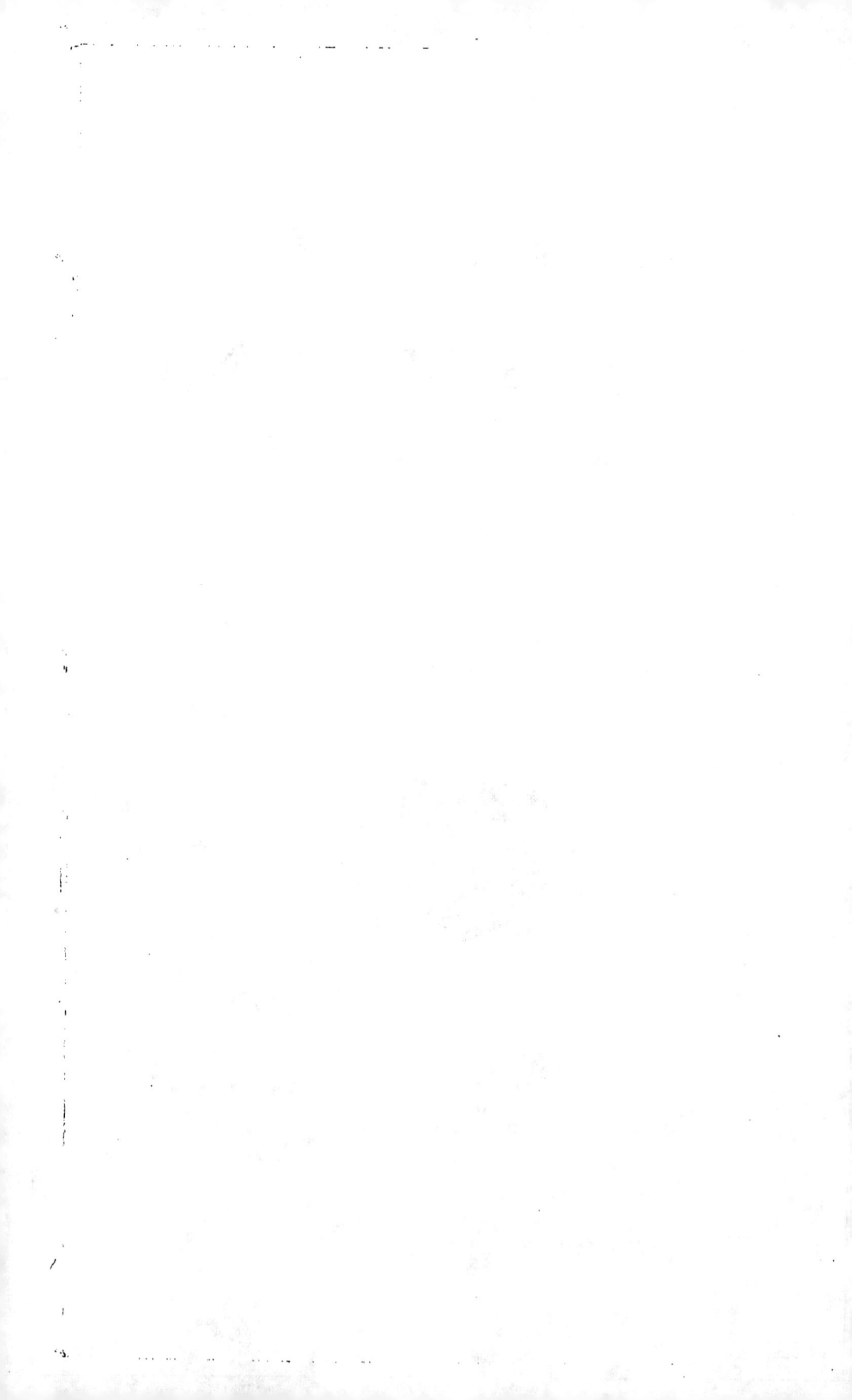

LE SIÈGE

ET

LA PRISE DE CAEN

PAR CHARLES VII

en 1450

PAR

V. HUNGER,

de la Société des Antiquaires de Normandie.

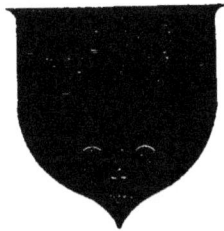

PARIS

IMPRIMERIE CHAMPON ET PAILHÉ

7, Rue Darcet

—

1912

AVANT-PROPOS

L'histoire militaire de Caen compte peu d'épisodes. Les plus importants sont les quelques sièges que la ville eut à soutenir, avec plus ou moins d'honneur mais toujours sans succès, du XIIᵉ siècle au XVIIᵉ. De nos jours, les principaux de ces sièges ont été l'objet d'études critiques· Léon Puiseux a laissé de ceux de 1417 ([1]) et de 1620 ([2]) des récits que l'on peut tenir pour définitifs. Et nous devons à l'actif professeur d'Histoire de Normandie en l'Université de Caen, M. Henri Prentout, un examen approfondi, plein d'érudition et de finesse, du siège particulièrement notable de 1346 ([3]).

Le siège de 1450, qui fit rentrer Caen en la possession du roi légitime de France, n'est pas resté, lui non plus, sans historien. Mais la courte brochure où le même Léon Puiseux en a rapporté les péripéties diverses, est devenue assez rare et elle se présente sans références et sans preuves ([4]). C'est un reproche qu'on ne pourra faire, espérons-nous, au présent travail. Sans doute, nos conclusions ne s'écartent guère de celles qu'avait établies Puiseux. Nous n'aurions su d'ailleurs l'espérer. Pourtant, nous n'avons pas jugé inutile de reprendre dans le détail l'étude des chroniqueurs qui ont relaté le siège de Caen en 1450 et nous avons fait le possible pour en rapprocher les documents administratifs, inédits ou peu connus, de nature à les compléter.

Nos remerciements les plus vifs et bien sincères sont acquis aux personnes qui, avec tant de complaisance, ont bien voulu nous aider dans cette tâche : MM. James Girdler, John R. Nelson (of H. M. Public Record Office), G. Huard et, tout spécialement, notre ami R. N. Sauvage, archiviste-adjoint du Calvados.

Verson, 15 Juin 1912.

([1]) *Prise de Caen par les Anglais en 1417*, dans les *Mémoires de la Société des Antiquaires de Normandie*, t. XXII, Caen, 1856, in-4°, p. 431-473; tirage à part in-8°.

([2]) *Le Siège du Château de Caen par Louis XIII* (ibid., p. 27-80).

([3]) *La prise de Caen par Édouard III, 1346*, dans les *Mémoires de l'Académie de Caen*, 1904, Caen, in-8°, p. 225-295.

([4]) *Cavalcade. 1868. Entrée triomphale de Charles VII à Caen en 1450*, Caen, 1868, in-8°. — Cf. aussi l'abbé De La Rue : *Annales... de la ville de Caen*, dans les *Nouveaux essais historiques sur Caen et son arrondissement*, Caen, 1842, 2 vol. in-8°, t. II, p. 311-322.

LE SIEGE

ET

LA PRISE DE CAEN

PAR CHARLES VII

en 1450

CHAPITRE PREMIER

Etat des esprits en Normandie à la fin de l'occupation anglaise. — Conséquences de la bataille de Formigny. — Les Français victorieux marchent sur Caen. — Préparatifs de résistance du duc de Somerset. — Effectif des troupes anglaises chargées de défendre la ville. — Renforts venus de divers côtés. — Personnages de marque enfermés dans la place.

Les excès administratifs, les maladresses et les violences des Anglais qui, depuis les trèves de 1444, comprenant que le pays allait leur échapper, ne gardaient plus de ménagements (¹), avaient, aussi bien que l'anarchie et l'insécurité croissantes (²), exaspéré les

---

(¹) Cf. entre autres : L. Puiseux : *Des insurrections populaires en Normandie pendant l'occupation anglaise au XVᵉ siècle*, dans les *Mém. de la Soc. des Ant. de Norm.*, t. XIX, Caen, 1851, in-4°, p. 138-159; — A. Gasté : *Les insurrections populaires en Basse Normandie au XVᵉ siècle, pendant l'occupation anglaise, et la question d'Olivier Basselin.* Caen, 1889, in-8°; — Ch. de Beaurepaire : [La Normandie pendant l'occupation anglaise] dans le *Bulletin de la Soc. des Ant. de Norm.*, t. XXVII, Caen, 1909, in-8°, p. 97-146.

(²) « Car tant que la trève avoit duré, ilz (les Anglais) venoient de Mante, de Vernon et de Laigny, sur les chemins d'Orléans et de Paris, desrober et coupper les gorges aux gens qui passoient les chemins. Et pareillement en faisoient au tant les Englois du Neuf-Chastel, de Gournay et de Gerberay, sur les chemins de Paris et d'Amiens, et alloient par les maisons, de nuyt, prendre les gentilz hommes de l'obéissance du roy de France en leur litz; si leur couppoient les gorges. Et estoient les exploiz qu'ilz faisoient durant lesdictes trèves. Et se nommoient et faisoient nommer les malfaicteurs les *faulx-Visages*, pour ce qui se desguisoient de habiz dissoluz et s'embuschoient de testes faictes de couleurs et d'autres habillemens, affin que on ne les congneut ». (Le Héraut Berry : *Le Recouvrement de la duché de Normendie*, dans les *Cronicques de Normendie (1223-1453)*, édit. A. Hellot, Rouen, 1881, in-8°, p. 107); — cf. Siméon Luce : *Chronique du Mont-Saint-Michel*, Paris, Société des anciens textes français, 1879-1883, 2 vol. in-8°, t. II, nᵒˢ CCXLV, CCXLVI, et CCXLVII, p. 178, 179, 180 et 181; — E. Cosneau : *Le Connétable de Richemont (Arthur de Bretagne) (1393-1458)*, Paris, 1886, in-8°, p. 398 et n. 3; — Sur les dates des trèves et sur leur prolongation, cf. *Œuvres de Robert Blondel*, édit. A. Héron, Rouen, 1891, 2 vol. in-8°, t. II, p. 269, n. 2.

populations normandes, avivé leur patriotisme français et leur volonté de briser enfin la domination intolérable des envahisseurs [1]. Trop faibles pour y suffire et le sachant par expérience, elles se tournaient vers leur prince légitime [2].

Henry VI [3], impopulaire et sans force dans son propre royaume, voulait la paix. Mais ses capitaines, enrichis du butin de France, ne pouvaient se résoudre à l'abandon de leurs conquêtes et désiraient naturellement la reprise de la guerre. Les conseillers de Charles VII l'appelaient de tous leurs vœux [4].

Ils y étaient préparés. Les grandes réformes militaires de 1445 [5] avaient déjà commencé de rendre une partie de leur effet. L'indiscipline de l'armée anglaise, peu nombreuse et mal payée, l'infériorité de son artillerie et aussi, semble-t-il, de son commandement, firent au roi de France la partie belle.

La surprise de Fougères (24 mars 1449), grosse ville du duché de Bretagne, fut, comme l'on sait, l'occasion de la réouverture des hostilités [6].

Une seule année amena le retour de toute la Normandie aux mains de Charles VII [7]. La capitulation de Cherbourg (12 août 1450), suprême boulevard des Anglais, mit fin à leur occupation dans l'ouest du royaume [8].

---

[1] Cf. R. Blondel : op. cit., t. II, p. 98, 104, 117, 184 ; — Léon Puiseux : L'émigration normande et la colonisation anglaise en Normandie au XVᵉ siècle, Caen, Paris, 1866, in-8°, p. 87 ; — L. Rioult de Neuville : De la résistance à l'occupation anglaise dans le pays de Lisieux de 1424 à 1444, dans le Bulletin de la Soc. des Ant. de Norm., t. XVI, Caen, 1894, in-8°, p. 325-372 ; — Inauguration du monument de Formigny : Discours de M. Germain Lefèvre-Pontalis, au nom de la Soc. des Ant. de Norm., dans l'Annuaire des cinq départements de la Normandie, Caen, 1904, in-8°, p. 460-473.

[2] Cf. la Complainte des Normans envoyée au Roy nostre sire :

Très noble roy Charles françois,
Entens la supplicacion
Des Normans contre les Anglois
La désolée et male nacion.
Vueillez avoir compassion
De la duché de Normandie
Et le fay sans dilacion,
Trestout le peuple si t'en prie.

(Bibl. Nat., ms. franç. 2861, f° 230).
Cf. Robert Blondel, op. cit., t. I, ch. III, p. 162-164. Etc.

[3] Henry VI, fils de Henry V, né à Windsor en 1421, assassiné à la Tour de Londres, en 1471 ; roi couronné de France depuis le 17 décembre 1431.

[4] Dans une assemblée qui s'était tenue le 31 juillet 1449, au château des Roches-Tranchelion (canton de l'Isle-Bouchard, Indre-et-Loire), les conseillers du roi lui déclarèrent qu'il « estoit deuement, justement et honorablement deslyé et acquité de ladicte trève » (Chronique de Mathieu d'Escouchy, édit. G. du Fresne de Beaucourt, Paris, Société de l'Histoire de France, 1863-1864, 3 vol. in-8°, t. III, p. 245 et 247).

[5] G. du Fresne de Beaucourt : Histoire de Charles VII, Paris, 1881-1891, 6 vol. in-8°, t. IV (1888), ch. XV, p. 387-404.

[6] G. du Fresne de Beaucourt : op. cit., t. IV, p. 322-327.

[7] « Et ainsi fut toute conquise la duché de Normendie, et toutes les citéz, villes et chasteaulx d'icelle mises en l'obéissance du roy de France en ung an et six jours; qui est moult grant merveilles. » (Berry : op. cit., p. 164).

[8] G. du Fresne de Beaucourt : op. cit., t. V, p. 38 et n. 3.

La prise de Caen, deux mois auparavant, en livrant aux Français la deuxième capitale du duché avait assuré leur complète victoire. Après la capitulation de Rouen ([1]) (29 octobre 1449), le duc de Somerset ([2])

([1]) G. du Fresne de Beaucourt : *op. cit.*, t. V, p. 18 et n. 1.

([2]) Edmond de Beaufort, marquis de Dorset, puis duc de Somerset, était fils de Jean de Beaufort, lui-même petit-fils d'Edouard III par son père, Jean de Lancastre. Sa mère était Marguerite, fille de Thomas Holland et sœur de Thomas, tous deux comtes de Kent (Arthur Collins : *The peerage of England*, Londres, 1741-1750, 6 vol., in-8°, t. I, p. 66 ; — Sir Bernard Burke : *A genealogical history of the dormant, abeyant, forfeited, and extinct peerages of the British Empire*, Londres, 1866, in-8°, p. 38). D'après Jean Chartier (*Chronique de Charles VII, roi de France*, édit. Vallet de Viriville, Paris, Bibl. elzévirienne, 1858, 3 vol. in-12, t. III, p. 156), E. de Beaufort aurait fait ses premières armes vers l'année 1417, au combat de Valmont. Le 6 octobre 1431, il donnait quittance, en qualité de connétable de l'armée de France pour le roi d'Angleterre, à Pierre Surreau, receveur général de Normandie, de la somme de 406 l. 17 s. 6 d. t., pour le paiement d'un mois de gages de quinze hommes d'armes à cheval et de quarante-trois archers de sa retenue, sa personne comprise « pour servir mondit seigneur le roy sur les champs et au siège devant Loviers » (Arch. de la Manche, F. Fonds Danquin). Le 20 décembre 1438, il concluait, à Harcourt, avec le duc d'Alençon et Charles d'Anjou, une trève de deux ans pour le Maine et l'Anjou (Cosneau : *op. cit.*, p. 279, n. 4). En 1439, il était capitaine d'Alençon (Bibl. Nat., franç. 26066, n° 3824 ; cf. aussi n°s 3910 et 3915). Le 18 décembre de cette même année, Somerset se trouvait à Saint-Lô, en compagnie de Talbot et de Falkenberg et se préparait à entreprendre avec eux des opérations offensives en vue d'obliger les Français à lever le siège d'Avranches (Siméon Luce : *op. cit.*, t. II, p. 123-124) ; le 23 de ce mois il commandait, avec ces deux mêmes capitaines, auxquels s'était joint Thomas de Scales, un corps d'armée anglais qui obligea les Français à abandonner Avranches (J. Chartier, *op. cit.*, t. I, p. 250-252 ; — S. Luce : *op. cit.*, t. II, p. 121-122). En 1440, il était toujours capitaine d'Alençon (Bibl. Nat., franç. 26068, n°s 4228, 4232). Le 30 juillet 1440, le roi d'Angleterre l'envoyait mettre le siège devant Harfleur avec cinq cents hommes d'armes et quinze cents archers (Gruel : *Chronique d'Arthur de Richemont*, édit. Achille Le Vavasseur, Paris, Société de l'histoire de France, 1890, in-8°, pièce justificative XXXVII, p. 266). Le 14 octobre suivant, il battait le connétable de Richemont envoyé au secours d'Harfleur, avec Charles d'Anjou, comte d'Eu, Dunois, La Hire, Gaucourt et Gilles de Saint-Simon (Cosneau : *op. cit.*, p. 311). Le 24 juin 1443, Edmond de Beaufort prenait le titre de marquis de Dorset (Mathieu d'Escouchy : *op. cit.*, t. II, p. 465 ; — A. Collins : *op. cit.*, t. I, p. 66), et en 1446, celui de *Regent of Normandy* (A. Collins : *op. cit.*, t. I, p. 66). Afin de pouvoir rendre aux princes d'Anjou le comté du Maine qu'il avait précédemment donné à Charles d'Anjou, Henry VI octroya à ce dernier, le 13 novembre 1447, une rente annuelle de dix mille livres tournois (Bibl. Nat., franç. 26077, n°s 5834, 5835 ; franç. 26078, n°s 6011, 6019, 6051 ; — cf. Cosneau : *op. cit.*, p. 392, n. 2). Le 31 mars 1448, Ed. de Beaufort prit le titre de duc de Somerset, par suite de la mort de son frère Jean, arrivée dès 1444 (Mathieu d'Escouchy : *op. cit.*, t. I, p. 133, n. 1 ; — A. Collins : *op. cit.*, t. I, p. 66). — Les registres de l'Echiquier de Normandie pour 1448 lui donnent « le titre de duc de Somerset, marquis de Dorset, comte de Mortain et de Harcourt, lieutenant gouverneur général de France en Normandie » (H. Sauvage : *Recherches historiques sur l'arrondissement de Mortain*, Mortain, 1851, in-8°, p. 225). Il était en effet revenu d'Angleterre en France, au commencement de ladite année 1448, avec des renforts et le titre de lieutenant et gouverneur général du royaume de France et des duchés de Normandie et de Guyenne (J. Stevenson : *Letters and papers illustrative of the wars of the English in France, during the reign of Henry the sixth, King of England*, Londres, Maître des Rôles, 1861-1864, 2 vol. en 3 t., in-8°, t. I, supplément, p. 479, 481, 482 ; — cf. E. Cosneau : *op. cit.*, p. 398, n. 4 ; — Thomas Basin : *Histoire des règnes de Charles VII et de Louis XI*, édit. J. Quicherat, Paris, Société de l'histoire de France, 1855-1859, 4 vol. in-8°, t. I, p. 191-193). — Somerset installa à Rouen le siège de son gouvernement (Basin : *op. cit.*, t. I, p. 192) et fit, le 8 mai 1448, son entrée dans la cathédrale (Ch. de Beaurepaire : *Les Etats de Normandie sous la domination anglaise*, dans le *Recueil des travaux de la Société libre de l'Eure*, 3e série, t. V, 1857-58, Evreux, 1859, in-8°, p. 445). A peine avait-il pris la direction des affaires qu'il recevait du duc de Bretagne et de Charles VII, des plaintes au sujet des ravages causés par les Anglais et il leur répondait qu'il ferait désormais respecter les trèves (Mathieu d'Escouchy : *op. cit.*, t. I, p. 153 et n. 2). En réalité il n'en tint aucun compte et prépara en sous-main la surprise de Fougères (Cosneau : *op. cit.*, t. IV, p. 301, 302, 304) qu'il donna à François de Surienne l'ordre d'exécuter (24 mars 1449) (Basin : *op. cit.*, t. I, p. 195 ; t. IV, p. 293 et 310), s'engageant à le secourir s'il était attaqué par les Français (*ibid.*, t. IV, p. 335) et le complimentant d'avoir réussi ce coup de force (*ibid.*, p. 306). Désapprouvé par le Grand Conseil, il rejeta la responsabilité de l'attentat sur les lords anglais, déclara bannis de France ceux qui y avaient pris part, mais continua, toutefois, à se tenir en relation avec eux (*ibid.*, p. 326, 327, 340, 343). Puis, il reçut les ambassadeurs que Charles VII lui avait envoyés à ce sujet, et, tout en désavouant la rupture des trèves, ne prit aucune mesure pour accorder une légitime réparation au roi de France (du Fresne de Beaucourt : *Histoire de*

s'était réfugié à Caen ([1]). La situation du lieutenant-général du roi Henry VI en France et Normandie, était des plus précaires. Il voyait grandir chaque jour l'hostilité des populations à l'égard de son gouvernement et pouvait prévoir que l'arrivée des premiers coureurs de l'armée royale leur ferait prendre les *croix blanches*. Les quelques troupes qui lui restaient diminuaient chaque jour d'effectif en même temps que s'affaiblissait leur confiance ([2]). Aussi, Somerset ne cessait-il de réclamer à Henry VI des secours qui se firent longtemps attendre. L'arrivée à Cherbourg ([3]), le 15 mars 1450, des caraques anglaises portant Thomas Kyriel ([4]) et les renforts

---

Charles VII, t. IV, p. 324 et n. 4 et p. 325). Sa déloyauté mit le comble au ressentiment des Français. A la vérité, il ne les croyait pas suffisamment prêts pour lui résister, sa fureur fut donc aussi grande que sa stupéfaction en apprenant qu'ils venaient de s'emparer de Pont-de-l'Arche (16 mars 1449) (Basin : *op. cit.*, t. I, p. 202). Le 17 juillet suivant, les trêves étaient rompues officiellement et la guerre déclarée. Charles VII victorieux ne tarda pas à venir assiéger le duc dans Rouen, et l'obligea à capituler le 29 octobre 1449 (Arch. Nat., K. 68, nos 37, 38; — JJ. 180, fo II, vo.; — cf. du Fresne de Beaucourt : *op. cit.*, t. V, p. 18. En quittant Rouen, Somerset se réfugia à Caen avec sa femme et ses enfants. J. Lair : (*Essai historique et topographique sur la bataille de Formigny*, 2e édition, Paris-Bayeux, 1903, gr. in-8o, p. 63) a mentionné le duc de Somerset sur la liste des Anglais qui prirent part à la bataille de Formigny. Mais sa présence à ce combat, n'a été, croyons-nous, signalée par aucun chroniqueur du temps. Après la reddition de Caen, Somerset revint en Angleterre. Quoiqu'il ait, à son retour, encouru la colère populaire pour avoir laissé perdre la Normandie, il ne se laissa pas abattre et il ne fut, du reste, porté contre lui, aucune accusation dans l'assemblée du Parlement qui eut lieu à Westminster le 6 novembre 1450. Il resta donc chef du pouvoir et fut même honoré, en septembre 1451, du titre lucratif de capitaine de Calais et, le 10 dudit mois, de celui de connétable d'Angleterre (Mathieu d'Escouchy : *op. cit.*, t. I, p. 3**, n. 1; — cf. T. Rymer : *Fœdera*, Londres, 1704-1735, 20 vol. in-fo, t. XI (1710), p. 276.) « Le Parlement, prorogé le 20 janvier et le 20 avril de cette même année (1451), se réunit enfin le 5 mai. C'est, il nous semble, à cette date qu'on doit placer l'accusation portée par le duc d'York contre Somerset et la pétition relative au premier ministre et à ses collègues. Somerset s'en fut point ébranlé. C'est alors que le duc d'York, après d'activées menées, vint (fin de 1452), se concerter à Londres avec ses amis, et prit les armes. On connaît le résultat de cette tentative : Somerset sut encore une fois la faire tourner à son avantage. Mis à la Tour, en janvier 1454 seulement, il reprit la direction des affaires un an après et périt, le 22 mai 1445, à la bataille de Saint-Albans » (Mathieu d'Escouchy, *op. cit.*, t. I, p. 315, n. 1). Les armes des Beaufort ducs de Somerset étaient : *écartelé de France et d'Angleterre, à la bordure componée d'argent et d'azur* (Sir B. Burke : *op. cit.*, p. 36).

Sur Somerset, cf. J. Stevenson : *Narratives of the expulsion of the English from Normandy*, MCCCXLIX-MCCCCL., Londres, 1863, in-8o, index, p. 525; — *Letters and Papers*, t. II, p. 633, à l'index : Somerset, Edmond duke of, governor general of France and Normandy; — Robert Blondel : édit. Héron, t. II, p. 266, n. 3).

([1]) « Et parmy ce traictié faisant, se partit et sortit dudit palais (de Rouen) le duc de Sombrecet, le mardy quatriesme jour de novembre (1449) et s'en alla luy avecques les autres Angloys de sa compaignie, tant par eaue que par terre, droit à Harfleu et à Caen. » (J. Chartier : *op. cit.*, t. II, p. 158, 159) « ... Et ainsi s'en alla le duc de Sombreset et autres Anglois à Honnefleu, et de là à Caen. » (Berry : *op. cit.*, p. 132.)

([2]) Preuves : page XIX.

([3]) J. Chartier : *op. cit.*, t. II, p. 191. — Berry : *op. cit.*, p. 144. — Mathieu d'Escouchy : *op. cit.*, t. I, p. 276-277.
« Concilium vero domini regis ordinavit Thomam Kyryelle, militem, Christoforum Barton, dominum Thomam Drynge, Thomam Kaylys, Cuthbertum Colvyle (alias dictum Chamberleyne), cum aliis nobilibus capitaneis et solidariis ad numerum quatuor millium, ad proficiscendum Normanniam. Post Natale Domini de Portesmothe navigatur. » (Stevenson : *Letters and Papers*, t. II, p. [765].

([4]) En 1423, Th. Kyriel, chevalier, est mentionné, par du Fresne de Beaucourt, comme capitaine de dix-neuf hommes d'armes et de soixante archers puis comme capitaine de Clermont-en-Beauvaisis, en 1431 (Mathieu d'Escouchy : *op. cit.*, t. II, p. 522). De la Saint-Michel 1433 à la Saint-Michel 1434, il eut la

qu'il amenait avec lui ('), vint mettre à ses inquiétudes un terme de bien courte durée. En apprenant l'arrivée de ce secours, on dit que Somerset s'écria : « O Charles, ô Charles, vous nous avez traqués à la piste, en chasseur impitoyable ; à notre tour de vous serrer encore de plus près » (²). Un mois après ce débarquement, la défaite que Kyriel essuya à Formigny (³), enleva à Somerset son dernier espoir, et, quand il connut toute l'étendue du désastre, le duc ne dut plus songer qu'à se défendre dans Caen.

---

garde de Gisors, de Gournay et de Neufchâtel et « obligavit se salvo custodiri pro appatisamentis adversario-rum patriæ circumadjacentis dictorum fortalitiorum. » (Stevenson : *op. cit.*, t. II, p. [544]). En 1435, son nom figure sur une « List of the retinue of the duke of Bedford in the French wars. » (Stevenson : *Letters and Papers*, t. II, p. 435). La même année, il remplissait les fonctions de capitaine de Gournay (Mathieu d'Escouchy : *loc. cit.*) et vint, au mois de juin, avec Mathieu Gogh et six cents combattants pour déloger les Français qui assiégeaient Saint-Denis ; mais il fut battu par Dunois, le sire de Lohéac, le sire de Bueil et Ambroise de Loré, aux environs du pont de Meulan-sur-Seine (J. Chartier : *op. cit.*, t. I, p. 181, 182). En 1441, Th. Kyriel était, d'après du Fresne de Beaucourt, lieutenant de Calais (Mathieu d'Escouchy : *loc. cit.*) Il retourna en Angleterre à une époque que nous ignorons, puis fut, comme nous le voyons ici, envoyé, au mois de mars 1450, au secours de Somerset. Débarqué à Cherbourg le 15 dudit mois, il vint, sur la demande du bailli de Cotentin, assiéger Valognes, défendu par Abel Rouault, et s'empara de cette ville vers le 27 (J. Chartier : *op. cit.*, t. II, p. 191 ; — Berry : *op. cit.*, p. 144 ; — Mathieu d'Escouchy : *op. cit.*, t. I, p. 277, 278 ; — Stevenson : *op. cit.*, t. II, p. [626]). Kyriel se dirigea ensuite sur Caen, passa la Vire aux gués de Saint-Clément et arriva à Formigny, le 15 avril 1450, où il fut complètement battu et fait prisonnier (J. Chartier : *op. cit.*, t. II, p. 192-197 ; — Berry : *op. cit.*, p. 144-147 ; — R. Blondel : *op. cit.*, t. II, p. 191 ; — Mathieu d'Escouchy, *op. cit.*, t. I, p. 285 et n. 2 ; — Gruel : *op. cit.*, p. 208 ; — Stevenson : *op. cit.*, t. II, p. [630] ; — *The Paston letters*, A. D. 1422-1509, édit. James Gairdner, Londres, 1904, 6 vol. petit in-4º, t. II, p. 147 et n. 2). Les Anglais attribuèrent sa défaite au retard qu'il avait mis à rejoindre Somerset, malgré l'ordre formel qu'il en avait reçu (Stevenson : *op. cit.*, t. II, p. [595]). Revenu en Angleterre, Kyriel prit le parti des Yorkistes dans la guerre des Deux-Roses. Fait prisonnier le 17 février 1461, à la bataille de Saint-Albans, Marie d'Anjou le fit décapiter (Mathieu d'Escouchy : *op. cit.*, t. II, p. 522 ; — « Bellum secundum Sancti Albani... Ac in die Cinerum capti sunt Wyllelmus Boneyyle et Thomas Kyriele, miles, et in præsentia principis decollantur apud Sanctum Albanum. » (Stevenson : *op. cit.*, t. II, p. [776]). « Si eut lors la royne de grans devises audit Louvelet ; puis parla à messire Thomas Quirel et à son filz, lesquelz elle nomma plusieurs fois trahittres, à quoy le bon chevalier respondy : *Ma très redoublée dame, oncques [jour de ma vie] ne pensay ne fich trahison, ne oncques de nul villain reproche on ne me sceut attaindre ; si me feroit grant mal que en mes vielz jours j'en feusse notté*. Ausquels motz la royne le regarda moult fièrement, jurant la foy qu'elle devoit au roy que vengeance en prenderoit : si fist appeler son filz le prince de Galles, pour juger de quel mort on le feroit morir. L'enfant, qui ja estoit introduit, vint au devant de la royne sa mère, qui lui demanda : *Beau filz, de quele mort finiront ces deux chevalliers que là veez*, à sçavoir messire Thomas Quirel et son filz. Et le jeune prince respondy que l'en leur trancheroit les testes. A quoy replicqua messire Thomas, disant : *Dieu met en mal au quy ainsi t'a aprins à parler !* Et tanstost aprez on leur trancha les testes, dont ce fut pitié. » (Jean de Wavrin : *Anchiennes Chronicques d'Engleterre*, édit. de Mⁱˡᵉ Dupont, Paris, Société de l'Histoire de France, 1858-1863, 3 vol. in-8º, t. II (1859), p. 265).

(¹) Cf. du Fresne de Beaucourt : *Histoire de Charles VII*, t. V, p. 27 et n. 4 (Cette note est relative au chiffre très controversé de l'effectif de l'armée anglaise).

(²) « O Karole ! O Karole ! vos venas nostras acri venatu constrinxisti, sed nunc vestras acerbiori constringam. » (Blondel : *op. cit.*, t. II, p. 172).

(³) Cf. J. Chartier : *op. cit.*, t. II, p. 192-200 ; — Berry : *op. cit.*, p. 145-148 ; — Mathieu d'Escouchy : *op. cit.*, t. I, p. 279-286 ; — R. Blondel : *op. cit.*, t. II, p. 189-192 ; — Th. Basin : *op. cit.*, t. I, p. 236-238 ; — Gruel : *op. cit.*, p. 205-208 ; — J. Duclercq : *Mémoires*, édit. Buchon, Paris, 1838, gr. in-8º, p. 17-19 ; — Ch. Lambert : *Mémoire historique sur la bataille de Formigny*, Caen, 1824, in-8º ; — Joret : *La bataille de Formigny d'après les documents contemporains*, Paris, 1903, in-8º ; — E. Anquetil : *Formigny*, dans les *Mémoires de la Société des sciences, arts et belles-lettres de Bayeux*, t. VII, Bayeux, 1902, in-8º, p. 51-167 ; — J. Lair : *op. cit.* ; — Ed. de Marcère : *La bataille de Formigny et ses conséquences*, Flers-Argentan, 1910, in-8º.

La garnison de la ville était alors assez réduite : elle comprenait les survivants des six cents combattants que Somerset en
avait détachés pour aller, sous la conduite de Robert de Vère ([1]),
prêter main-forte à Kyriel ([2]), et qui, à Formigny avaient suivi leur
chef dans sa fuite ([3]), quatre ou cinq cents hommes réfugiés à

([1]) Robert de Vère était le second fils de Richard de Vère, comte d'Oxford et d'Alice, fille de Sir Richard
Serjeaulx, Knt., of Cornwall (Sir Bernard Burke : *op. cit.*, p. 551). Le 5 décembre 1448, R. de Vère donnait
quittance des gages de douze hommes d'armes et de trente-six archers de sa retenue, pour avoir leur logis et
retrait à Verneuil (Bibl. Nat., pièces originales 2953, dossier 65583, Veer, no 5), et le 27 du même mois
il figure dans une montre de deux hommes d'armes et de trente-six archers de crue, faite à Verneuil (Bibl.
Nat., franç. 25578, no 1831). Il est cité pareillement dans deux quittances datées des 1er février 1449 (N. s.)
et 22 juillet de la même année, la première relative aux gages de dix hommes d'armes à cheval et de
trente-et-un archers de sa retenue « ordonnez à avoir leur logeys et retrait à Verneuil », et la seconde
également pour les gens d'armes de sa retenue « pour servir sur les champs partout ou ordonné seroit »
(Bibl. Nat., collection Clairambault, titres scellés, vol. 206, nos 97, 98). Après la prise de Fougères,
François de Surienne, dépourvu de soldats et craignant un retour offensif des Français, avait fait demander
des secours à Suffolk, lequel lui fit savoir qu'il avait « fait appointer messire Robert Ver, chevalier à tout
certain nombre de gens pour venir audit Fougères. » Comme R. de Vère n'arrivait pas assez vite au gré de
ses désirs, Surienne lui envoya des gens pour l'inviter à hâter sa venue. « Maiz, dit Surienne, il ne passa
onquez la ville de Caen, me faisant responce que le bailli et ceux de ladicte ville l'avoient requiz de
demourer illec. » (Stevenson : *op. cit.*, t. I, p. 292, 293). Lorsque Kyriel vint assiéger Valognes (mars
1450), Somerset envoya R. de Vère pour lui prêter main-forte. « Ad obsidionem Valloniarum corrobo-
randum et vires pugnatorum augendas duo virorum armis prestantium millia mature transmisit; quorum
magister Ver, comitis Oxonfordie germanus, ex Cadomi, Matheus Goth, ex Baiocarum, et Henricus
Northbery, ex Virie presidiis assumptorum ductores erant » (R. Blondel : *op. cit.*, t. II, p. 175).
Le 15 avril 1450, de Vère prenait part à la bataille de Formigny; il s'enfuit à Caen, lorsqu'il vit la journée
perdue et ce fut lui peut-être qui apporta à Somerset la nouvelle du désastre : « ..... Matheus Goth,
Baiocas et magister Ver Cadomum, cum lapsum suorum viderent irreparabilem, fugiunt (R. Blondel :
op. cit., t. II, p. 191 ; — cf. Berry : *op. cit.*, p. 147; — J. Chartier : *op. cit.*, t. II, p. 196 et 198 ; —
Mathieu d'Escouchy : *op. cit.*, t. I, p. 282 et 285 ; — J. Duclercq : *op. cit.*, p. 18). Le 31 mai 1450,
« ayant don à lui fait par le roy d'Angleterre de la somme de cinq cens livres tournoys, pour une fois
payée, à prendre sur les arrérages deubz des revenues appartenant à l'abbaye du Mont-Saint-Michel », il
donna quittance à Me Jean Bagot, fermier pour l'année 1447 de la terre et baronnie de Bretteville-sur-
Odon et Domjean, appartenante à ladite abbaye, de la somme de mclxxii l. t. que J. Bagot devait lui payer
sur les fermages qu'il restait devoir. N'ayant pu lui verser cette somme, Jean Bagot avait été arrêté et
retenu prisonnier au château de Caen pendant quinze semaines et jusqu'au paiement des 372 livres
en question (V. Hunger : *Histoire de Verson*, Paris, 1908, gr. in-8o, pièce justificative no 34, p. 182).
Enfermé dans Caen pendant le siège de 1450, il fut, au moment de la reddition, un des chevaliers donnés
en otages (Gruel : *op. cit.*, p. 213). Robert de Vère repassa ensuite en Angleterre, et nous trouvons son
nom dans un mandat de paiement donné le 28 mai 1854, par Henry VI aux trésoriers et aux chambellans
de son Echiquier : « Mandate for the payment of money for the keeping of the sea. » (Stevenson : *op. cit.*,
t. II, p. 493). Robert Blondel nous renseigne sur le titre de *Maître* qui est fréquemment donné à Robert
de Vère : « Non iste *Magister* Ver alicujus preclare artis professor existit, sed, ut accepi, mos Anglorum
inolevit ex preclaro et potenti genere *postnatos* nominare *magistros*. Namque forsan aliorum et sanguine
minori procreatorum in bello magistri et ductores efficiuntur. (A. Vallet de Viriville : *Notice sur Robert
Blondel*, dans les *Mém. de la Soc. des Ant. de Norm.*, t. XIX, Caen, 1851, in-4o, p. 223, n. 1). Robert de Vère
avait épousé Joane, veuve de Sir Nicholas Carew et fille de sir Hugh Courtenay (Sir Bernard Burke : *op.
cit.*, p. 551). La Bibliothèque Nationale possède un sceau de Robert de Vère : « Sceau rond de 41 mill. —
Écu écartelé : au 1 et 4 d'une quintefeuille ; au 2 et 3, d'un plain ; penché, timbré d'un heaume à lambrequins, cimé d'un sanglier. » (G. Demay : *Inventaire des sceaux de la collection Clairambault à la Bibliothèque
Nationale*, Paris, 1885-1886, 2 vol. in-4o, t. II, p. 290; no 9345). D'après Sir Bernard Burke (*op. cit.*, p. 553),
les armes de cette famille étaient : écartelé de gueules et d'or, une molette d'argent au 1er quartier.

([2]) Berry : *op. cit.*, p. 144.

([3]) « Incontinent que lesdits Anglois qui là estoient apperceurent la venue d'iceluy connestable,
Mathago et maistre Robert Ver, avec bien mille Anglois en leur compaignie, s'enfouyrent à Caen et à
Bayeux » (J. Chartier : *op. cit.*, t. II, p. 196 ; — Berry : *op. cit.*, p. 147). « ..... Mathago qui se saulva et
s'en fuit à Bayeux et Robert Ver à Caen avecques quelque nombre d'Anglois ausquelz on donna la chace

Caen après la capitulation de Vire (¹), et surtout les soldats que Somerset avait maintenus près de lui pour sa sureté personnelle. Il disposait ainsi de trois à quatre mille hommes (²) que commandaient Davy Halle (³), Robert de Vère et Henry Redford (⁴), capitaines de la ville, du château et du donjon (⁵), force à peine suffisante pour la défense d'une place aussi vaste que Caen.

D'après un passage des *Worcester's collections concerning the affairs of Normandy in France* (⁶), avec le duc de Somerset se trouvaient dans la ville la duchesse sa femme (⁷) et ses enfants (⁸), Richard Harington,

---

jusques aux portes » (*Les Grandes Chroniques de Bretaigne composées l'an 1514*, par Alain Bouchart, nouvelle édition publiée sous les auspices de la *Société des Bibliophiles Bretons et de l'Histoire de Bretagne*, par M. Le Meignen, Nantes, 1886, in-4⁰, f⁰ 200).

(¹) « Aprez ceste desconfiture (*la bataille de Formigny*), se partirent lesdiz François tous ensemble, et allèrent mettre le siège à la ville de Vire, où estoient de trois à quatre cens Anglois. Lequel n'y fut guères, car ledit messire Henry Norbery, qui en estoit capitaine, en fist la composition, lui estant prisonnier. Et s'en allèrent de là lesdiz Anglois dedens la ville de Caen, leurs corps et leurs biens saufz » (Berry : *op. cit.*, p. 148).

(²) Preuves : p. v, ix, xi, xiii, xvii, xxvi, xxx, xxxiii.

(³) Nous n'avons pu trouver aucun renseignement sur ce personnage.

(⁴) G. du Fresne de Beaucourt dit qu'Henry Redford était capitaine de Vernon en 1436 (Mathieu d'Escouchy, *op. cit.*, t. II, p. 552); il remplissait cette fonction même antérieurement à ladite année (Arch. de la Seine-Inférieure, F. Fonds Danquin), mais le 17 février 1437 (N. s.) il n'en était plus titulaire (Bibl. Nat., collection Clairambault, reg. 190, p. 7275). Nous le retrouvons comme bailli d'Alençon de 1439 à 1448 en même temps que capitaine d'Essay (Mathieu d'Escouchy : *loc. cit.*; — *Mém. de la Soc. des Ant. de Norm.*, t. XXII, Caen, 1856, in-4⁰ p. 346, n. 1; — Arch. de l'Orne, H. 1117, 1454, 1460, 1528, 1587; F. Fonds Danquin; — Bibl. Nat., collection Clairambault, reg. 94, p. 7289 et 7291). En 1446, H. Redford cumulait ces fonctions avec celles de Maître enquêteur et général réformateur des eaux et forêts des bailliages de Caen (Arch. de l'Orne, H. 1958) et d'Alençon (*Mém. de la Soc. des Ant. de Norm.*, t. XXII, p. 346) et, en 1447, avec celle de lieutenant au Palais de Rouen du duc d'York (Mathieu d'Escouchy : *loc. cit.*). Le 3 octobre 1449, il était bailli de Rouen (Arch. de la Seine-Inférieure, G. 4336). Ce même mois, il fut chargé de négocier la reddition de Rouen (Mathieu d'Escouchy, *op. cit.*, t. I., p. 226; — Stevenson : *op. cit.*, t. II, p. [608, 609, 611]) et il fut après la capitulation de cette ville, au nombre des otages remis par Somerset pour la délivrance de sa personne, de celle de sa femme et de ses enfants et de ses biens (Mathieu d'Escouchy : *op. cit.*, t. I, p. 228, n. de la p. précéd.; — Stevenson : *op. cit.*, t. II, p. [628]). En 1452, d'après du Fresne de Beaucourt, Redford était maire de Bordeaux (Mathieu d'Escouchy : *op. cit.*, t. II, p. 552). Voici la description de son sceau en 1447 : « Sceau rond de 44 mill. — Ecu portant un fretté sous un chef, penché, timbré d'un heaume cimé d'un bélier, supporté par deux sangliers cornus à corps de lion. Dans le champ, des fleurs. » (Demay : *op. cit.*, t. II, p. 107, n⁰ 7622 ; — cf. aussi même page, n⁰ˢ 7621 et 7623).

(⁵) *Grafton's Chronicle*. Londres, 1809, 2 vol. in-4⁰, t. I, p. 636.

(⁶) « Le [   ] jour de juing, mil iiii.c.l. fut mis le siège devant lez villes et chastel de Caen où estoit dedens le duc de Somerset, gouvernant, sa famme et ses enfans, et messire Robert Ver, chevalier, messire Richart Haryngton, chevalier, bailli dudit lieu, messire Richart aux Espaulles, chevalier, Robert Wytyngham, escuier, lieutenant de ladite ville, Fouques Eton, escuier, Laurens Raynford, escuier, Henry Court et Jehan Count, escuiers, et aultres gens compaignies de gentilz hommes et archers, jusque au nombre de trois mille Englois. » (Stevenson : *op. cit.*, t. II, p. [631]).

(⁷) La duchesse de Somerset était Eléonore Beauchamp, seconde fille de Richard Beauchamp, comte de Warwick, et d'Elisabeth, fille de Thomas lord Berkeley, vicomte Lisle (Sir B. Burke : *op. cit.*, p. 32). Eléonore fut mariée en premières noces à Thomas, lord de Ros (*ibid.*, p. 32), lequel mourut le 18 août 1431 (*ibid.*, p. 460). De ce premier mariage, elle aurait eu un fils, Thomas de Ros, qui fut un des otages donnés par Somerset après la capitulation de Rouen (Mathieu d'Escouchy : *op. cit.*, t. I, p. 227, n. 7. — Cette note mentionne la mort de lord Ros en 1441, mais nous pensons qu'il faut lire 1431, comme l'indique Burke). Eléonore Beauchamp épousa en secondes noces Edmond Beaufort, duc de Somerset (Burke : *op. cit.*, p. 36.) et lui survécut douze années. Elle mourut le 12 mai 1467 (R. Blondel : *op. cit.*, t. II, p. 279, n. 2).

(⁸) De son mariage avec Eléonore Beauchamp, Somerset avait eu cinq filles et quatre fils.

« He married Eleanor, second daughter and co-heir to Richard Beauchamp, earl of Warwick, and

bailli de Caen (¹), Richard-aux-Epaules (²), chevalier, Robert

by her had four sons and five daughters; of which, Eleanor the eldest, was the second wife of James Butler, earl of Ormond and Wiltshire; Joan the second, was first married to the lord of Hoath (Howth) in Ireland, and secondly, to Sir Richard Fry, knight. Anne the third, was married to Sir William Paston of the county of Norfolk, Kt. Margaret, the fourth, was first married to Humphrey Stafford, earl of Stafford, and secondly, to Sir Richard Darrel, Kt. by whom she had a daughter Margaret married to James Touchet, lord Audley, ancestor to the present earl of Castlehaven; and Elisabeth, the fifth daugther, was married to sir Henry Lewis, Kt.

Of the sons of Edmund, duke of Somerset, which were Henry, Edmund, John and Thomas, the eldest succeeded his father in the dukedom; but he having no lawful issue, the honour devolved upon Edmund his next brother: but he dying without issue, as did also John and Thomas, his next brothers, we shall now return to Henry, the eldest. »

Ce Henry mourut lui-même sans héritiers légitimes, mais laissant un enfant naturel qu'il avait eu d'une certaine Jeanne Hill ou De la Montaign, lequel fut nommé Charles et surnommé Somerset (A. Collins : *op. cit.*, t. I, p. 66 et 67; — cf. B. Burke : *op. cit.*, p. 36).

(¹) Richard Harington, chevalier, seigneur de Varaville, conseiller du roi, fut d'abord bailli d'Evreux et capitaine de cette ville, depuis la fête Saint-Michel 1433 jusqu'à la même époque de l'année suivante : « Evreux civitas. Ricardus Haryngton, miles, xv lanceas equestres, xx lanceas pedestres et cv archiers » (Stevenson : *op. cit.*, t. II, p. [542]). Il devint ensuite bailli de Caen le 2 juillet 1434 (Arch. Calvados, F. Fonds Danquin, vidimus du lieutenant-général du bailli d'Evreux du 21 juillet 1435) et exerça cette fonction jusqu'au moment de la reddition de Caen en 1450 (Michel Béziers : *Chronologie historique des baillis et des gouverneurs de Caen*, Caen, 1766, in-12, p. 80 et suiv. — L'abbé De La Rue : *Essais historiques sur la ville de Caen*, Caen, 1820, 2 vol. in-8°, p. 261. — Pierre Carel : *Histoire de la ville de Caen depuis Philippe-Auguste jusqu'à Charles IX*, Paris, 1886, in-8°, p. 255, 256). Nous le trouvons en effet mentionné en cette qualité, pendant les années suivantes : 1434 (Bibl. Nat., franç. 26058, n°s 2338, 2399, 2416; franç. 26059, n° 2443; — Bibl. Nat., nouvelles acq., franç. 21289, n°s 109 et 115; *ibid.*, franç. n° 3623, n° 315.); 1435 (Bibl. Nat., franç. 26059, n°s 2481, 2498, 2507, 2510, 2524, 2563, 2622, 2623; franç. 26060, n°s 2634, 2676; — Bibl. Nat., nouvelles acq., franç. 21289, n° 122); 1436 (Bibl. Nat., franç. 26060, n°s 2723, 2784; franç. 26061, n°s 2807, 2826, 2839, 2843, 2861, 2874, 2909, 2910, 2913, 2933, 2934, 2958, 2978); 1437 (Bibl. Nat., franç. 26062, n°s 3067, 3103, 3104, 3105, 3143; franç. 26063, n°s 3265, 3326, 3371); 1438 (Bibl. Nat., franç. 26063, n° 3395; franç. 26064, n°s 3408, 3447, 3454, 3458, 3463, 3556, 3599; — Bibl. Nat., nouvelles acq., franç. 21289, n° 139.); 1439 (Bibl. Nat., franç. 26066, n°s 3814, 3829, 3832, 3833); 1440 (Bibl. Nat., franç. 26067, n°s 4026, 4097; franç. 26068, n° 4264); 1441 (Bibl. Nat., franç. 26068, n°s 4371, 4391; franç. 26069, n° 4438); 1442 (Bibl. Nat., franç. 26069, n° 4470; franç. 26070, n°s 4698, 4701); 1443 (Bibl. Nat., franç. 26072, n° 4986; — Arch. du Calvados H. 7138); 1444 (Bibl. Nat., franç. 26072, n° 5081; franç. 26073, n°s 5084, 5085, 5100, 5104, 5107, 5116, 5117); 1445 (Bibl. Nat., franç. 26073, n°s 5147, 5214, 5215; franç. 26074, n°s 5270, 5271, 5312); 1446 (Bibl. Nat., franç. 26074, n°s 5401, 5443; franç. 26075, n°s 5464, 5558, 5581; franç. 26076, n° 5635); 1447 (Bibl. Nat., franç. 26076, n° 5672; franç. 26077, n°s 5789, 5815, 5020); 1448 (Bibl. Nat., franç. 26077, n°s 5905, 5998). Cf. S. Luce : *op. cit.*, t. II, p. 38, 47, 48, 50, 66, 76, 83, 87, 107, 112, 118, 127, 174, 176, 178; — J. Tardif : *Monuments historiques. Cartons des Rois*, Paris, 1866, gr. in-4°, n°s 2076, 2126, 2256, 2270, 2334, 2354). Nous trouvons également R. Harington, mentionné comme capitaine d'Argentan à la date du 12 avril 1434 (*ibid.*, n° 2076); à celle du 2 mars 1436 (N. s.) (Bibl. Nat., collection Clairambault, reg. 168, p. 5279), puis comme lieutenant du comte de Somerset à Falaise, le 26 septembre 1441 (J. Tardif : *op. cit.*, n° 2227) et capitaine d'Argentan, le 8 mai 1447 (Tardif : *op. cit.* n° 2346). Quand les Français reprirent cette place, au mois d'octobre 1449, Harington était encore capitaine du château de cette ville « La ville et chatel Dargenten prins par assault et le chatel par composition; dont estoit cappitaine messire Richard Harympton ». (Stevenson : *op. cit.*, t. II, p. [624]). Mais Chartier contredit cette assertion : « En icelle place estoit cappitaine pour le roy d'Angleterre, ung vaillant homme nommé Olivier de Carsaliou » (J. Chartier : *op. cit.*, t. II, p. 132). Voici la description de son sceau, à la date du 27 novembre 1437 : « Sceau rond de 47 mill. — Ecu écartelé : au 1, fretté au lambel; au 2 et 4, trois lions passant l'un sur l'autre; au 3, un fretté; penché, timbré d'un heaume à lambrequins, cimé d'un mufle de lion ». (G. Demay : *op. cit.*, t. I, n° 4524, p. 479; voyez également le n° 4523). Harington y avait apporté quelques modifications, à la date du 19 août 1449 (Preuves : p. LXVIII.).

(²) Richard-aux-Epaules, seigneur de Sainte-Marie-du-Mont (arr. de Valognes, Manche), né vers 1420 (Th. Basin : *op. cit.*, t. IV, p. 291), avait épousé Jeanne de Surienne, veuve de Pierre de Rye et fille de François de Surienne dit l'Aragonais, et de Etiennette de Gréseville (R. Blondel : *op. cit.*, t. II, p. 304, n. 6 et 305, n. 1). Richard-aux-Epaules suivit d'abord, comme son beau-père, le parti des Anglais, mais, en 1449, lorsqu'il sentit que la victoire les abandonnait, il essaya de rentrer en grâce auprès de Charles VII

Whitingham, écuyer, lieutenant de la ville ([1]) Fouques Eyton ([2]), écuyer,

et livra à Pierre de Brézé, au mois de septembre de ladite année, la place de Longny, dont il était capitaine, moyennant la somme de 1200 écus d'or (Vallet de Viriville : *Notice sur R. Blondel, loc. cit.*, p. 217, n. 3; — J. Chartier : *op. cit.*, t. II, p. 102 et 103; — Mathieu d'Escouchy : *op. cit.*, t. I, p. 196 et n. 3 et t. III, p. 374; — R. Blondel : *op. cit.*, t. II, p. 87, 88, 304, 305; — Berry : *op. cit.*, p. 113). Il obtint des lettres de rémission du roi de France, puis devint capitaine du Pont-d'Ouve (Manche, canton de Carentan) et conseiller et chambellan de Charles VII, avec 300 livres de gages (Mathieu d'Escouchy : *op. cit.*, t. II, p. 502; — *Mém. de la Soc. des Ant. de Norm.*, t. XIX, p. 217, n. 3). Il recevait, en outre, une pension de 600 livres (du Fresne de Beaucourt : *Hist. de Charles VII*, t. V, p. 424). Richard-aux-Epaules figure dans le procès-verbal d'enquête que fit G. Juvenel des Ursins sur la prise de Fougères par F. de Surienne (Th. Basin : *op. cit.*, t. IV, p. 291, 292). Nous sommes surpris de le retrouver au nombre des défenseurs de Caen, du côté des Anglais (Stevenson : *op. cit.*, t. II, p. [631]. Etait-il retourné au service de Henry VI par crainte de représailles, lors du débarquement de Kyriel? Avait-il obtenu une seconde fois son pardon? Nous l'ignorons, mais il nous semble que le texte publié par Stevenson est erroné. Aucun des chroniqueurs français ne signale, en effet, la présence du seigneur de Sainte-Marie-du-Mont au siège de Caen et, d'autre part, nous avons publié un écrou donné à Pierre Lindet, receveur des aides à Valognes (31 mai 1453), de 120 livres sur sa recette « des tiercemens et dédoublemens » de l'année 1453, pour paiement, en partie, de 600 l. t. qui restaient dues à Richard-aux-Epaules pour le « reste de sa pencion à lui ordonnée par le roi tant de l'année passée que de ceste présente. » (V. Hunger : *Quelques actes Normands des* XIVe, XVe *et* XVIe *siècles*, Paris, 1909-1911, 3 fasc. in-8o, fasc. III, p. 15 et 16). Les armes de Richard-aux-Epaules étaient : *de gueules à une grande fleur de lys d'or.*

([1]) Robert Whitingham est signalé comme trésorier de Calais, à la date du 10 avril 1441 (G. du Fresne de Beaucourt : *Histoire de Charles VII*, t. III, p. 198), et il ne semble avoir joué un rôle en Normandie que vers la fin de l'occupation anglaise. Nous le trouvons mentionné dans deux mandements, le premier daté du 21 novembre 1449 et le second du 4 février 1450 (N. s.), comme chargé de préparer la défense de Caen; dans la deuxième pièce, il est qualifié de capitaine de cette ville (Preuves : p. LXIX et LXX). Il est probable qu'il ne quitta pas Caen depuis cette époque puisque nous l'y retrouvons assiégé avec Somerset et remplissant les fonctions de lieutenant de la ville (Stevenson : *op. cit.*, t. II, [p. 631]. (Après la reddition de la place, R. Whitingham retourna en Angleterre. Cf. Stevenson : *op. cit.*, t. II, p. [778, 780, 781, 787, 791).

([2]) En 1433, Fouques Eyton fut chargé par la reine Catherine de porter au receveur-général des Finances en France, un mandement l'invitant à remettre pour elle, audit Eyton, une somme de trente livres sterlings (Stevenson : *op. cit.*, t. II, p. 263). Nous pensons que c'est seulement à cette époque qu'il vint pour la première fois en Normandie. De 1435 à 1448, il fut capitaine de Caudebec (Mathieu d'Escouchy : *op. cit.*, t. II, p. 504; — cf. Stevenson : *op. cit.*, t. I, p. 199; — S. Luce : *op. cit.*, t. II, p. 196; — Tardif : *op. cit.*, n° 2270; — V. Hunger : *Quelques actes Normands*, fasc. II, p. 67; — Bibl. Nat., collection Clairambault, reg. 160, n°s 4553 et 4547). Avant le 22 novembre 1443, il était également capitaine de Caudebec (Mathieu d'Escouchy : *loc. cit.*) et encore le 20 mars 1444 (Tardif : *loc. cit.*, n° 2274). En 1445, sa conduite pendant les trèves, motiva une lettre de réclamations adressée par Charles VII à Henry VI (Stevenson : *op. cit.*, t. II, p. 363-365). En 1447 et au commencement de 1448, Eyton joua un rôle important dans les négociations relatives au duché du Maine et à la capitulation du Mans (Mathieu d'Escouchy : *op. cit.*, t. I, p. 129 n. et 130 n., t. III, p. 170 et suiv., 175, 199; — Stevenson : *op. cit.*, t. II, p. [693, 696, 698]). Le 12 juin 1448, Henry VI donnait son approbation à la conduite d'Eyton et de Mathieu Gogh, relativement à l'abandon du comté du Maine et à la cession du Mans (Mathieu d'Escouchy : *op. cit.*, t. I, p. 130 n. et t. III, p. 201). En 1449, il commandait à Pontaudemer, avec Osburn Mondeford et, au mois d'août de ladite année, sachant que les troupes de Charles VII allaient l'assiéger dans cette ville, il y introduisit, à leur insu, deux jours avant leur arrivée, un important renfort. Les Français réussirent néanmoins à prendre la ville et Eyton, qui se rendit à Dunois, dut payer deux mille écus pour sa rançon et celle de ses hommes. (Mathieu d'Escouchy : *op. cit.*, t. I, p. 191 et n. 2, t. III, p. 354-358; — J. Chartier : *op. cit.*, t. II, p. 85-87; — Berry : *op. cit.*, p. 110 et 111; — Th. Basin : *op. cit.*, p. 208-210; — R. Blondel : *op. cit.*, t. II, p. 71-75 et 297 n. 3; — Stevenson : *op. cit.*, t. II, p. 620). Après la reddition de Rouen (29 octobre 1449), Eyton fut commis, avec Thomas Hoo, par le duc de Somerset, pour faire délivrer, au roi de France, les villes et forteresses cédées par le traité de capitulation (Mathieu d'Escouchy : *op. cit.*, t. I, p. 228; — J. Chartier : *op. cit.*, t. II, p. 159; — Blondel : *op. cit.*, t. II, p. 153; — Berry : *op. cit.*, p. 132).

Voici la description du sceau de Fouques Eyton, capitaine de Caudebec, à la date du 14 octobre 1441 : « Sceau rond de 39 mill. — Ecu écartelé : au 1 et 4, un fretté; au 2 et 3, deux fasces d'hermine; penché, timbré d'un heaume, cimé d'une tête de bœuf, supporté par deux damoiselles. Dans le champ, deux tiges fleuries. » (Demay : *op. cit.*, t. I, p. 369, n° 3481. Voyez également le n° 3482). D'après Sir Bernard Burke (*A genealogical and heraldic history of the landed gentry of Great Britain and Ireland*, Londres, 1871, 2 vol. in-8o,

Laurent Raynford, écuyer (¹), Henry Court et Jean Court (²), écuyers.

Voici quels étaient en outre, d'après les chroniqueurs français, les principaux seigneurs anglais qui aidèrent le duc de Somerset à se défendre dans la place : Hue Spencer (³), ancien bailli du

t. I, p. 414), les armes de cette famille étaient : « quarterly : 1st and 4th, or, a fret, az.; 2nd and 3rd, gu., two bars, erm. »

(¹) Nous pensons que ce Laurent Rainford est le même que le personnage mentionné sous le nom de Raynfforth, dans un mandement de Richard Harington, bailli de Caen, daté du 7 décembre 1444 (S. Luce : *op. cit.*, t. II, p. 178). Laurent Raynford fut fait prisonnier à Formigny, le 15 août 1450 (Mathieu d'Escouchy : *op. cit.*, t. I, p. 285; — Stevenson : *op. cit.*, t. II, p. [630]). Sans doute il paya rançon puisque nous le retrouvons quelques semaines après au nombre des seigneurs anglais assiégés dans Caen. Le 4 novembre 1450, Charles VII lui fit verser 300 livres tournois « pour le récompenser de certains chevaulx et autres biens qu'il a affermez audit seigneur lui avoir esté ostez en la ville de Rouen, depuis la reddución d'icelle en l'obéissance du Roy nostre dit seigneur, soubz son sauf conduit; lequel icellui seigneur, pour entretenir la teneur d'icellui, a voulu ledit Rennefort, pour toute recompensacion, estre paié et recompensé desdictes iijc livres tournois, dont il a esté content... » (Mathieu d'Escouchy : *op. cit.*, t. III, p. 374).

(²) Nous n'avons trouvé aucun renseignement sur Henry Court; quant à Jean Court, nous savons seulement de lui, qu'il avait été capitaine de Saint-Guillaume de Mortain, dans les dernières années de l'occupation anglaise : « Le chatel et forteresse de Saint-Guillem de Mortaing, prins par les gens du duc de Bretaigne par composition; dont estoit seigneur le duc de Somersete, et Jehan Court, capittaine. » (Stevenson : *op. cit.*, t. II, p. [624]). Blondel (*op. cit.*, t. II, p. 82), rapporte à son sujet le fait suivant : « Interea Johannes Curti, de Mortegniaco capitaneus, erga Franciscum ducem Britanie pro Fulgeris compositione ambaciator, de celeberrima loci amenitate, de inexpugnabili castri munitione, curialibus speciosa quamplurima et egregia referens, copiosos sermones facit. Ac capitaneus Dentreing inquit : *Tu singularem castri formositatem, tu prevalidam ejus construcionem mira laude attentius extollis. Pono centum auri scuta, ut commissa tibi acquirantur, si reversurus tuum opidum, hoste non intruso, liberius intres.* Ac Anglicus cerebrosus : *Ego totidem aureos ut tibi acquisiti fiant, si remeantem meo castro ad libitum potiri me non contingat.* Anglicus vero temerarius jactator aurum et castrum non absque dolore anxio perdit. »

(³) Preuves : p. v, ix, xiii, xxx.

Hue Spencer (ou Spencier) fut l'un des capitaines anglais venus en France dès le début de la conquête. Le 18 avril 1419, Henry V lui avait fait don du manoir et village de Ver, des fiefs de *Corvenes, Hawene* et *Havepene* (?) avec toutes leurs dépendances, situés aux bailliages de Caen et de Cotentin, ayant appartenu à Robert Veer, écuyer, et d'un revenu annuel de 315 écus, moyennant l'hommage, les services habituels qui étaient dus et un fer de lance qu'il devait rendre, au château de Cherbourg, chaque année à Noël (*Mém. de la Soc. des Ant. de Norm.*, t. XXIII, Caen, 1858, in-4°, p. 74, n° 409). Le 28 du même mois, il recevait également, en récompense de ses services, le donjon ruiné et désert de Fécamp et les fiefs de Tremouville et de Vinemesville (dans l'élection de Montivilliers), avec toutes leurs dépendances, propriété de Jean de Calville, chevalier, autrefois seigneur de Douville, au bailliage de Caux. Cette donation lui avait été consentie moyennant l'hommage, les services dus, et un fer de lance de redevance annuelle, qu'il devait livrer à Harfleur le jour Saint-Michel (*ibid.*, p. 82, n° 476). Il avait reçu aussi « les terres de Fresne qui furent audit chevalier (Jean de Calville), à la charge d'un arbaleste estre poié à Rouen, à Noël » (*ibid.*, *Partie des dons faits par Henri V, roi d'Angleterre*, p. 4, col. 2). Nous le retrouvons, au mois de mai 1421, capitaine de Lillebonne et chargé d'inspecter dans les ports de Harfleur, Honfleur, Fécamp et autres, tous les produits commerciaux, les vins et les marchandises expédiés vers le Crotoy, qui appartenait aux Français (*ibid.*, p.227, n° 1296). A une date que nous n'avons pu préciser, nous constatons un paiement de 500 l. t. à lui fait en cette qualité de capitaine de Lillebonne (Stevenson : *op. cit.*, t. II. p. [557]). Hue Spencer fut ensuite bailli de Caux, depuis au moins le 9 mai 1429, il n'était plus investi de cette charge au commencement du mois de septembre 1430 (A. Hellot : *Essai sur les baillis de Caux de 1204 à 1789*, Paris, 1895, in-8°, p. 112 et 113). Puis il devint bailli de Cotentin et nous voyons qu'il remplissait ces fonctions aux dates suivantes : 10 juin et mois suivants de l'année 1432 (S. Luce : *op. cit.*) t. I, p. 313, et II, p. 3, 5 et 13; — Bibl. Nat., franç. 26055, n° 1844; franç. 26056, n° 1888); 1433 (Bibl. Nat., franç. 26057, n°s 2079, 2103, 2145, 2184; — Arch. de la Manche, H. 2011; — S. Luce : *op. cit.*, t. II, p. 20 et 26); 1434 (Bibl. Nat., franç. 26057, n°s 2209, 2222; franç. 26058, n°s 2262, 2333, 2388; — Arch. de la Manche, H. 1075, 2026 et F. Fonds Danquin); 1435 (Bibl. Nat., franç. 26059, n°s 2458, 2465, 2468, 2469, 2477, 2493, 2499, 2578, 2585,

Cotentin pour les Anglais, Henry Standish ([1]), écuyer, Guillaume

2588, 2589, 2631; franç. 26060, n° 2697; — S. Luce : *op. cit.*, t. II, p. 51, 54, 56, 58, 59, 60 et 61; — Arch.de la Manche, H. 2026; — ms. de Farcy (*apud me*), f° 84); 1436 (Bibl. Nat., franç. 26060, n°s 2708, 2736, 2737, 2755, 2777, 2788; franç. 26061, n°s 2833, 2878; franç. 26061, n° 2923; — S. Luce : *op. cit.*, t. II, p. 72, 73, 74, 75, 77, 81, 82, 87, 90, 94); 1437 (Bibl. Nat., franç. 26062, n° 3052; franç. 26063, n° 3298; — Arch. de la Manche, H. 9060, 9075; — S. Luce : *op. cit.*, t. II, p. 109); 1438 (Bibl. Nat., franç. 26064, n°s 3441, 3577; franç. 26065, n° 3665; — Arch. de la Manche, H.2080); 1439 (Bibl. Nat., franç. 26065, n°s 3747, 3774, 3792; franç. 26066, n°s 3807, 3866; — Arch. de la Manche, H. 2012, 3839; — V. Hunger : *Quelques Actes Normands*, fasc. I (1909), p. 82); 1440 (Bibl. Nat., franç. 26067, n° 4018); 1441 (Bibl. Nat., franç. 26067, n° 4297; franç. 26069, n° 4420; — *Mém. de la Soc. des Ant. de Norm.*, t. XIX, p. 111); 1442 (Bibl. Nat., franç. 26069, n° 4482; franç. 26070, n°s 4615, 4645; — Arch. de la Manche, H. 2677; Bibl. Nat., nouvelles acq., franç. 21289, n° 178); 1443 (S. Luce : *op. cit.*, t. II, p. 153 et 156); 1444 (Bibl. Nat., franç. 26072, n°s 4938, 5067; franç. 26073, n° 5084; — Arch. de la Manche, F. Fonds Danquin; — Bibl. Nat., collection Clairambault, reg. 200, p. 8391; — S. Luce : *op. cit.*, t. II, p. 169); 1445 (Bibl. Nat., franç. 26074, n° 5156, 5181, 5261; — Arch. de la Manche, H. 3586; — S. Luce : *op. cit.*, t. II, p. 179); 1446 (Bibl. Nat., franç. 26074, n°s 5393, 5445; franç. 26075, n°s 5449; franç. 26076, n° 5641; — Tardif : *op. cit.*, n° 2319; — S. Luce : *op. cit.*, t. II, p. 197); 1447 (Bibl. Nat., franç. 26076, n°s 5704, 5761, 5765, 5769, 5774; franç. 26077, n°s 5783, 5869; — Arch. de la Manche, H. 2027); 1448 (Bibl. Nat., franç. 26077, n°s 5893, 5999; — S. Luce : *op. cit.*, t. II, p. 215, n. 1 et p. 49, n. 2). De 1436 à 1448, le château de Regnéville (arrondissement de Coutances, canton de Montmartin-sur-Mer, Manche), fut la résidence habituelle de Hue Spencer, « sans doute à cause du petit port placé là, à l'embouchure de la Sienne, par où ce fonctionnaire pouvait se tenir en communication facile et constante avec les îles anglaises de Jersey et de Guernesey » (S. Luce : *op. cit.*, t. I, p. 50, n. 3). — Sur le château de Regnéville, cf. E. Sarot : *Le château de Regnéville*, Coutances, 1911, in-8°.

En 1432, Spencer était capitaine de Saint-Lo, et, du 28 août au 10 septembre de ladite année, il fit une chevauchée, avec cinq lances et vingt-quatre archers à cheval, contre Jean, duc d'Alençon, que l'on disait être à Laigle (S. Luce : *op. cit*, t. II, p. 8). Il remplissait les mêmes fonctions en 1433 et 1434. Nous lisons, en effet, dans un contrôle dressé par Guillaume Cotyngam, contrôleur des vacations, présentations et gains de guerre de la garnison de Saint-Lo, pour un espace de temps allant du 29 décembre 1433 au 29 mars 1434 (N. S.) : « Mons. le bailli se parti de la ville de Saint-Lo, le x° jour de janvier, pour aller à Saint-Célerin, par le mandement de mons. le conte d'Arundell, et avoit avecques lui une lance à cheval et dix huit archiers de ladicte garnison, laquelle lance et xvi desdits archiers retournèrent en ladicte garnison le xxiiii° jour de janvier, et mondit seignour le bailli et deux desdits archiers retournèrent en ladicte garnison le cinq° jour de février ensuivant, pour ce que audit Saint-Célerin il fut blécié en ung pié. Item, mondit seignour le bailli se parti de Saint-Lo, le xxv° jour de février, pour aller à Silly-le-Guillaume, par le mandement de mondit seignour d'Arundell, deux lances et dix huit archiers de ladicte garnison en sa compaignie, et retournèrent touz ensemble audit lieu de Saint-Lo, le xiii° jour de mars. » (Arch. de la Manche, F. Fonds Danquin). Nous trouvons encore dans un autre contrôle du même Cotyngam, pour un espace de temps allant du 29 juin au 28 septembre 1434 : « Item, mondit sieur le bailli se parti de Saint-Lo, le xxi° jour d'août, pour aller à Coustances, devers messieurs du Mont et de Saint-Pierre, conseillers du roy notre sire, qui l'avoient mandé par leurs lettres closes, signées de leurs signes, dont il m'est apparu, et, dudit lieu de Coustances mesdits sieurs du conseil le menèrent avecques eulx pour les conduire jusques à Rouen. Et avoit en sa compaignie deux lances à cheval et quatorze archiers de ladicte garnison, et retournèrent audit lieu de Saint-Lo, le vi° jour de septembre. » (Arch. de la Manche, F. Fonds Danquin). En 1446, Spencer est mentionné comme capitaine de Gavray et de Carentan (Tardif : *op. cit.*, n° 2319).

En 1450, il se trouvait au nombre des chefs anglais qui avaient rejoint l'armée de Kyriel, après son débarquement à Cherbourg (mars). Le 13 avril suivant, Spencer reçu à Carentan, avec grande courtoisie, par les principaux de la ville. Cette façon d'agir fit supposer au peuple que le libre passage des gués de Saint-Clément, à l'embouchure de la Vire, avait été vendu aux Anglais. Il faillit en résulter une violente sédition (R. Blondel : *op. cit.*, t. II, p. 184, 185, 355; — cf. G. du Fresne de Beaucourt : *Histoire de Charles VII*, t. V, p. 30). Quelques jours après, Spencer prenait part à la bataille de Formigny (J. Lair : *op. cit.*, p. 63). Voici la description de son sceau, alors qu'il était bailli de Cotentin : « Sceau rond de 35 mill. — Ecu au chevron accompagné de trois têtes de léopard, penché, timbré d'un haume à lambrequins cimé d'un porc-épic issant. » (Demay : *op. cit.*, n° 8700; cf. également le n° 8701). — Sur H. Spencer, cf. L. Delisle : *Mémoires sur les baillis du Cotentin* dans les *Mém. de la Soc. des Ant. de Norm.*, t. XIX, p. 111; — A. Hellot : *op. cit.*, p. 112 et 113. — Hippolyte Sauvage : *Les capitaines et gouverneurs du château de Saint-Lo pendant la guerre de Cent ans* dans les *Notices, mémoires et documents publiés par la Société d'agriculture, d'archéologie et d'histoire naturelle du département de la Manche*, t. XIX, Saint-Lo, 1901, in-8°, p. 31 et 32.

([1]) Preuves : p. v, ix, xiii.

Henry Standish « avait fait partie, dès 1429, de la garnison d'Harfleur avec une retenue de 7 hommes

Couren ([1]), Guillaume Loquet ([2]) et Henry Loys ([3]). A ces noms J. Duclercq ajoute celui d'un certain Henry lord Clogiet ([4]).

Comme le prouve cette énumération, Somerset avait auprès de lui les survivants des meilleurs capitaines anglais qui avaient su maintenir, pendant trente années, la domination anglaise en Normandie

Il fut bien question en Angleterre de leur envoyer des renforts et des instructions furent même rédigées à cet effet pour le chef qui devait conduire en France les troupes de secours. Dans ces instructions ([5]), on constatait tout d'abord que la perte de la Normandie était due à la lenteur que Kyriel avait mise, après son débarquement à Cherbourg, à rejoindre le duc de Somerset, à Caen, ainsi qu'il en avait reçu l'ordre.

On observait ensuite qu'il fallait faire passer en toute diligence sur le continent l'armée de trois mille hommes qu'on était en train d'organiser et que les capitaines qui la commanderaient, devraient aussitôt débarqués, obéir en tous points au lieutenant général; qu'au cas où ils ne pourraient rejoindre ce dernier, ils devraient sauvegarde

---

d'armes et de 60 archers » (Robert Triger : *Une forteresse du Maine pendant l'occupation anglaise, Fresnay le-Vicomte, de 1417 à 1450*, Mamers, 1886, in-8º, p. 65). Le 15 mars 1430 (N. s.), il était capitaine d'Exmes (S. Luce : *op. cit.*, t. I, p. 293 ; — cf. Henry du Motey : *La ville, le château et le pays d'Exmes pendant l'occupation anglaise* dans le *Bulletin de la Société historique et archéologique de l'Orne*, t. VIII, Alençon, 1889, 2ᵉ bulletin, p. 123.) Le 3 avril de la même année, il donnait quittance à Pierre Surreau, receveur général de Normandie, de la somme de 695 l. 16 s. 8 d. t. pour les gages de vingt lances et de quatrevingts archers à cheval dont il était capitaine (*ibid.*, p. 295). Nous le voyons mentionné comme capitaine de Conches, de la Saint-Michel 1433 à la Saint-Michel 1434 : « Conches : Henricus Standiche, armiger, capitaneus, v lances equestres, v lances pedestres et XXX archiers » (Stevenson : *op. cit.*, t. II, p. [545]). Le 10 novembre 1435, il donnait quittance des gages de la même garnison (Bibl. Nat., collection Clairambault, reg. 200, p. 8403). Le 6 janvier 1438 (N. s.), il était capitaine de Pontoise (*ibid.*, reg. 201, p. 8405). Le 22 mars 1441 (N. s.) il donnait quittance pour le paiement de services de guerre à Pontoise (*ibid.*, reg. 201, p. 8409) et, au commencement du mois d'août de ladite année, le duc d'York, après avoir ravitaillé cette ville « releva la garnison extenuée et la remplaça par de nouvelles troupes, sous Clinton, Nicolas Burdet et H. Standish. (Cosneau : *op. cit.*, p. 323). Le 8 mars 1449 (N. s.), il donna quittance pour les gages de la garnison de Regnéville (Bibl. Nat., coll. Clairambault, reg. 201, p. 8411), et, le 29 août de ladite année, quand Dunois s'empara de Vernon, Standish était capitaine du château de Vernonet, lequel fut rendu après la ville (J. Chartier : *op. cit.*, t. II, p. 108). Voici la description de son sceau à la date du 10 novembre 1435 alors qu'il était capitaine de Conches : « Sceau rond de 34 mill. — Ecu portant un sautoir à la bordure engrêlée, penché, timbré d'un heaume cimé d'une tête de chèvre, supporté par deux sangliers ». (Demay : *op. cit.*, II, nº 8717).

([1]) Guillaume Couren, Cournan, Coronem ou Couran : Preuves : p. V, IX, XIII.
Ce fut Guillaume Couren, capitaine de Gournay, qui rendit cette place, au comte de Saint-Pol, le 28 août 1449 (J. Chartier : *op. cit.*, t. II, p. 113-115) ; — Stevenson : *op. cit.*, t. II, p. [622]).

([2]) Sur ce Guillaume Loquet, Loguot ou Logot (Preuves : p. V, IX, XIII), nous n'avons pu trouver aucun renseignement.

([3]) Henri Loys, Louis, *Henricus Ludonii* (Preuves : p. V, IX, XIII) ; — Jean Chartier (*op. cit.*, t. II, p. 198) le cite comme s'étant enfui avec Robert de Vère et Mathieu Gogh, quand ils virent perdue la journée de Formigny.

([4]) Nous ne savons ce qu'étaient ce Henry lord Clogiet (Preuves : p. XXX), cité seulement par J. Duclercq, et deux autres personnages qu'il nomme Henry Candre et Guillaume Carne (Preuves : p. XXX). Mais pour ces deux derniers, nous croyons qu'il s'agit des noms de Henri Standish et de Guillaume Couren, déformés par un copiste.

([5]) Rédigées par John Falstof, chevalier, ancien lieutenant du duc d'York à Caen et qui faisait alors partie du grand conseil de Henry VI (Preuves : p. LXXIII) ; — sur Falstof cf. R. Triger : *op. cit.*, p. 53, 34, et, en dernier lieu, une note dans la *Revue Historique*, t. CVI, Paris, 1911, in-8º, p. 228-229.

et ravitailler Caen, Harfleur et Honfleur, et les autres places capables de tenir jusqu'à la venue de la grande armée qui viendrait par la suite au secours de la Normandie. Le chef de cette armée, portaient les instructions, devait être noble, de haut lignage, expérimenté dans la guerre et serait désigné par le roi; il enjoindrait à ses lieutenants de veiller à ce que leurs troupes fussent exactement payées, afin d'éviter le pillage du pays. Un connétable et un maréchal d'armée seraient à ses ordres et, avant de quitter l'Angleterre, il obtiendrait qu'on lui fournisse l'équipement et l'armement nécessaires : lances, arcs, flèches, maillets, haches, canons, ribaudequins et tous autres objets indispensables à une entrée en campagne.

Les amiraux d'Angleterre et de France devaient veiller à ce que la mer et les ports fussent gardés par une flotte suffisante et capable de transporter, selon les besoins, les troupes et les vivres. Les ports tels que Honfleur, Harfleur, Le Crotoy et Cherbourg devaient recevoir des capitaines. Enfin, on décidait de faire régner l'accord entre le général en chef de l'armée expéditionnaire et le lieutenant général du roi (¹).

Ces beaux projets demeurèrent lettre morte. La crise intérieure que traversait alors le gouvernement de Henry VI, arrêta leur exécution (²).

(¹) Preuves : p. LXXIII et LXXIV.

(²) « C'était l'époque où Richard d'York, mettant à profit la faiblesse du roi, l'impopularité de la reine, l'irritation du peuple, préparait la chute des Lancastre et la guerre des Deux-Roses. La nouvelle de la défaite de Formigny avait porté l'exaspération au comble. Suffolk venait d'être assassiné; une insurrection éclatait dans le pays de Kent; son chef, John Cade, était entré dans Londres. » (Cosneau : *op. cit.*, p. 418).

CHAPITRE II

Travaux et réparations faits par les Anglais, pour la défense de la ville et du château de Caen, depuis l'année 1417 jusqu'à l'époque du siège.

Rouen repris aux Anglais, Caen devenait, au point de vue politique et stratégique, la place la plus importante de Normandie demeurée en leur pouvoir. Malgré les quelques points faibles que présentait son système de fortification resté le même depuis le siège de 1417 ('), sa ceinture de solides remparts (') baignés par l'Orne et l'Odon, son château dominé par un donjon inexpugnable ('), en rendaient la prise des plus difficiles. Sans l'hostilité des habitants,

---

(') Sur ce point, nous renvoyons à la brochure de L. Puiseux : *Siège et prise de Caen par les Anglais en 1417*, ch. II, p. 18-22 et au plan qui y est joint.

(²) « Je ne puis raisonnablement obmettre de référer que les murailles de ceste ville sont si hautes et larges que trois hommes de front y peuvent aisément marcher et que l'on y va aussy fréquemment que par les rues..... » (De Bras : *Les Recherches et Antiquitez de la ville et Université de Caen*, édit. G.-S. Trébatien, Caen, 1833, in-8º, p. 12) ; — Preuves : p. XXV.

(³) Preuves : p. V, VIII, XXX, XXXIII.
« Reste à présent à décrire la situation de ce superbe chasteau, lequel est apparent et haut eslevé comme une couronne et propugnacle à ceste grande ville. Il a esté de tous temps l'un des premiers de ce Royaume en beauté, grandeur et forteresse, pour estre assis sur un roc naturel, venteux, non subjet à la mine, ny escalade, accompaigné de son donjon, au mitan duquel est eslevée une tour carrée d'une admirable grosseur et hauteur, circuye de fortes murailles, et aux coings quatre grosses et hautes tours rondes à plate forme, à plusieurs estages, que l'on a nommées l'une le Cheval Blanc, l'autre le Cheval Noir, la tierce le Cheval Rouge, et la quarte le Cheval Grix : lesquelles servent par aucunes fois pour enfermer les plus insignes voleurs. Les fossez de ce donjon sont à fonds de cuve comme ceux de ce chasteau d'une espouvantable profondeur, tellement qu'ils ne sont subjets à l'escalade. Le Belle ou basse court de ce chasteau est de si ample estendue qu'on y peut mettre en ordre de bataille, pour combattre, quatre ou cinq mille hommes de pied, et y peut on loger nombre de cavallerie pour faire des saillies sur un camp adversaire. Les chroniques contiennent qu'il y a plusieurs villes en France moindres que ce chasteau, comme Corbeil et Mont Férant ; j'y adjousteray Carentan en la basse-Normandie. Il y a si bon nombre de maisons et habitans, qu'il contient une église parrochialle en son circuit, fondée de Sainct George, et deux chapelles, l'une de Sainct Gabriel et l'autre de Sainct Agnen. Son contour contient un bon nombre de carneaux, de visières et de tours, et l'enclos du donjon contient aussy nombre de carneaux et quatre grosses tours sans celle du parmy. Il y a encores au de là du donjon, une grande terrasse qu'on appelle la Roqueste, d'une admirable forteresse de rampars, puis une grande place qu'on appelle la Garenne à connins, où l'on peut mettre en seureté un bon nombre de bestaux pour la fourniture de vivres de ce chasteau durant un siège. Et à la vérité les grands seigneurs et chefs de guerre qui ont veu ceste place, la remarquent, et tiennent comme inexpugnable, d'autant mesmes qu'elle est fortifiée de rampars de trente ou quarante pieds de largeur, et on ne peut vaincre sans trahison, faute de cœur ou de vivres. » (De Bras : *op. cit.*, p. 28-30 ; — cf. Huet : *Les origines de la ville de Caen*, 2ᵉ édit., Rouen, 1706, in-8º, p. 38-42). Le dessin tiré des portefeuilles de Gaignières (Bibl. Nat., Département des estampes, V a 20) que nous reproduisons ici, présente la plus ancienne vue du château de Caen, qui soit actuellement à notre connaissance. On en trouvera d'autres dans Ducarel : *Anglo-Norman antiquities considered in a tour through part of Normandy*, Londres, 1767, in-fº, planche III, entre les p. 48 et 49 ; dans T. de Jolimont : *Description historique et critique et vues des monuments religieux et civils les plus remarquables du département du Calvados....*, Paris, 1825, petit in-fº, p. 7-9, planches III et IIII, avec un plan ; et dans L. Serbat : *Guide du Congrès*

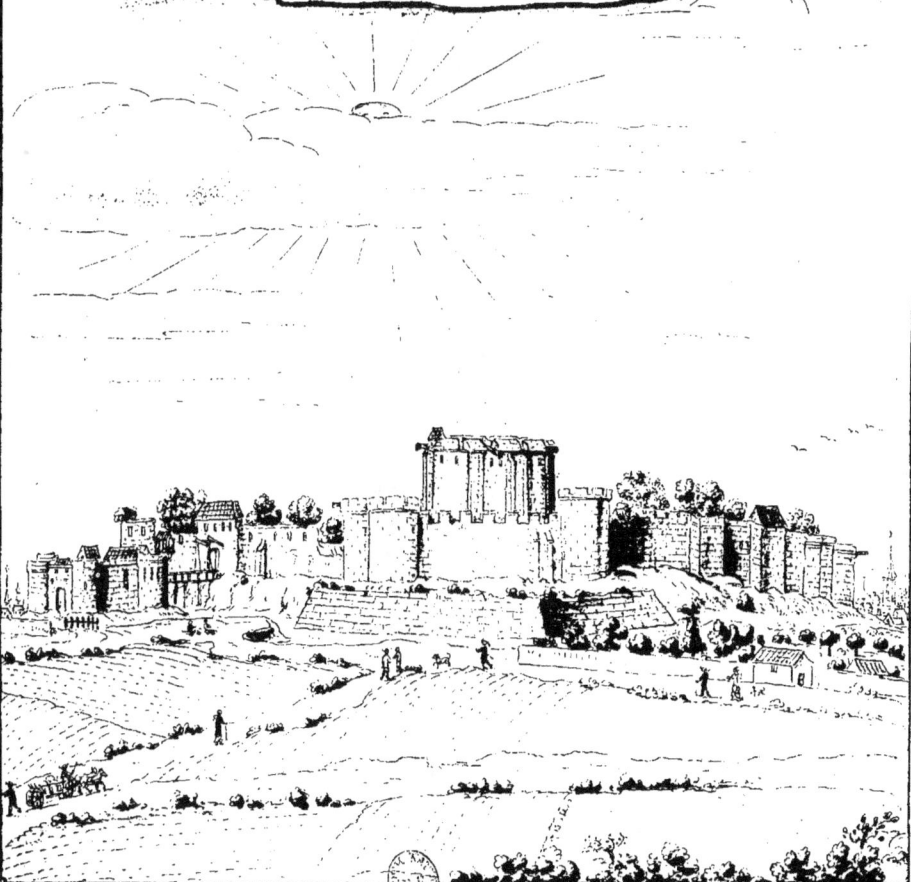

Veüe du Chasteau
DE CAEN.
dessiné du costé d'une hauteur en dehors
de la Ville Vis a Vis.
1702.

malgré l'infériorité numérique des assiégés, la famine seule, peut-être, aurait eu raison de Somerset.

Dès après le siège de 1417, les Anglais avaient procédé à la réfection des remparts, bouché la brèche qu'ils avaient ouverte dans la muraille du côté de la Neuve Rue (¹) et exécuté d'importantes réparations aux murs du Bourg-L'Abbé (²), fortement endommagés par leur artillerie. Les canons de la ville avaient été également remis en état. Pour faire face à ces dépenses, qui incombaient aux habitants et « affin que plus promptement la dicte ville puisse estre emparée, redisfiée et garnie d'abillemens de guerre et aultres choses à icelle nécessaires », Henry V leur avait permis, le 5 mai 1419 et le 15 mars 1422 (N. s.), de lever des aides sur les boissons, grains, beurres, suifs, harengs, ainsi que sur la vouède et sur les pommes (³).

Par mandement (⁴) en date du 24 juin 1424, Henry VI octroya aux bourgeois, pour une durée de trois années, une aide nouvelle sur les vins, cidres et cervoises, à percevoir à Caen et dans les faubourgs et destinée à couvrir les frais occasionnées par les travaux de fortification de la place, à solder les gages du capitaine, à payer les pensions et les rentes dues par la Ville et enfin à acquitter diverses autres charges qui lui incombaient.

Du côté du Coignet-aux-Brebis, situé à l'endroit où se trouve actuellement le Palais-de-Justice, la muraille, qui avait été minée et s'était écroulée dans le fossé, ne fut relevée qu'en 1431 (⁵).

En exécution de lettres du roi, données à Rouen, le 20 février 1433 (N. s.), et par lettres et mandement des trésoriers généraux des finances en Normandie, datés du 8 mars suivant, adressés au bailli de Caen (⁶), il fut fait de 1433 à 1436, pour la défense de la ville et du château,

---

tenu à Caen en 1908, par la Société française d'archéologie (LXXVᵉ session), Caen, 1909, 2 vol. in-8⁰, t. I, p. 108-110. — Une aquarelle de A. Lasne, conservée à la Bibliothèque municipale de Caen, nous donne une vue plus ou moins restituée du donjon de Caen en 1832. On trouve un croquis du château et des murs de Caen vus du côté du Moulin au Roi, en 1778, au fol. 18 du ms. in-8⁰ 18 de la Bibl. municipale de Caen, qui est le carnet de notes et devis de l'architecte caennais J.-F.-E. Gilet. Le ms. in-fol. 182, de la même Bibliothèque, nous donne encore, au f⁰ 6, un plan du château et des fortifications de la ville de Caen, en 1792. Nous croyons devoir publier ici un plan ms. et inédit du château conservé au British Museum (King's Library, LXVIII, 43) et qui peut remonter au milieu du XVIIIᵉ siècle.

(¹) Actuellement rue Neuve-Saint-Jean. — Cf. De Bras : *op. cit.*, p. 16 ; — Huet : *op. cit.*, p. 88-89 ; — l'abbé De La Rue : *op. cit.*, t. I, p. 150-153.

(²) Cf. L'abbé De La Rue : *op. cit.*, t. I, p. 323-347.

(³) L. Puiseux : *Caen en 1421, appendice au siège de Caen par les Anglais en 1417*, Caen, 1860, in-8⁰, p. 6-10; cf. *Mém. de la Soc. des Ant. de Norm.*, t. XXIII, p. 195, n⁰ 1091.

(⁴) Publié par M. P. Carel : *op. cit.*, p. 135-137.

(⁵) Huet : *op. cit.*, p. 49-50; — L. Puiseux : *Caen en 1421*, p. 8 et n. 5 ; — V. Hunger : *Note sur la construction de la tour Châtimoine, à Caen*, Paris, 1911, in-8⁰, p. 1-4.

(⁶) Le bailli était alors Guillaume Breton, chevalier. Par lettres patentes, datées du 22 janvier 1421, Henry V l'avait autorisé à prendre et à tuer tous les loups qu'il trouverait dans le bailliage de Caen et

sous le contrôle de Jean Franquelin ([1]), dit Temple, maître des
œuvres du roi au bailliage de Caen, ou de Jean Martin, son substitut
d'importants travaux, pour lesquels Girard d'Esquay ([2]) alors vicomte

aux environs. (*Mém. de la Soc. des Ant. de Norm.*, t. XXIII, n° 936). Le 15 juin de la même année, il fu
concédé à G. Breton une maison située à Caen, paroisse Saint-Pierre, qui appartenait à Guillaume Labre
attenant d'une part à celle de Pierre Pépin, et de l'autre à celle de Thomas *Terreri* (Terrier?), au
charges d'une redevance annuelle de 10 sous t. de rente et des services accoutumés (*ibid.* n° 999). L
18 décembre 1421, pour la récompense de ses bons offices, le roi lui avait aussi fait don du château e
des terres de Condé-sur-Noireau, avec toutes leurs dépendances, telles que les avaient possédées le com
de Mortain et Henri Noon, chevalier, tous deux défunts, et donnant un revenu annuel de 800 livre
tournois, à charge par lui de l'hommage et de rendre une épée chaque année, à Noël, au château de Roue
(*ibid.*, n° 1066). Par ses lettres patentes du 22 août 1421, Henry V l'avait nommé gouverneur de Caen
(Carel : *op. cit.*, p. 284; — Cf. L'abbé De La Rue, *op. cit.*, p. 286). G. Breton devint bailli de Caen l
1er septembre 1422 (Carel : *op. cit*, p. 254-255) et conserva cette charge jusqu'au 25 août 1430 (*ibid.*
p. 255). Nous voyons qu'il remplissait en effet cette fonction aux années suivantes : 1422 (Bibl. Nat., franç
26044, n°s 5771, 5772, 5774, 5776, 5777, 5782; franç. 26046, n° 1); 1423 (Bibl. Nat., franç., 26046
n°s 43, 44, 52, 104, 113, 141, 151); 1424 (Bibl. Nat., franç. 26047, n°s 203, 228, 229, 245); 1425 (Bibl.
Nat., franç. 26048, n° 474); 1426 (Bibl. Nat., franç. 26048, n° 503; franç. 26049, n°s 601, 630); 142
(Bibl. Nat., franç. 26050, n°s 789, 797); 1428 (Bibl. Nat., franç. 26050, n°s 835, 875, 878, 924; franç
26051, n°s 989, 1003); 1429 (Bibl. Nat., franç. 26051, n° 1066; franç. 26052, n° 1206; — Arch. d
Calvados, F. Fonds Danquin); 1430 (Bibl. Nat., franç. 26053, n°s 1337, 1343, 1378, 1389; franç. 26054
n° 1531; Arch. du Calvados, F. Fonds Danquin). Guillaume Breton fut une seconde fois bailli de Cae
de 1433 jusqu'au mois de novembre 1434 (Carel : *op. cit.*, p. 255). Nous le retrouvons en effet aux année
ci-après : 1433 (Bibl. Nat., franç. 26056, n°s 2052, 2055; franç. 26057, n°s 2087, 2104, 2111, 2140, 2148
2150, 2154, 2155, 2188); 1434 (Bibl. Nat., franç. 26057, n° 2226; franç., 26058, n°s 2264, 2285, 2301)
Cf. L'abbé De La Rue : *op. cit.*, t. II, p. 260; — Tardif : *op cit.*, n° 2038.

Guillaume Breton cumulait avec la fonction de bailli de Caen, celle de capitaine de Bayeux. Nou
le rencontrons mentionné en cette qualité aux dates suivantes : 29 septembre 1420 (Arch. du Calvados,
Don S. Le Paulmier), 1422 (N. s.), Arch. Nat., K. 62, n° 6; 4 février 1423 (N. s.); Tardif : *op. cit.*
n° 1712; 20 mai et 31 août 1423 (Bibl. Nat., franç. 25767, p. 17 et 24); 1424 (*Mém. de la Soc. des Ant. d
Norm.*, t. XXIV, Caen 1859, in-4°, p. 199); 20 janvier 1425 (N. s.) (Arch. du Calvados, F. Don S. L
Paulmier); 29 mars et 18 août 1425 (Bibl. Nat., franç. 25767, n°s 118 et 124); — cf. *Mém. de la Soc
des Ant. de Norm.*, loc. cit.); 9 avril 1426 (Arch. du Calvados, F. Fonds Danquin); 19 novembre 142
(Bibl. Nat., collection Clairambault, reg. 143, p. 2955).

Voici la description du sceau de G. Breton, bailli de Caen, à la date du 23 mars 1428 (N. s.) : « Scea
rond, de 32 mill. — Ecu à la bande accompagnée de six molettes en orle, penché, timbré d'un heaume à
lambrequins, cimé d'un chien. » (Demay : *op cit.*, t. I, n° 1529).

([1]) Jean Franquelin exerçait encore sa charge de maître des œuvres du roi au bailliage de Caen l
24 mars 1445 (N. s.) (Preuves : p. LXV); on le trouve cité sous le nom de Frankelen dans le *Nouveau Dic
tionnaire biographique et critique des architectes français* de Ch. Bauchal. Paris, 1887, gr. in-8°, p. 232.

([2]) Girard d'Esquay était fils de Girard d'Esquay, qui fut bailli de Caen de 1410 à 1413. S.-G
Langevin (*Recherches historiques sur Falaise*, Falaise, 1814, in-8°, p. 147) et A. Mériel (*Histoire de Falaise
Vicomté, mairie, bailliage et élection*, Bellême, 1889, in-8°, p. XVI) semblent dire que G. d'Esquay exerç
la charge de vicomte de Falaise de 1413 jusqu'au 22 mars 1429 (N. s.). Nous l'avons trouvé en cette
qualité qu'aux années ci-après : mai 1413 (Arch. du Calvados, F. Fonds Danquin); 1419 (*Mém. de la
Soc. des Ant. de Norm.*, t. XXIII, n° 314; Bibl. Nat., franç. 26426, n°s 162 et 121); 1420 (Arch. du
Calvados, F. Fonds Danquin; Bibl. Nat., franç. 26426, n°s 168, 169; franç. 20908, n° 21); 1421 (Bibl.
Nat., franç. 26426, n° 163; franç. 26425, n° 179); 1422 (Bibl. Nat., franç. 26044, n° 5733; franç. 26045
n° 5747; franç. 26046, n°s 22, 23, 24 et 25); 1423 (Bibl. Nat., pièces originales, 972; dossier, 21504
n°s 3, 4, 5, 6); 1424 (Bibl. Nat., franç. 26047, n°s 218, 266 et Arch. du Calvados, F. Fonds Dan
quin); 1425 (Bibl. Nat., franç. 26047, n°s 382, 383, 384; franç. 26048, n°s 446 et 455; franç
25982, n° 4534); 1429 (*Mém. de la Soc. des Ant. de Norm.*, t. XXIV, p. 190; Bibl. Nat., franç. 26052
n°s 1105 et 1178). G. d'Esquay fut ensuite nommé vicomte de Caen par Henry VI, le 29 août 1430 e
il demeura en fonctions jusqu'au milieu de l'année 1435 (De La Rue *op. cit.*, t. II, p. 298; — P. Carel :
op. cit., p. 298). Nous le trouvons mentionné en cette qualité aux années suivantes : 1431 (Bibl. Nat.,
franç. 26054, n° 1511 et 1614); 1432 (Bibl. Nat., franç. 26055, n° 1758); 1433 (N. s.) (Bibl. Nat.,
franç. 26056, n°s 2040, 2042, 2059, 2102; franç. 25057, n°s 2102 et 2151); 1434 (Bibl. Nat., franç.
26057, n° 2224; franç. 26059, n° 2502); 1435 (Bibl. Nat., franç. 26059, n° 2522). Le 17 juin 1435,
G. d'Esquay n'était plus vicomte de Caen (Bibl. Nat., franç. 26059, n° 2553).

Chateau de Caën.

de Caen, versa la somme de 1,259 l. 18 s. 5 d. ob. t., ainsi qu'il résulte des paiements divers, dont voici le détail (¹) :

Le 20 décembre 1433, à Esméril Du Buisson, féron, demeurant en la paroisse Saint-Sauveur, 47 s. 6 d. t., pour la fourniture de six mille clous à lattes, au prix de 7 sous 1 denier le mille, employés à la couverture des quatre tourelles du château, et pour deux couples de fer mises au pilori de la ville (²).

Le 27 mai 1435, 90 l. t. à Raoul Lair, marchand de chaux, pour la vente de trente tonneaux de chaux rendus et livrés au château, au prix de 60 s. t. le tonneau, et, le 9 mai 1436, une autre somme de 138 l. t., pour 46 autres tonneaux de chaux, livrés au même endroit, aux mêmes conditions, pendant les mois de mars et avril 1433.

Le 22 mai 1435, 21 l. t. à Raoul Corbel, Jean Estienne et à leurs compagnons charretiers, pour avoir, depuis le 1ᵉʳ mars jusqu'au 30 avril 1434, amené de la carrière au pont Frileux (³) cent quarante charretées de pierres, au prix de 3 s. t. chaque charretée, pour servir au réparations de ce pont.

Le 18 mai 1435, à Thomas Le Blanc, voiturier, et à ses compagnons charretiers, 37 l. 10 s. t. pour le transport, fait au mois de mars 1433, de soixante-quinze charretées de bois, au prix de 10 sous la charretée, prises dans la forêt de Cinglais (⁴) et amenées au château pour être employées à sa réparation.

(¹) Nous donnons ce détail dans l'ordre même du compte (Preuves : p. XLII-XLIX), sans nous préoccuper des dates auxquelles les travaux furent exécutés et les matériaux livrés.

(²) Le pilori était situé sur la place Saint-Sauveur actuelle, alors place du Vieil Marché et on le voit représenté dans le plan communiqué par M. de Bras à François de Belleforest (*Cosmographie universelle de tout le monde*, Paris, 1575, en 3 vol. in-fol., t. I, p. 121-122.) « ... auquel Vieil marché est l'eschafaut anciennement appelée Pilory. Ce Pilory estoit une grosse masse de bois qui tournoit sur l'un des bouts de cest eschafaut, où estoyent punis les criminels, faussaires et parjures, qui n'estoyent condamnez à mort de ce temps là : ceste quelle punition estoit que lesdicts criminels estoyent attachez les pieds et mains en un cept, et les faisoyent en tourner par certains tours pour estre veuz par le peuple circonstant, lesquels tours de Pilory les rendoyent infames; mais pour ce que l'on n'use plus de telles punitions de tour de Pilory, le vieil eschafaut a esté démoly, et y a l'on faict construire le grand et ample eschafaut, lequel y est de présent, viron l'an 1548. » (De Bras : *op. cit.*, p. 27). Cet échafaud fut lui-même démoli au mois de mars de l'année 1696. (Huet *op. cit.*, p. 104).

(³) Aujourd'hui Pont de Vaucelles. « Tant y a que ceste ancienne tour... au bas de laquelle se r'assemblent les eauës des trois cours et canaux de la rivière après avoir embrassé le circuit de ceste isle Sainct Jean, dont l'un des cours flue par dessoubs le grand pont de Vaucelles, par quatre grandes arches, que l'on appelle le pont Frileux, pour estre situé entre deux grandes prairies où les vents soufflent impétueusement tant d'amont que d'Aval. » (De Bras : *op. cit.*, p. 11). « En l'année 1432, les Anglois étant maîtres de Caen, une arche de ce pont se ruina et fondit dans la rivière. Les officiers du roy d'Angleterre, prétendirent obliger la ville à la réparation de ce désordre : mais après due information faite par le bailly, les officiers se soûmirent à rétablir et entretenir le pont dans la suite aux dépens du Roy. » (Huet : *op. cit.*, p. 76, 77). Nous pensons que notre texte se rapporte aux réparations dont parle Huet.

(⁴) Cf. Vaultier : *Recherches historiques sur l'ancien pays de Cinglais au diocèse de Bayeux* dans les *Mém de la Soc. des Ant. de Norm.*, t. X, Caen, 1837, in-8o, p. 16-31.

Le 21 avril 1435, à Thomas Le Blanc, voiturier et à ses compagnons, 27 l. 10 s. t., pour avoir transporté, au mois de septembre 1433, de la forêt de Cinglais et du Thuit, cinquante-cinq charretées de bois de merrain, au prix de 10 sous tournois par charretée, également livrées au château.

Le 29 mai 1436, à Robin Du Hamel, charpentier, 25 l. 16 s. 8 d. t., pour avoir étayé les maisons de Jean de Hermanville (¹) situées au château et pour diverses réparations au pont Frileux ayant nécessité cent journées d'ouvriers, au prix de 4 s. 2 d. t. chacune et trente journées d'un valet apprenti, au prix de 3 s. 4 d. t. chaque journée.

Le 6 juin 1435, à Colin Cauvin, couvreur, et à ses compagnons, 25 l. 16 s. 8 d. t., pour cent journées d'ouvriers à 4 s. 2 d. chacune, et pour trente journées d'un apprenti à 3 s. 4 d. chacune, pour des réparations faites au château, à l'hôtel du roi, à la prison, et en plusieurs autres endroits.

Le 12 juillet 1435, à Pierre Langlois, 105 l. t. pour sept cents charretées de pierre, au prix de 3 s. t. chacune, par lui vendues et livrées, aux mois de mars, avril, mai et juin 1433, pour servir aux réparation du château.

Le 11 juin 1435, à Jean Estienne et à Raoulin Corbel, voituriers, pour eux et pour leur compagnons, 40 l. t. pour avoir, aux mois de mars et avril 1432, mai et juin 1433, amené de la barbacane dans l'intérieur du château, quatre cent quatre-vingt charretées de pierres, au prix de 2 sous tournois chaque charretée (²).

Le 22 avril 1435, auxdits Etienne et Corbel, et à leurs compagnons charretiers, 24 l. t. pour avoir apporté, des quais de Caen au château, deux cent quarante charretées de sable, au prix de 3 sous chacune (³).

Le 27 avril 1435, à Gieffroy Pouchin, maçon, et à ses compagnons, 153 l. 3 s. 4 d. t. pour six cent soixante journées de travail, employées aux réparations du château, pendant les mois de mars, avril, mai, juin et juillet 1433, au prix de 4 s. 2 d. t. par journée et pour cent journées d'un apprenti, au prix de 3 s. 4 d. t. chaque journée.

Le 30 avril 1435, à Richard Piépelu, marinier, 11 l. t. pour avoir, pendant les mois de juillet et août 1433, amené et livré sur les quais

---

(¹) Nous croyons que c'est de ce Jean de Hermanville qu'il est fait mention dans les rôles de Bréquigny (*Mém. de la Soc. des Ant. de Norm.*, t. XXIII, n° 1318). « Il descendoit d'Aiulfe du Marché, fondateur de l'abbaye d'Ardenne, dont la famille se divise en deux branches, savoir : celle des seigneurs de Hermanville, fondue dans celle des Sillans au XVᵉ siècle, et celle des seigneurs de Baron, de Mouen, etc., éteinte dans celle des Gouvis dans le XIVᵉ. » (De la Rue : *op. cit.*, t. I. p. 265, 266).

(²) Le total est inexact : 480 charretées à 2 sous font 48 l. t.

(³) Ce chiffre est inexact : 240 charretées à 3 sous font 36 l. t.

de Caen, onze muids de sable, au prix de 20 s. t. chaque muid et destinés aux réparations du château.

Le 28 avril 1435, à Jean du Pers, couvreur, et à ses compagnons, 27 l. 6 s. 8 d. t. pour cent vingt journées de travail, au prix de 4 s. 2 d. t. chacune, et 20 journées d'apprenti, au prix de 3 s. 4 d. t. chaque journée, employés à faire des travaux de couverture sur les hautes salles du donjon, aux mois de mars et avril 1432 et mai 1433 (¹).

Le 23 avril 1435, à Raoulin Corbel, à Jean Estienne, voituriers, et à leurs compagnons, 14 l. t., pour avoir chargé et transporté au château, vingt-trois muids de sable, destinés aux réparations et ayant nécessité cent-quarante voyages d'un tombereau au prix de 3 sous chacun (²).

Le 22 avril 1435, à Jean Vimont, voiturier à Caen, 22 l. 10 s. t., pour avoir fait, depuis la Saint-Michel 1430 jusqu'à Pâques 1433, cent cinquante voyages au château, au prix de 3 sous chacun, et y avoir amené, dans son chariot, du bois de merrain, et y avoir transporté du vin, du cidre et autres approvisionnements.

Le 26 avril 1435, à Richard Piépelu et à Robin Mordant, mariniers, 23 l. t. pour avoir amené et livré, sur les quais de Caen, aux mois de mai, juin et juillet 1433, vingt-trois muids de sable, pour les réparations du château, à raison de 20 sous chaque muid.

Le 24 avril 1435, à Raoul Lair, marchand de chaux de la paroisse de Bretteville, 113 l. 15 s. t. pour trente-huit tonneaux de chaux vendus et livrés au château, pendant les mois de mai, juin et juillet 1433 (³).

Le 26 avril 1435, à Thomas Le Blanc, Jean Estienne et Raoul Corbel, voituriers, et à leurs compagnons charretiers, 77 l. 10 s. t. pour avoir transporté, pendant les mois d'avril et mai 1433, cent cinquante-cinq charrettées de bois de merrain, de la forêt de Cinglais et du Thuit, au château de Caen, pour servir aux constructions et aux réparations nécessaires.

Le 4 février 1434 (N. S.), à Pierre Langlois, de Saint-Michel-de-Vaucelles, 60 s. t. pour la fourniture de vingt pieds de tables employées dans une des tourelles du donjon, située vers le puits du baile (⁴).

(¹) Ce chiffre est inexact : on devrait avoir 28 l. 6 s. 8 d. et non 27 l. 6 s. 8 d.

(²) Chiffre inexact : 140 charretées à 3 sous font 21 l. et non 14 l.

(³) Le mandement du bailli de Caen et la quittance dudit Raoul Lair parlent d'une livraison de cinquante-cinq tonneaux de chaux qui, au prix de 60 sous par tonneau, vaudraient 165 l. t., ainsi que le fait observer le compte en question.

(⁴) Enceinte retranchée ou fortification extérieure formée de pieux. Dans les grands châteaux, il y avait deux bailes, le premier était l'espace découvert entre la première et la seconde enceinte, le second, l'espace découvert entre la deuxième enceinte et le donjon. De Bras (op. cit., p. 29) dit : « Le Belle ou basse court de ce chasteau est de si ample estendue qu'on y peut mettre en ordre de bataille, pour combattre, quatre ou cinq mille hommes de pied ». (Cf. Huet : op. cit., p. 40.)

Le 20 décembre 1433, à Julien Le Sor, bourgeois de Caen, marchand de plomb, 16 l. 15 s. 7 d. ob. t. pour la fourniture, 1° de deux cent-quatre-vingt-onze livres, un quarteron de plomb en tables, à raison de 12 d. la livre, pour servir aux tourelles du donjon; 2° de trente-huit livres et demie de plomb en tables, pour les gouttières du côté du Moulin au Roi ([1]), au même prix de 12 d. la livre; 3° de quatre livres de potin à, 18 d. la livre, employées à la soudure du plomb des tourelles.

Le 16 juin 1435, à Drouet du Bost, Jean Adam et Jean du Pont, carriers de *pierre ardoise*, 90 l. t. pour quarante-cinq milliers d'ardoises livrées au château, aux mois de mars, avril et mai 1433, au prix de 40 s. t. le mille.

Le 22 avril 1435, à Jean Vymont et Robin Hardy, voituriers, 15 l. t., pour avoir, depuis la Saint-Michel 1432 jusqu'à la même date de l'année suivante, fait cent voyages avec leurs charriots, au prix de 3 sous chaque voyage, pour apporter au château, aux halles et en divers autres endroits de la ville, du vin, du cidre, du bois de merrain et plusieurs autres choses destinées à la garnison ou aux réparations du château.

Le 4 janvier 1434 (N. s.), à Raoul Lair et à ses compagnons, voituriers, 150 l. t., pour avoir, par contrainte et ordonnance de justice, amené au château, pendant les mois d'août et de septembre 1433, trois cents charretées de bois de merrain à raison de 10 s. t. la charretée.

Enfin, à une date non indiquée dans le compte, à Pierre Prière, bourgeois de Rouen, 117 s. t. pour la fourniture de seize milliers de clous à lattes, livrés au château de Caen ([2]).

([1]) « Dans les chartes du prieuré de Sainte-Barbe-en-Auge, le côteau du Moulin-au-roi, auquel on donna plus anciennement le nom de *Roquemont*, est appelé le Mont au-dessus du château (Mons supra Castellum) » (Abbé De La Rue : *op. cit.*, t. I, p. 349.). Des pièces du fonds du Saint-Sépulcre de Caen. (Arch. Calvados, G. Fieffes pour Saint-Gilles : anciennes liasses 12 et 36) nous font connaître une vente, le 2 août 1397, par Philippe Danvou à Thomas Fouquerey, de Saint-Pierre de Caen, d'une vergée et demie de terre « assise eu terroir de Caen en la ville desoubz le Moulin le Roy, du fieu du roy notre sire », et une fieffe, en date du 7 juin 1411 (N. s.), par Girot Toulemer, de 7 vergées de terre « assises ou terreur de Caen ès dellages d'audesoubz du Moulin au Roy, à la cavée Blanchart, jouxte le quemin d'une part et les prestres de Saint-Etienne le Vieux. »

En 1789, le Moulin-au-Roi appartenait à la corporation des chandeliers de Caen. Il fut donc vendu comme bien national de première origine. (Arch. Calvados, IV, Q. 230, n° 392, 21 nivôse an v : vente à Jacques Le Pleux, demeurant à Caen, place du Château, moyennant 396 livres, d'une portion de terrain nommée le Moulin au Roi, entourée de murs, contenant 137 toises 3 pieds, sur laquelle portion de terrain est construite une salle sans plancher, couverte en paille, et sont plantés 11 arbres, tant ormes que frênes, de la grosseur de 5 pouces... le tout d'un revenu annuel évalué 22 livres).

Les bâtiments du Moulin-au-Roi, tels qu'ils existaient jusqu'à leur récente transformation en maison d'habitation, et, notamment la tour du Moulin, furent élevés en 1816 (*Notes éphémérides et pièces volantes* du jardinier caennais Victor Dufour, appartenant à M. l'abbé Le Mâle, t. III, p. 841). Ils servirent jusqu'en 1847 à la fabrication de l'huile et depuis à une entreprise d'engrais animal. (Arch. Calvados, M. Etablissements insalubres. Dossier du Moulin-au-Roi).

([2]) Preuves : p. XLII-XLIX. — Cf. aussi un mandement de Richard Harington, bailli de Caen, en date du 20 juin 1439 (Bibl. Nat., franç. 26066, n° 3806).

En outre des travaux signalés dans le compte qui vient d'être analysé, nous citerons encore les suivants exécutés, de 1433 à 1445, également pour la défense de la ville et du château, la plupart sous le contrôle de Jean Franquelin.

Le 10 juin 1433, il fut payé à Jean Adam, de la paroisse de Billy (¹), marchand de *pierre ardoise*, 60 s. t. pour la fourniture de deux milliers d'ardoises, au prix de 30 s. le mille, pour couvrir les bâtiments de la garnison du château (²).

Le 24 du même mois, Thomas La Housse et Guillaume Langlois, bûcherons, de la paroisse de Fresney-le-Puceux (³), reçurent 30 sous tournois, pour neuf journées de travail, à raison de 3 sous 3 d. t. par journée, qu'ils avaient passées à abattre du bois de merrain dans la forêt de Cinglais, pour servir aux réparations du château (⁴).

Le 11 février 1435 (N. s.), les trésoriers généraux des finances de Normandie, mandaient au vicomte de Caen de faire bâtir en toute hâte, un mur de trente toises de longueur, de deux toises de hauteur et d'une toise d'épaisseur, *par dedens le jardin Campion, à l'endroit de la Cohue*, depuis la porte jusqu'à la tour qui joint la Porte-au-Berger (⁵). Le devis du travail devait être crié et publié à Caen, deux dimanches de suite et à un jour de marché, pour en faire l'adjudication le second des deux dimanches. D'après le devis, on accordait pour chaque toise : 100 s. pour la maçonnerie, 4 livres pour le sable et la chaux, et 6 livres pour les autres travaux (⁶).

Le 14 avril 1435 (N. s.) il fut payé à Etienne Le Mescreu, *hourdeur*, de la paroisse de Saint-Pierre de Caen, à Gillot Thahurel et à Robin Valée, ses compagnons, 26 s. 8 d. t. pour huit journées de travail, à raison de 3 s. 4 deniers par jour, pour divers travaux exécutés au

---

(¹) Calvados, arr. de Caen, canton de Bourguébus.

(²) Preuves : p. L.

(³) Calvados, arr. de Falaise, canton de Bretteville-sur-Laize.

(⁴) Preuves : p. L, LI.

(⁵) Cette porte donnait accès sur le faubourg Saint-Gilles. « La tierce porte est celle au Bergier qui tend aux champs vers le quartier de la mer, le Sépulchre et le Bourg l'Abbesse, par lequel aussy, ceux qui viennent de Paris, de Rouen, et pays d'amont, passans par le Bac de Coulombelles arrivent en la ville. » (De Bras : *op. cit.*, p. 31, 32). Cf. Huet : *op. cit.*, p. 67, 68 et 105 ; De La Rue : *op. cit.*, t. I, p. 116 et 117. Voir le plan du château que nous publions, à la lettre Y.

(⁶) Preuves : p. LI, LII.

château, notamment à l'hôtel de Bertrand Campion ([1]), à la maison « du parléeur d'emprès le danjon », et pour avoir blanchi à la chaux l'écritoire du bailli ([2]).

Le 25 mai 1435, nous trouvons un autre paiement de 29 s. 2 d. t., fait à Robin Maillart, à Cardin Ernouf et à un certain Vincent, charpentiers, pour avoir, pendant sept jours, travaillé, sur l'ordre du bailli de Caen, à faire des réparations à son hôtel ([3]).

Le 17 juin suivant, 23 voituriers reconnaissaient avoir reçu de Girard d'Esquay, naguère vicomte de Caen, 20 livres tournois pour avoir chargé dans la forêt de Cinglais, à 4 lieues de Caen, soixante charretées de gros bois de 30 à 40 pieds de long environ, propre à faire des boulevards, et avoir apporté ce bois au château, sur l'ordre des gens et des officiers du roi, pour la fortification dudit château et pour les besoins de la garnison, chaque charretée au prix de 6 s. 8 d. t. Ce qui fut contrôlé par Jean Malessent « garde des garnisons et provisions » ([4]).

Le 7 juillet 1438, il fut payé à Pierre Richier et à Alain Bisson, charpentiers, 70 s. 10 d. t. pour dix-sept journées de travail, à raison de 4 s. 2 d. chaque journée, passées à réparer une aile en appentis qui se trouvait proche l'entrée de la grosse tour du donjon, laquelle avait été abattue par la chute des pierres de la grande salle dudit

---

([1]) L'abbé De La Rue (op. cit., t. I, p. 93) dit, en effet, que dans le château se trouvaient, à cette époque, « les hôtels de Thomas de Juvigny, de Jean de Magneville, de Robert de Ponteaudemer, de Bertrand Campion, etc.; mais en 1515, toutes ces maisons avaient été abattues par ordre du gouverneur de la place. » Bertrand Campion était fils de Raoul Campion, conseiller et maître des Comptes de la chambre du roi, qui avait, par contrat passé devant les notaires de Paris, le 15 janvier 1380, acheté de René le Coutellier et de Luce de Mittry, sa femme, la halle au pain de Caen. Bertrand Campion avait embrassé le parti du duc d'Orléans contre le duc de Bourgogne. Ses violences irritèrent les habitants de Caen, qui ne voulaient pas prendre parti dans la querelle des ducs et gardaient leur fidélité au roi, à ce point qu'au mois de décembre 1411, ils abattirent la halle au pain et tous les bâtiments qui en dépendaient. Le roi, par lettres patentes du 2 janvier 1412, approuva cette démolition et concéda le terrain aux habitants. B. Campion obtint des lettres de rémission au mois de septembre suivant, mais le roi ne lui rendit que ses biens non confisqués et conserva la donation faite à la Ville (De La Rue : loc. cit., t. I, p. 110-113).
Le 14 septembre 1419, les biens de Bertrand Campion furent de nouveau confisqués, mais cette fois au profit du roi d'Angleterre « Rex omnibus, etc., quod dilectus nobis Gerardus Desquay, armiger, nobis impendit, etc., concessimus ei terras, possessiones, etc., quas Bertrandus Campion et mater sua ante ultimum adventum, etc., exceptis illis terris, etc., infra castrum et villam nostram de Caen, que fuerunt Petri de Hotot et matris sue, infra ducatum nostrum predictum, qui quidem, Bertrandus et Petrus, inobedientes nostri, etc. » (Mém. de la Soc. des Ant. de Norm., t. XXIII, no 659). Les 17 novembre 1436 et 16 septembre 1437, Henry VI accorda un délai à Girard d'Esquay pour les terres, rentes et revenus qu'il lui avait donnés « qui furent à Bertran Campion et Pierre de Hottot, assises ès bailliages de Rouen, Caen, Evreux, Cotentin et vicontés desdits lieux, lequel, vu l'occupation de nos guerres et autres, à lui survenues, n'a peu les faire priser, et qu'icelles terres sont situées en plat pays, de jour en jour repairié et fréquenté par nos ennemis » (Bibl. Nat., pièces originales, 1071, dossier 24764, nos 25 et 27).

([2]) Preuves : p. LII, LIII.

([3]) Preuves : p. LIII.

([4]) Preuves : p. LIV.

donjon, arrachées par le vent et tombées sur l'aile du bâtiment en question (¹).

Le 31 août 1438, Jean le Cavellier, serrurier, reçut 19 l. 18 s. 6 d. t. pour la fourniture de serrures et pour divers travaux faits à la chapelle du donjon ainsi qu'à la prison du château (²).

Le 31 mars 1442 (N. s.), des réparations furent faites au puits du baile du château, par Guillaume Potage, forgeron, à qui l'on paya 4 livres t. (³).

Le 16 avril suivant, Robin Moulin, agissant tant en son nom qu'en celui de Robin Bougis et de Thomas Viel, de Secqueville-en-Bessin, (⁴) marchands de tuf, reçut 4 l. 10 s. t. pour cinq charretées de tuf, au prix de 18 s. la charretée, vendues à Jean Franquelin et livrées au château pour la réparation de trois cheminées, l'une dans l'hôtel où avait demeuré Guillaume Brown, au baile, et les deux autres dans la maison d'un certain Semarth (⁵).

Le 24 janvier 1443 (N. s.), nous voyons que des travaux de maçonnerie, certainement considérables mais dont nous ignorons le détail, avaient été exécutés par Richard Vaultier, maçon, bourgeois de Caen, puisqu'il lui fut payé, de ce chef, l'importante somme de 792 l. t. (⁶).

Le 17 mars 1444 (N. s.), Jean Franquelin, recevait 100 l. t. pour avoir, sur les ordres d'André Ogard (⁷), capitaine de Caen, construit

---

(¹) Preuves : p. LV.

(²) Preuves : p. LVI.

(³) Preuves : p. LVII.

(⁴) Calvados, arr. de Caen, canton de Creully.

(⁵) Preuves : p. LVIII.

(⁶) Preuves : p. LIX.

(⁷) L'abbé De La Rue (*op. cit.*, t. II, p. 288), a affirmé que cet André Ogard était d'origine Danoise : on lit en effet dans les Rôles du Parlement d'Angleterre pour l'année 1433 (Record office, England, *Rotuli Parliamentorum*, Henry VI, 11 et 12 [*Anno Domini 1433*] nᵒ 27) : « Item, quedam supplicatio exhibita fuit eidem Domino Regi, in Parliamento predicto, pro Andrea Ogard, milite, cum una cedula eidem supplicationi annexa in hec verba.

« Please au Roy notre soveraigne seignur, par advys et assent de votre très sage counsaill, grauntier [*accorder*] à votre humble chivaler Andrewe Ogard, néez deinz le roialme de votre très noble cousin le roy de Denmark, voz gracious lettres, solonc l'effect et purporte d'une cédule à ycest bill annexée, saunz fyn ou fee entprendre a votre oeps [*opus*]. Et il priera Dieux pour vous.

« Tenor vero cedule predicte sequitur in hec verba.

« Rex, omnibus ad quos presentes litere pervenerint, salutem. Sciatis quod concessimus et licentiam dedimus, pro nobis et heredibus nostris, quantum in nobis est, dilecto nobis Andree Ogart, militi, in regno Dacie oriundo, et heredibus suis, quod ipsi ex nunc sint indigene ac tractati, tenti et omnibus reputati sicut veri et fideles ligei nostri, infra regnum nostrum Anglie oriundi... etc. »

L'abbé De La Rue (*loc. cit.*) ajoute que André Ogard vint en France avec Henry V. Après la prise de Caen, en 1417, il fut, le 21 février 1418 (N. s.), nommé capitaine de Vire (*Mém. de la Soc. des Ant. de Norm.*, t. X, Caen, 1837, in-8ᵒ, p. 627) ; il n'exerçait plus cette fonction le 24 février de l'année suivante (*ibid.*, t. XXIII, nᵒ 308). En 1424, il remplaça Jean Clifton comme capitaine de Vire (P. Le Cacheux : *Actes de la Chancellerie de Henry VI*, Rouen, Société de l'histoire de Normandie, 1907, 2 vol. in-8ᵒ, t. II, p. 354, n. 2) ; nous pensons qu'il occupa cette charge jusqu'en 1436 car il avait été retenu pour onze ans, à partir de la Saint-Michel 1424 et nous l'avons trouvé mentionné en qualité de capitaine de ladite ville, pendant les années suivantes : 1424 (N. s.), 8 janvier (Bibl. Nat., nouvelles acq., franç. 1482, nᵒ 28) ; 1425 (*Mém. de la Soc. des Ant. de Norm.*, t. XXIV, p. 206 ; — Bibl. Nat., pièces originales, 1374, dossier 31070 (Gourdel), pièce nᵒ 3) ; 1427 (Bibl. Nat., franç. 26050, nᵒ 755) ; 1428 (Demay : *op. cit*, t. II, nᵒ 6829) ; 1429

une maison devant l'hôtel de Bertrand Campion, établi deux haies

---

(*Mém. de la Soc. des Ant. de Norm.*, t. XXIV, p. 206; — Bibl. Nat., nouvelles acq., franç. 1482, nos 60, 89, 100); 1430 (Bibl. Nat., franç. 26052, nos 1251, 1259; franç. 26053, no 1480; — Demay : *op. cit.*, t. II, no 6830); 1431 (Bibl. Nat., franç. 26054, no 1639); de la Saint-Michel 1433 à la Saint-Michel 1434 (Stevenson : *op. cit.*, t. II, p. [542]; Bibl. Nat., franç. 26058, no 2370 et nouvelles acq. franç. 21289, no 102); 1435 (Stevenson : *loc. cit.*, p. 434). A. Ogard fut également capitaine du château de Touque, une première fois de 1422 à 1429 et, une seconde fois, de 1437 à 1446 (A. Gilbert : *Le château de Bonneville-sur-Touques*, dans le *Bulletin de la Soc. des Ant. de Norm.*, t. XVI, année 1892, Caen, 1894, in-8o, p. 400 et 401). — Cf. Demay : *op. cit.*, t. II, no 6831; — Tardif : *op. cit.*, no 1981, p. 442 et 2144, p. 457.

En 1425, André Ogard était du nombre des capitaines anglais qui prirent part à l'expédition contre l'Anjou (Stevenson : *op. cit.*, t. II, p. 412). Le 29 novembre 1430, Henry VI fit don à « André Ogard, chevalier, conseiller et chambellan du duc de Bedford, de la châtellenie d'Auvillers, confisquée sur Richard de Tournebu, chevalier, et précédemment donnée au comte de Salisbury. Il y joignit, en janvier 1434, les fiefs de Jean de Vaux, chevalier, seigneur de Merville, de Guyot de Vaux, son fils et de leurs femmes ; la terre de Blangy, qui fut à Olivier de Mauny, chevalier ; les biens d'Henry Murdac, écuyer, et du fils aîné de Jean Disne ; les rentes d'Olivier du Port, à Gonneville ; les terres de Colin de la Motte et de ses frères ; le fief de Saint-Clair-en-Auge, qui fut à Nicole Paynel ; celui de Sauvage de Villiers, à Gonneville ; celui de Jean de Silly, au val d'Ancre ; le fief de Gerrots, qui fut à la femme de Girard de Tournebu; les biens de Pierre Yseult et de sa femme, à La Cambe ; le fief de Jean des Monstiers, à Saint-Marcouf; la terre de Manerbe, qui fut à Robin Servain ; le fief de Hector de Boscherville, chevalier, près de Touques; les biens de Regnier de Cavey, de Raoulin Bunier, de Richard Lambert, de Girot Le Grand et de Girot Pinchon : le tout de plus de 1500 livres de revenu. En 1436, Ogard se trouvait de plus, possesseur de l'importante baronnie d'Esneval, dépouille de la maison de Dreux. » (L. Rioult de Neuville : *op. cit.*, p. 352, 353). Naturalisé Anglais le 8 juillet 1433 (Record Office, England, *Patent Rolls*, 11 Henry VI, pt. 2, m. 13 ; cf. aussi British Museum, *Additional mss.*, 4609, art. 79). Ogard reçut, le 1er mai 1435, la charge à vie de gardien et connétable du château de Proddo en Northumberland (Record Office, England, *Patent Rolls*, 15 Henry VI, m. 3). De 1436 à 1448, il fut capitaine de Caen (L'abbé De La Rue : *op. cit.*, t. II, p. 288; — P. Carel : *op. cit.*, p. 285 ; — cf. Bibl. Nat., franç. 26064, no 3570 ; franç. 26068, no 4394 et Bibl. Nat., nouvelles acq. franç. 21289, no 179 ! — Tardif : *op. cit.*, no 2312, p. 473). Il oublia même de payer les gages qu'il devait aux soldats de sa garnison, ainsi que le révèle la curieuse pétition suivante : « To the kynge oure souverain Lorde. Right mekly besechith alle the pore sougeours of the Castell and towne of Cane, that where they have sewed to youre Highnesse by longe tyme, for theire wages to theym due against Sir Andrew Hogan, knyght, late Capteine of the saide Castell and towne, and ayenst James Drylond squier, for the wages to theym due, whiche they ha[ve re]sceived for theym, and yet witholdith it ayenst alle right and conscience. Plese it youre highnesse, that this matter might be putte in to youre Chauncerie, whiche ys youre nobil court of conscience, there to be justefied and termined withoute eny plee or processe, by wey of right wisnesse. For your saide besechers be so empoverysed that they may no longere sewe, for some of theym lieth in the countour and in other diverses prisons for theire dispenses, and never like to come oute withoute youre gracious remedie. This to be considered in wey of charite and right wysnesse, and youre saide besechers shalle pray to God for you. » (Public Record Office, England, *Ancient petitions*, 14448).

D'après le texte suivant, il semble que cette affaire ne reçut une fin que fort longtemps après :

« 1452, February, 15, Westminster. Commission to John, earl of Shrewsbury, Thomas, lord of Scales, knight, Master Andrew Huls, clerk, keeper of the privy seal, Richard Haryngton, knight, and Masters Robert Stillyngton and John Derby, doctors of laws, reciting that, whereas certain lieges of the king, late soldiers retained to serve the king in France and Normandy, have complained, and others intend to complain of Thomas Hoo, knight, late chancellor of Normandy, and Andrew Ogard, knight, late captain of the castle and town of Caen in Normandy, and other captains and lieutenants in the said realm and duchy, that they have detained their wages for months, — the said commissioners are appointed to examine all such complaints and to hear and determine the same. » (*Calendar of the Patent Rolls preserved in the Public Record Office*, Henry VI, vol, V. A. D. 1446-1452, Londres, 1909, in-8o, p. 537.)

A la fin de l'année 1442 et dans les six premiers mois de 1443, Ogard fut chargé par Henry VI, avec l'évêque de Bayeux et Simon Morhier, de s'occuper du recouvrement de la place de Granville (Siméon Luce : *op. cit.*, t. II, p. 148 et 155). Nous le retrouvons, en 1449, parmi les exécuteurs testamentaires du duc de Bedford (Stevenson : *op. cit.*, t. I, p. 493). André Ogard avait épousé en premières noces Margaret, fille de sir John Clifton, chevalier, de Bokenham Castle, et, en secondes noces, Alice, qui mourut en 1460. Ogard était décédé en 1454 (*The Paston letters*, *op. cit.*, t. III, no 327, p. 80, 81 et n. 1. — Lettre de dame Alice Ogard à John Paston, en date du 30 mars 1456).

Voici la description du sceau d'André Ogard : « Ecu portant un rais penché, timbré d'un heaume, cimé de deux bras élevant un tortil ou un chapel, supporté par deux loups — (ou par deux chevaux). » (Demay : *op. cit.*, t. II, nos 6830, 6831, 6832 et 6833).

d'épines et de pieux de chênes, l'une vers la garenne du donjon, l'autre vers le Vaugueux (¹) « et pour avoir trouvé fèvres à faire feu par nuit sur les murs dudit chastel pour le guet et la garde d'icelluy » (¹).

Le 11 avril 1444 (N. s.), il fut payé, par Jean Randulf, vicomte de Caen (²), 19 l. 11 s. 8 d. t. à Guillaume Le Tonnelier et à Perrin Viart, huchiers, pour des travaux exécutés par eux au château, lors de la venue du duc d'York (⁴), et pour avoir fourni quatre dressoirs neufs, l'un pour la chambre du duc, l'autre pour la grande salle du roi, le troisième pour le logis du trésorier et le quatrième pour les étuves. La fourniture comprenait, en outre, divers meubles, tels que tables, bancs, etc. (⁵). Colin Cauvin, Pierre Lefèvre et Guillaume Fourmentin, couvreurs, reçurent aussi le même jour 11 l. 15 s. 5 d. t., pour des réparations faites au château, en raison de la venue du duc d'York (⁴).

Le 23 mars 1445 (N. s.) Thomas de Loraille (⁷) vicomte de Caen, paya à Jean Le Cauchois et à Alain Buisson, charpentiers et à leurs

---

(¹) Cf. de Bras : *op. cit.*, p. 24 et 34 ; — Huet : *op. cit.*, p. 288 ; — L'abbé De La Rue (*op. cit.*, t. I, p. 117-123), a donné des explications curieuses et peu probantes de ce nom singulier.

(²) Preuves : p. LX.

(³) L'abbé De La Rue (*op. cit.*, t. II, p. 266), mentionne Jean Randulf, comme vicomte de Caen de 1435 à 1442. M. Pierre Carel (*op. cit.*, p. 298), l'indique comme ayant rempli cette charge en 1445. Nous l'avons trouvé exerçant cette fonction aux années suivantes : 1435 (Bibl. Nat., franç. 26060, nᵒ 2680); 1436 (*ibid.*, franç. 26061, nᵒ 2891 et Bibl. Nat., nouvelles acq. franç. 21289, nᵒ 128); 1437 (*ibid.*, franç. 26062, nᵒˢ 3089, 3104, 3105); 1438 (*ibid.*, franç. 26064, nᵒˢ 3439, 3513); 1439 (*ibid.*, titres scellés, t. XIII, fol. 65); 1440 (*ibid.*, franç. 26067, nᵒˢ 4095, 4105); 1441 (*ibid.*, franç. 25984, nᵒ 4868); 1442 (*ibid.*, franç. 26069, nᵒ 4602); 1443 (Arch. Manche, F. Fonds Danquin); 1444 (N. s.) 6 janvier (Bibl. Nat., franç. 26072, nᵒ 2681); 1445 (*ibid.*, franç., 26065, nᵒ 3762).

(⁴) Richard, duc d'York, fils de Richard, comte de Cambridge, né en 1411. Il servit en France pendant la minorité de Henry VI et devint lieutenant général et gouverneur du royaume de France et du duché de Normandie, de 1436 à 1448, époque à laquelle il fut dépouillé de cette haute dignité en faveur d'Edmond de Beaufort, duc de Somerset. Il n'oublia jamais cette injure ; réduit à accepter le gouvernement de l'Irlande, il ne tarda pas à revenir en Angleterre et suscita les troubles qui amenèrent la guerre des Deux-Roses. D'abord vainqueur à Northampton, il fut défait et tué à Wakefield, le 24 décembre 1460 (Sidney Lee : *Dictionary of National Biography*, verbo).

(⁵) Preuves : p. LXI, LXII.

(⁶) Bibl. Nat., 2524, pièces originales, dossier 56216, Rodulf (lisez Randulf), nᵒ 9.

(⁷) Thomas de Loraille, seigneur d'Escoville, fut vicomte de Caen de 1442 à 1448, d'après l'abbé De La Rue (*op. cit.*, t. II, p. 267) et de 1445 à 1448 d'après M. Pierre Carel. Ce dernier historien dit qu'en 1444, il portait le titre de commis à l'exercice de vicomte de Caen (P. Carel : *op. cit.*, p. 298 et 299). En fait, nous l'avons trouvé exerçant cette fonction le 29 septembre 1444 (Bibl. Nat., franç. 26072, nᵒˢ 5072, 5075); en 1445 (*ibid.*, franç. 26073, nᵒˢ 5173, 5175, 5176, 5177, 5245, 5249, 5250, 5251; franç. 26074, nᵒˢ 5284, 5285); et en 1448 (Bibl. Nat., franç. 26078, nᵒˢ 6002, 6016 et 6020). M. Pierre Carel ajoute qu'il devint vicomte de Rouen en 1448 (*ibid.*, p. 299. — Cf. aussi l'abbé De La Rue : *op. cit.*, t. I, p. 137.) Toutefois, Farin (*Histoire de la ville de Rouen*, Rouen, 1731, 2 vol. in-4ᵒ, t. I, p. † 127 †), n'en fait aucune mention dans sa liste des vicomtes de Rouen. Thomas de Loraille fut lieutenant du bailli de Caen une première fois de 1450 à 1454 et une seconde fois de 1458 à 1460 (P. Carel : *op. cit.*, p. 264). Nous le voyons mentionné, en effet, comme lieutenant général du bailli les 3 septembre et 7 novembre 1450 (Arch. du Calvados, H. 7137). Le 2 juillet 1455, il remplissait aussi les fonctions de trésorier des guerres en Normandie (Bibl. Nat., franç. 26083, nᵒ 6868; — De La Rue : *op. cit.*, t. I, p. 137) et, en 1468, celles de bailli de Caen et de chambellan du duc de Normandie (De La Rue : *op. cit.*, t. II, p. 261; — P. Carel, *op. cit.*, p. 256).

compagnons, par les mains de Georget de Maynières, son clerc, la somme de 21 l. 2 sous 11 d. t. pour cent et une journées et demie de travail, employées : 1° à réparer la charpente d'une maison tombée en ruine, située au-dessus du four du donjon, vers la garenne ; 2° à refaire à neuf, sur l'ordre de Thomas Flamyng ('), chevalier, lieutenant de la ville et du château, le plancher du pont dormant, donnant sur le boulevard, vers la ville, mesurant 32 pieds de long, et 14 pieds de large ; 3° également à remettre à neuf, avec des planches de trois doigts d'épaisseur, un autre pont dormant assis sur les murs du baile auprès de la porte devers la ville et mesurant 18 pieds de long et 4 pieds et demi de large (').

Le même jour, Thomas de Loraille, payait à Alain Bisson, charpentier, demeurant à Saint-Pierre-de-Caen, à Maciot Acart, Guillaume Mabire, Jean Vaultier et Guillaume Langlois, charpentiers, 4 l. 3 s. 4 d. t., pour avoir, depuis le 24 novembre 1444, travaillé pendant vingt journées, à raison de 4 s. 2 d. t. par jour, à abattre, dans la forêt de Cinglais, du merrain dont trente-six charretées furent amenées au château pour les réparations (').

Le lendemain 24 mars, il payait encore à Jean Barbe, Cardin Folie et Pierre Cadet, manouvriers, 23 s. 4 d. t. pour sept journées de travail qu'ils avaient employées, depuis le 18 février précèdent, à curer le puits du donjon, à vider les terres qui se trouvaient sur le pont dormant et sur les claies devant le boulevart récemment construit vers la ville, et à aider à amener le bois destiné aux réparations de ce pont (').

L'abbé De La Rue (op. cit., t. I, p. 138) dit que Thomas de Loraille, suivit le parti des princes dans la Guerre du bien public, et s'attacha à Charles duc de Berry, frère de Louis XI. Charles ayant été fait duc de Normandie en 1465, Thomas de Loraille l'accompagna à son couronnement à Rouen (Ibid., p. 138). Mais Louis XI ayant repris son duché, Thomas de Loraille perdit sa place de bailli de Caen. « Cependant, Louis XI, connaissant tout le mérite du dernier (Th. de Loraille), et redoutant son influence sur l'esprit de son frère, employa tous les moyens pour le détacher de son parti ; mais il ne put y réussir, et alors, si nous en croyons Amalgard [c'est-à-dire Thomas Bazin], historien de ce prince, il le fit empoisonner, en 1470, avec plusieurs personnes de sa maison, parmi lesquelles était son fils, Jean de Loraille. » (L'abbé De La Rue : op. cit., t. I, p. 138, 139) « Le couvent des religieuses Bénédictines de la rue de Geosle étoit autrefois l'hôtel de Thomas de Loraille. Comme Loraille possédoit d'autres maisons dans la même rue, il est incertain si ce fut celle-là qu'il acquit au décret qui se fit en 1463, des héritages d'un bourgeois nommé Burnel. Cet hôtel étoit une des plus grandes maisons de Caen. La ville y reçut le duc de Bretagne en 1464. Elle y reçut aussi le grand sénéchal de Normandie. » (Huet : op. cit., p. 139). Huet ajoute que Th. de Loraille fonda dans cet hôtel un collège qui porta son nom (ibid., p. 139), mais l'abbé De La Rue (op. cit., t. I, p. 139-141) contredit formellement cette opinion.

On sait qu'il existe encore rue de Geôle, n° 31, quelques parties de l'ancien hôtel de Loraille (Bibliothèque de Caen : aquarelle de A. Lasne, 1832 ; — crayon de G. Bouet.).

(¹) Thomas Flaming se trouvait à la bataille de Cravant, en juillet 1423 (Stévenson : op. cit., t. II, p. 385). En 1435, il faisait partie de la retenue du duc de Bedford (ibid., p. 436 ; — cf. P, Carel : op. cit., p. 285). Notre texte montre qu'en 1445 il était lieutenant de la ville et du château de Caen.

(²) Preuves : p. LXII, LXIII.

(³) Preuves : p. LXIII, LXIV.

(⁴) Preuves : p. LXIV, LXV.

Il soldait enfin à Raoulin Maleterre, tonnelier, et à Jean Savary, maréchal, de la paroisse Saint-Pierre, la somme de 4 l. 3 s. 6 d. t. qui leur était due, savoir, à Raoulin Maleterre, 33 s. 6 d. t. pour la façon de sept seaux en bois de chêne, destinés à puiser l'eau dans les trois puits du château situés, l'un au donjon, l'autre dans le baile et le troisième dans l'hôtel de Bertrand Campion ; et à Jean Savary 5o sous t. pour avoir fait la ferrure des dits seaux et réparé les anciens ([1]).

Avant le mois de juillet 1445, Henry VI, sur la demande des bourgeois de Caen, leur avait permis (pour ne pas dire ordonné), de nettoyer et de curer la rivière d'Orne, afin d'en rendre l'accès plus aisé aux navires qui remontaient la rivière jusqu'à Caen ou qui redescendaient vers la mer, et aussi pour faciliter la défense de la ville. A cet effet, le roi décidait que, durant trois années, pendant les mois de juin et de juillet, chaque paroisse de la ville de Caen, des sergenteries d'Argences ([2]), de Troarn ([3]), de Varaville ([4]), de la Banlieue de Caen, de Villers ([5]), de Cheux ([6]), d'Evrecy ([7]), de Préaux ([8]), d'Ouistreham ([9]), de Bernières ([10]) et de Creully ([11]), dépendantes de la vicomté de Caen, fourniraient chacune un tombereau et deux personnes pour le conduire et mettre la rivière en bon état. Mais, les habitants des paroisses en question, estimant qu'une telle mesure serait pour eux une trop lourde charge, préférèrent s'en exonérer en payant chacune douze livres tournois par année, « le fort portant le foible ». Le chiffre total de cette imposition, perçue par Guillaume Le Roy, receveur des octrois de Caen, s'éleva à 2,400 livres tournois qui furent payées, en quatre termes égaux, aux mains de Jean de Semilly, receveur des deniers et revenus de la ville ([12]).

Les trèves de 1444 suspendirent les travaux d'entretien et de réparations effectués par les Anglais à Caen. Du moins, nous n'en avons rencontré aucune trace pour les dernières années de l'occupation étrangère. Mais, dès le mois d'août 1449, Richard Harrington,

[1] Preuves : p. LXV.
[2] Arrondissement de Caen, canton de Troarn.
[3] Ibidem.
[4] Ibidem.
[5] Arrondissement de Caen, canton de Villers-Bocage.
[6] Idem., canton de Tilly-sur-Seulle.
[7] Idem., canton d'Evrecy.
[8] Ibidem.
[9] Arrondissement de Caen, canton de Douvre.
[10] Ibidem.
[11] Arrondissement de Caen, canton de Creully.
[12] Preuves : p. LXVI, LXVII, LXVIII.

voyant reprendre la guerre, résolut de renforcer la garnison de Caen. L'argent lui manquant pour enrôler de nouvelles troupes, il n'hésita pas à s'emparer de vive force d'une somme de six cents livres tournois provenant de la recette de Jean de Bailleul, clerc de Pierre Baille ([1]), receveur général des finances de Normandie.

Sur la protestation de J. de Bailleul, Harrington consentit à lui délivrer un certificat constatant que c'était par contrainte et de sa propre autorité qu'il lui avait pris cette somme ([2]).

Un mandement de Henry VI, en date du 21 novembre 1449, et adressé à Gilbert Parr ([3]), maître de son artillerie en la Tour de Londres, nous apprend que ce dernier avait été chargé de livrer à Robert Whitingham, ou à son mandataire, pour la sauvegarde de Caen et de la Normandie, mille arcs, deux mille paquets de flèches, vingt grosses de cordes, deux pipes de poudre, deux pipes de salpêtre, une pipe de soufre, six tonneaux de fer, un baril d'acier, deux barils d'*osmunds* ([4]), douze barils de poix, douze barils de goudron, une pipe de chausse-trapes. Il devait aussi lui envoyer deux canonniers et un habile charpentier pour l'artillerie ([5]).

Au mois de février 1450 (N. S.), ordre avait été également donné aux trésoriers et aux chambellans de l'Echiquier de faire délivrer,

---

([1]) Pierre Baille fut receveur général des finances en France et en Normandie, depuis au moins l'année 1436, probablement jusqu'à la fin de l'occupation anglaise (Siméon Luce, *op. cit.*, t. II, p. 91, 102, 121, 127, 130, 131, 196, 207, 214, 247). D'après Ch. de Beaurepaire (*Les Etats de Normandie sous la domination anglaise, loc. cit.*, p. 486), Pierre Baille, d'abord receveur général des finances du duc de Bedford, devint receveur général du duché de Normandie le 10 décembre 1437 et exerça cette fonction jusqu'au 31 mars 1444. Pierre Baille reparaît, avec le titre de receveur général, le 30 avril 1446; il le portait encore le 2 juin 1449. Rémon Monfault l'aurait remplacé du 5 novembre 1444 au 12 novembre 1445. Voici la description du sceau de Pierre Baille, à la date du 27 septembre 1448 : « Sceau rond de 30 mill. — Ecu portant une croix engrêlée, penché, timbré d'un heaume, cimé d'une tête de griffon dans un vol, supporté par deux lions. (Demay, *op. cit.*, t. I, n° 564).

([2]) Preuves : p. LXVIII.

([3]) On possède le texte de divers dons faits à Gilbert Parr par Henry VI (Record Office, England, *Patent Rolls*. 1 Henry VI, pt. III, m. 15; 16 Henry VI, pt. I, m. 5; 17 Henry VI, pt. I, m. 26, 19 Henry VI, pt. II, m. 1). Connétable du château de Berkhampstead le 8 décembre 1429 (*ibid.*, 8 Henry VI, pt. I, m. 7.), maître de la garde-robe privée du roi le 16 avril 1430 (*ibid.*, 8 Henry VI, pt. III, m. 4), on le trouve mentionné dès 1437 comme maître de l'artillerie du roi à la Tour de Londres (*ibid.*, 15 Henry VI). En cette qualité, le 28 mai 1443, il dut livrer au maître de l'artillerie de *Milord de Somerset*, John Dawnson, 4,000 livres de salpêtre, 3,000 livres de soufre, 3,000 arcs, 3,000 paquets de flèches, 200 grosses de cordes à arc, 200 lances, 200 boucliers longs, 60 haches de sapeurs, etc. (*ibid.*, Acts of Privy Council, 28th May, 21 Henry VI).

([4]) « Osmunds. This name is derived from an old Swedish word *assmund* signifying bog-iron, which as early as the thirteenth century was exported from Sweden to foreign countries. The bog-iron ores were collected by farmers and treated in small furnaces, the « blooms » or masses of malleable iron thus obtained being cut up into pieces and forged into bars of a fixed weight..... Osmunds were imported into England in great quantities in the fifteenth and sixteenth centuries (*British Museum, A guide to the mediæval Room*, Londres, 1907, in-8°, p. 217, 218).

([5]) Preuves : p. LXIX.

pour la défense de Caen, à Robert Whitingham, alors capitaine de
la ville, ou à Jean Cauners, écuyer, son mandataire, mille livres de
poudre à canon, mille livres de salpêtre, 600 arcs, six grosses de
cordes et vingt-huit livres en espèces, pour les frais du transport,
chargement et déchargement à Caen de ces armes et de ces munitions.
Il avait été aussi enjoint à Gilbert Parr de remettre aux mêmes personnes et pour les mêmes motifs, mille paquets de flèches et 5oo livres
de soufre (¹).

Aussitôt après la bataille de Formigny, Somerset dut comprendre
qu'il serait cerné de toutes parts et que l'infériorité numérique de ses
troupes comme la faiblesse de son artillerie, ne lui permettraient pas
d'opposer une longue résistance. Cependant, autant pour échapper
à l'écrasante responsabilité qui pesait sur lui que pour sauver son
honneur militaire, il lui fallut s'apprêter à soutenir le choc de
l'ennemi.

La mauvaise volonté des bourgeois de Caen à l'égard des Anglais ne
pouvait lui être douteuse; il prévoyait que s'ils allaient aux remparts, ce
serait plutôt pour ouvrir leurs portes au roi de France que pour prêter
secours à la garnison. Somerset ne devait compter que sur celle-ci.

Pour gêner les Français et les écarter des approches de la ville,
Somerset fit démolir ou incendier une partie du Bourg l'Abbé (²), et,
pour leur opposer l'obstacle naturel que présentait la rivière d'Orne,
du côté de la porte Milet (³), il fit rompre le pont Frileux (⁴). Enfin
il renforça du mieux qu'il put les remparts et le château (⁵).

(¹) Preuves : p. LXIX et LXX.

(²) « Mais les Anglois, dans le siècle suivant, firent encore des ravages plus considérables dans le
Bourg-l'Abbé : maîtres de Caen en 1450, ils voyoient avec inquiétude l'armée de Charles VII s'avancer
pour en faire le siège, et alors ils ordonnèrent la démolition des maisons du Bourg-l'Abbé, afin d'enlever
cette retraite à leur ennemi. Aussi trouve-t-on, dans les années suivantes, les fieffataires de ces maisons
abandonnant leurs fiefes, et les propriétaires de fonds ne rentrant en possession que sur des décombres. »
(De La Rue : *op. cit.*, t. I, p. 347).

(³) La porte Milet était située au bout de la rue Saint-Jean actuelle, et ouvrait sur le pont de
Vaucelles (cf. De Bras : *op. cit.*, p. 31. — Huet : *op. cit.*, p. 70-71). « Comme cette porte étoit la prin-
cipale et la plus importante entrée de Caen, il paroit, par tous les ouvrages qu'on y avoit faits, qu'on avoit
une particulière attention à la mettre en bonne défense. Elle fut munie d'un grand et d'un petit boulevart.
Ce grand boulevart avait son grand et son petit pont-levis, sa herse volante et ses tours. On avoit pratiqué
des logemens sur ces tours, pour l'usage de la guerre. L'on avoit avancé des barrières jusques sur le pont
Frilleux. La plûpart de ces travaux furent faits par les Anglois, fort appliquez à la conservation de leurs
conquêtes, et particulièrement à celle de Caen, qu'ils avòient repris en 1417 ». (Huet : *op. cit.*, p. 71.
— Cf. aussi De La Rue : *op. cit.*, t. I, p. 286-288).

(⁴) Preuves : p. XX.

(⁵) Preuves : p. XX.

CHAPITRE III

Préparatifs des assiégeants. — Rassemblement des ouvriers et des pionniers nécessaires aux travaux et à la conduite du siège. — Artillerie amenée devant Caen par les Français.

De leur côté les Français ne demeuraient point inactifs. Le 22 mai 1450, Dunois (¹) en vue du recouvrement des villes et places de Normandie encore occupées par les Anglais et que l'on devait prochainement assiéger, mandait à Guillaume de Bigars (²), capitaine de Pontaudemer et au vicomte (³) dudit lieu de rassembler dans la vicomté, treize charpentiers, deux scieurs de long, cinq maçons et tailleurs de pierres ainsi que cent pionniers, mineurs et autres manouvriers. Chaque charpentier devait être muni d'une hache, d'une tarière et d'une scie; chaque scieur de long, d'une scie de long; chaque maçon, d'un gros marteau et d'un marteau à piquer tranchant; chaque pionnier, mineur ou manouvrier, d'une houe ou d'un pic et d'une pelle ou d'une bêche ferrée. Ces ouvriers, accompagnés d'un commis du vicomte et de trois sergents, pour les conduire et les commander, devaient être rendus le 28 mai à Lisieux. Ils étaient engagés pour les quatre derniers jours du mois de mai et pour tout le mois de juin, soit pendant trente-quatre (⁴) journées,

---

(¹) Jean, bâtard d'Orléans, fils naturel de Louis d'Orléans, frère de Charles VI, et de Marie d'Enghien, dame de Cany, naquit en 1403 (en 1402, d'après La Roque : *Histoire généalogique de la maison de Harcourt*, Paris, 1662, 4 vol. in-f°, t. I, p. 703). Jusqu'en 1439 il ne fut connu que sous le nom de bâtard d'Orléans; cette même année Charles d'Orléans lui octroya le comté de Dunois et, au mois de septembre 1443, Charles VII, en récompense de ses services lui fit don du comté de Longueville. Cette donation fut confirmée par des lettres patentes du 15 janvier 1450 (N. S.). Ce fut, comme on sait, l'un des plus vaillants capitaines de son temps, celui qui contribua le plus, peut-être, à chasser les Anglais du royaume. Il mourut à Lay, près de Paris, le jeudi 24 novembre 1468. Son corps fut porté à l'église Notre-Dame de Cléry et son cœur à Châteaudun. Ses armes étaient : *D'Orléans au bâton d'argent mis en barre* (Le Père Anselme : *Histoire généalogique et chronologique de la maison royale de France*, Paris, 1726-1733, 9 vol. in-f°, t. I, p. 212, 213).

(²) G. de Bigars, devint capitaine de Pontaudemer après l'expulsion des Anglais (8 août 1449); il était encore en fonctions en 1466 (A. Canel : *Histoire de la ville de Pontaudemer*, Pontaudemer, 1885, 2 vol. gr. in-8°, t. I, p. 455).

(³) Robert Le Gras, que nous trouvons comme vicomte de Pontaudemer le 8 février (Bibl. Nat., franç. 26079, n° 6179) et le 13 juillet 1450 (*ibid.*, n° 6225). Charles VII l'avait anobli au mois de mars (De La Roque : *Traité de la Noblesse*, Rouen, 1734, in-4°, p. 148).

(⁴) Quoique le mandement en question n'indique pas d'une manière positive que ces ouvriers fussent destinés aux travaux du siège de Caen, il n'y a cependant aucun doute à garder à ce sujet. D'abord, la date du 22 mai nous en fournit une première preuve; puis, les ouvriers étaient retenus pour 34 journées comme tous ceux que nous savons avoir été employés aux travaux du siège; enfin, les dernières lignes du mandement disent que les ouvriers devaient être prêts à partir bien munis de vivres et amenés au *prochain siège* — or, le *prochain siège* important après le 22 mai fut celui de Caen.

et ils recevaient comme salaire quotidien : les charpentiers, les scieurs de long et les maçons, 5 s. t., les pionniers ou mineurs, 4 s. 2 d. t., les manouvriers, 3 s. 4 d. t. et les sergents, 7 s. 6 d. t. Les sommes nécessaires à ces paiements, devaient être levées dans le ressort de la vicomté de Pontaudemer ([1]).

Le prix relativement élevé des journées de travail que nous venons d'indiquer, attira, sans doute, de nombreux ouvriers et entrepreneurs des villes et villages voisins de Caen. C'est ainsi que nous voyons un certain Guy de La Roche, écuyer, adjudicataire antérieurement d'un travail aux fossés de la ville de Lisieux, depuis la porte de Paris jusqu'à la *grosse tour du Coin Mauny* ([2]), mais désireux de venir au siège de Caen, constituer, le 31 mai 1450 (N. s.), par devant Jean Vipart, sous-sénéchal de la haute-justice de Lisieux, Robert Piel, pour son mandataire, avec tous les pouvoirs nécessaires pour conduire et continuer le travail en question et toucher de Jean Eschalart, receveur des aides pour la fortification de ladite ville, les sommes qui pourraient lui être dûes de ce fait ([3]).

Dans les derniers jours de mai 1450, le connétable de Richemont ([4]) s'était aussi préoccupé de faire venir du Cotentin un grand nombre d'ouvriers pour les travaux du siège. Il avait, à cet effet, donné ordre de rassembler en toute hâte à Coutances des charrettes bien attelées, des charpentiers, des maçons, des pionniers, des manouvriers munis des outils indispensables et de les diriger immédiatement sur Caen ([5]).

Le 2 juillet 1450, James Godart ([6]), vicomte de Coutances, payait

---

([1]) Preuves : p. LXX et LXXI.

([2]) La grosse tour du coin Mauny, appelée aussi tour Cressy, occupait l'encoignure Sud-Est des fronts Est et Sud de l'enceinte de Lisieux, bâtie à partir de 1407. Elle reliait donc ces deux fronts à l'endroit précis où l'enceinte fait un coude droit pour se diriger vers la Touque. Les boulevards actuels de Lisieux, qui ne sont que les anciens fossés de la ville transformés en voies publiques, ont conservé cette disposition ; on peut se rendre compte de l'emplacement de la tour en question en suivant l'ancien boulevard d'Orbec, appelé aujourd'hui boulevard Demagny. (Communication de M. le capitaine Engelhard. — Cf. *Le Plan général de la ville et faubourgs de Lisieux, levé l'année 1785* dans le *Bulletin de la Société historique de Lisieux,* fasc. 16, Lisieux, 1907, in-8⁰.)

([3]) Preuves : p. LXXII.

([4]) Arthur III de Bretagne, comte de Richemont, connétable de France, né au château de Sucinio, le 24 août 1393, était le troisième fils de Jean IV de Montfort, duc de Bretagne, et de Jeanne de Navarre, fille de Charles le Mauvais. Pierre II, qui avait succédé, comme duc de Bretagne à François Ier, étant mort, le 22 septembre 1457, sans enfants de sa femme Françoise d'Amboise, le connétable de Richemont, son oncle, lui succéda sous le nom d'Arthur III. Il mourut à Nantes, le 26 décembre 1458. (Cf. Cosneau : *op. cit.*)

([5]) Preuves : p. XCI.

([6]) James Godart ne dut remplir que peu de temps la charge de vicomte de Coutances : nous ne l'avons trouvé mentionné que depuis le mois de juillet 1450 jusqu'au 8 janvier 1452 (N. s.). (Bibl. Nat., franç. 26079, nos 6219, 6240, 6242, 6266, 6268 ; franç. 26080, no 6422.)

à huit mineurs 56 l. 13 s. 4 d. t., pour leurs services pendant 34 journées passées au siège de Caen (¹).

Le 4 juillet suivant, Gaspard Bureau (²), délivrait un certificat à 12 charpentiers, 2 scieurs de long, 5 maçons, 44 pionniers et mineurs et à 56 manouvriers, tous de la vicomté de Coutances, conduits par trois sergents, constatant qu'ils avaient pendant 34 journées, y compris les quatre jours d'aller et retour, prêté leurs concours pour le siège (³).

Le 25 août 1450, James Godart versait à un certain Thomas Le Vavasseur 8 l. 10 s. t. pour avoir, sur l'ordre du connétable, servi au siége de Caen, pendant 34 journées (⁴).

Le 29 du même mois, James Godard soldait à trois sergents qui avaient conduit et mené les ouvriers 38 l. 5 s. t., soit 12 l. 15 s. t. à chacun (⁵).

Toujours par ordre du connétable, la vicomté de Condé-sur-Noireau avait été mise à contribution et avait dû fournir, le 10 juin 1450, une aide de 48 l. 3 s. 4 d. t. en principal et 7 l. 13 s. 4 d. t. pour les frais, destinée à rémunérer deux maçons, deux pionniers et trois manouvriers employés pendant 34 jours au siége de Caen. Les maçons étaient payés 4 s. 2 d. par journée et les manouvriers 3 s. 4 d. (⁶).

Du pays de Cotentin on fit venir aussi des provisions de bouche : c'est ainsi que nous savons, par une lettre de rémission donnée

---

(¹) Preuves : p. LXXXV et LXXXVI.

(²) Gaspard Bureau, chevalier, seigneur de Villemonble, de Nogent et de Montfermeil, était le troisième fils de Simon Bureau l'aîné, bourgeois de Paris, et d'Annette, sa femme. Gaspard Bureau exerça la charge de payeur des œuvres du roi, puis il servit avec quatre hommes d'armes et dix-neuf hommes de trait au siège de Meaux en 1439. Il fut *commis au fait* de l'artillerie au mois d'avril 1442, et reçut le titre de grand-maître par lettres données à Angers le 27 décembre 1444 (Le Père Anselme : *op. cit.*, t. VIII, p. 136 et 140. — Cf. G. du Fresne de Beaucourt : *Histoire de Charles VII*, t. III, p. 423.) Au commencement de l'année 1444, G. Bureau avait été nommé garde et capitaine de Beauté avec 100 l. de gages (G. du Fresne de Beaucourt, *op. cit.*, t. IV, p. 388, n. 2). En 1446, il était capitaine de Poissy (Le Père Anselme : *loc. cit.*, p. 140). En 1449-1450, il fit toute la campagne de Normandie et se signala particulièrement à la prise de Bayeux (*ibid.*, p. 140) et au siège de Cherbourg (G. du Fresne de Beaucourt, *op. cit.*, t. V, p. 38). En 1451 nous le retrouvons au siège de Bayonne et en 1453 à la bataille de Châtillon. Le 15 septembre 1461, Louis XI lui donna l'office de général réformateur et visiteur des œuvres et ouvriers du royaume de France. Il reçut également la capitainerie du château du Louvre dont il jouit jusqu'en 1465. Le 12 décembre 1466, le roi lui donna le revenu de la châtellenie de Poissy. G. Bureau commença à prendre la qualité de chevalier en 1464 et il conserva sa charge de maître de l'artillerie jusqu'en 1469; mais il mourut peu après. « Sur son sceau, dit le Père Anselme, est *un chevron potencé et contrepotencé, accompagné de trois burettes, deux en chef et une en pointe; cimier, un casque surmonté d'une face humaine*; légende, *séel Jaspar Bureau, seigneur de Villemonble* » (Le Père Anselme, *op. cit.*, t. VIII, p. 140).

(³) Preuves : p. LXXXVI et LXXXVII.

(⁴) Preuves : p. LXXXIX.

(⁵) Preuves : p. XC.

(⁶) Preuves : p. LXXVII, LXXVIII.

pendant le siége, à Macé Ogier, que ce dernier, aidé de Vincent Arnoul, valet de guerre, tous deux de Granville, amena, le 9 juin, à Caen une charrette remplie de vivres et de marchandises pour servir au ravitaillement des troupes (¹). Une autre lettre de rémission, donnée aussi pendant le siége à Jacob de Couloigne, archer au service du sire d'Orvoignes, tend à montrer que les troupes éprouvaient une certaine difficulté à se procurer du fourrage pour leurs chevaux (²).

L'armée royale avait été formée avec soin ; les soldats bien armés, bien équipés et bien montés touchaient fort exactement leur solde mensuelle (³).

Les canons et couleuvrines laissés par Dunois à Bayeux (⁴) après la prise de cette ville, avaient été amenés sous les murs de Caen ; d'habiles artilleurs (⁵) les servaient. D'ailleurs l'artillerie de Charles VII, réorganisée par les frères Bureau, en vue de la campagne de Normandie et qu'ils dirigeaient eux-mêmes au siége de Caen (⁶), était formidable pour l'époque et abondamment approvisionnée (⁷).

(¹) Preuves : p. LXXVIII, LXXIX.

(²) Preuves : p. LXXV, LXXVI.

(³) « Premièrement, le roy de France a mis en son armée et en sa guerre si bonne ordonnance et en ses gens d'armes, que c'est une moult belle chose assavoir. Car il a fait mettre lesditz gens d'armes et de traict en bons et seurs habillemens, c'est assavoir les hommes d'armes chacun monté de trois chevaulx pour lui, son page et son varlet, tous armez de curasses, harnoys de jambes, sallades et espées garnies d'argent, et lances que portoient les pages de chacun, ledit varlet armé de sallade, brigandines, jaques ou haubergon, hache ou guisarme, et chacun desdiz hommes d'armes pour lance chacun deux archiers à cheval [armez le plus de brigandines, de harnois de jambes et sallades dont pluseurs estoient garnies d'argent, et du mains avoient tous jacques ou bons haubergons]. Et estoient tous lesdiz gens d'armes et de traict paiez de leurs gages tous les moys, sans qu'ilz aient esté si osez ne si hardiz de prendre, durant ladicte guerre de Normendie, nulles gens prisonniers ne rançonner, cheval ne autre beste quelle que elle fût, posé ore que les gens feussent en l'obéissance des Anglois, ne les vivres en quelque place que ce fût sans paier, sinon sur les Anglois et gens en armes, lesquelz povoient prendre licitement et leur estoit permis et non aultrement. » (Berry : *op. cit.*, p. 165, 166).

(⁴) « De plus ledit lieutenant laissa dans Baieulx, canons, couleuvrines et toute aultre artillerie, pour mectre en bref le siège devant la ville de Caen. » (Jean Chartier ; *op. cit.*, t. II, p. 207).

(⁵) Au nombre de ces derniers se trouvait un nommé Girault qui fit ses débuts au siège de Caen et qui dirigea plus tard l'artillerie française à la bataille de Châtillon, le 17 juillet 1453 (Jean de Bueil : *Le Jouvencel*, édit. Camille Favre et Léon Lecestre, Paris, 1887-1889, 2 vol. in-8°, t. I, p. cc et n. 3).

(⁶) Cf. le Père Anselme : *op. cit.*, t. VIII, p. 135 et L'abbé De La Rue : *op. cit.*, t. I, p. 235.

(⁷) « Pareillement la provision que le roy avoit mise au fait de son artillerie pour le fait de sa guerre : il a eu le plus grant nombre de grosses bombardes, de canons, de veuglères, de serpentines, de crapaudiaux, de ribaudequins et de culeuvrines, qu'il n'est mémoire que oncques on vist à roy chrestien si grant artillerie ne si bien garnie de pouldres, manteaulx et de toutes aultres choses pour approucher et prendre chasteaulx et villes, grant foison charrois à les mener et [manouvriers], lesquelz estoient payez de jour en jour. Et fut commissaire et gouverneur d'icelle artillerie Jehan Bureau, trésorier de France, et Gaspar Bureau, son frère, maistre de ladicte artillerie, lesquelz durant ladicte guerre, eurent de grans peines et périlz. C'estoient merveilleuses choses à veoir les bolevers et les approuchemens, fossés, trenchées et mines que les dessusdiz trouvoient et faisoient faire devant les chasteaulx et villes qui furent assiégées durant icelle guerre ; car de vérité il ne y eut place rendue qui n'eust esté prinse par force et assault, par la vaillance et subtilité des gens de guerre qui là estoient…… » (Berry : *op. cit.*, p. 167).

Thomas Basin, entre tous les chroniqueurs qui nous ont laissé un récit du siége de Caen, paraît surtout avoir été frappé de la puissance de cette artillerie tant à ressort qu'à feu. Au nombre des engins dressés ou braqués contre les murs de la ville on distinguait, dit-il, vingt-quatre bombardes à l'intérieur desquelles un homme aurait pu facilement se tenir assis sans courber la tête ([1]).

On avait fait venir divers médecins pour le soin des malades et des blessés ([2]). D'autre part, pour empêcher le ravitaillement des assiégés, le roi avait fait crier défense de conduire des vivres aux Anglais ([3]), et « tenoit tous les jours juridiction le prévost des maréchaulx » ([4]).

([1]) Preuves : p. XVII.

([2]) Preuves : p. LXXXVII et LXXXVIII.

([3]) Preuves : p. XCII : récit de l'aventure de ces marchands de Bernay qui furent arrêtés tandis qu'ils amenaient à Caen du blé et de l'avoine.

([4]) Stevenson : *op. cit.*, t. II, p. [632].

CHAPITRE IV

Concentration de l'armée française devant Caen. — *Arrivées successives du connétable de Richemont, du comte de Clermont, de Dunois et du roi Charles VII.* — *Positions occupées par les assiégeants.* — *Composition et effectif des troupes.* — *Investissement complet de la place.*

Après leur victoire de Formigny, le comte de Clermont ([1]) et le connétable de Richemont se dirigèrent sur Saint-Lo où ils restèrent trois jours pour laisser reposer leurs troupes et soigner leurs blessés ([2]). Ils quittèrent cette ville le 20 avril (1450) et vinrent, conformément aux ordres du roi, assiéger Vire qui capitula dans les premiers jours du mois de mai suivant ([3]). Puis les deux chefs se séparèrent : le connétable se dirigea vers Avranches qu'assiégeait le duc de Bretagne ([4]), tandis que le comte de Clermont marchait sur Bayeux ([5]).

([1]) Jean II, duc de Bourbon et d'Auvergne, comte de Clermont, pair, connétable et chambrier de France, était fils de Charles Ier, duc de Bourbon, et d'Agnès de Bourgogne (Le Père Anselme : *op. cit.*, t. VI, p. 227). Le 23 décembre 1446, il épousa Jeanne de France, fille de Charles VII et de Marie d'Anjou. Il devint lieutenant-général en Basse-Normandie au commencement de l'année 1450 (S. Luce : *op. cit.*, t. I, p. 56, n. 2). Il se comporta vaillamment à la journée de Formigny où il fut fait chevalier. Après le siège de Caen, il assista à la reprise de Cherbourg et, en 1453, à celle de Bordeaux, puis devint capitaine de Blaye la même année. Il fut créé connétable de France par Charles VIII, le 23 octobre 1483, et mourut le 1er avril 1488 (N. s.) à l'âge de 62 ans. Il fut enterré au prieuré de Souvigny, le 14 du même mois. Son cœur fut déposé dans l'église N.-D. de Moulins (Le Père Anselme : *op. cit*, t. I, p. 311).

([2]) Mathieu d'Escouchy : *op. cit.*, t. I, p. 286 ; — cf. Cosneau : *op. cit.*, p. 412.

([3]) Jean Chartier : *op. cit.*, t. II, p. 201-202 ; — Berry : *op. cit.*, p. 148 ; — R. Blondel : *op. cit.*, t. II, p. 223-224 ; — Mathieu d'Escouchy : *op. cit.*, t. I, p. 286-287 ; — Gruel : *op. cit.*, p. 208 ; — Jacques Duclercq : *op. cit.*, p. 19 ; — Stevenson : *op. cit.*, t. II, p. [651].

([4]) François Ier, fils de Jean VI, duc de Bretagne et de Jeanne de France, fille de Charles VI et d'Isabeau de Bavière, naquit à Vannes le 11 mai 1414. Neveu de Charles VII, il devint son beau-frère en épousant, au mois d'août 1431, Yolande d'Anjou, sœur de la reine Marie d'Anjou. Yolande d'Anjou mourut le 17 juillet 1440. François devint duc de Bretagne après la mort de son père advenue le 29 août 1442. Il mourut lui-même le 17 juillet 1450 au château de l'Hermine, près de Vannes. De sa première femme, Yolande d'Anjou, François Ier eut un fils qui mourut jeune. Sa seconde femme, Isabel Stuart, lui donna deux filles : Marguerite de Bretagne qui épousa, en 1455, son cousin François II, duc de Bretagne, et Marie de Bretagne qui fut mariée, le 8 mars 1461 à Jean II, vicomte de Rohan et comte de Porhoët (Le Père Anselme : *op. cit.*, t. I, p. 457, 458).

([5]) J. Chartier : *op. cit.*, t. II, p. 204-211 ; — Berry : *op. cit.*, p. 149-151 ; — R. Blondel : *op. cit.*, t. II, p. 228-231 ; — Mathieu d'Escouchy : *op. cit.*, t. I, p. 287-288 ; — Gruel : *op. cit.*, p. 209 ; — J. Duclercq : *op. cit.*, p. 19.

Le 12 mai (1450), Avranches tombait aux mains des Français (¹) et, quelques jours après, François de Bretagne s'emparait de Tombelaine (²). Mais la maladie l'obligea à regagner son duché où il mourut le 17 juillet suivant (³). La prise de Tombelaine fut suivie de celles de Briquebec et de Valognes (⁴). Jacques de Luxembourg (⁵), lieutenant du connétable, et Odet d'Aydie (⁶) s'emparèrent de Saint-Sauveur-le-Vicomte (⁷).

Au début de juin Richemont atteignit Bayeux, qu'il trouva aux mains des Français (⁸); la ville n'avait pu résister qu'une quinzaine

(¹) J. Chartier : *op. cit.*, t. II, p. 202-203 ; — Berry : *op. cit.*, p. 148 ; — R. Blondel : *op. cit.*, t. II, p. 224-226 ; — Mathieu d'Escouchy : *op. cit.*, t. I, p. 288 ; — Gruel : *op. cit.*, p. 210 ; — J. Duclercq : *op. cit.*, p. 19 ; Stevenson : *op. cit.*, t. II, p. [629].

(²) J. Chartier : *op. cit.*, t. II, p. 203-204 ; — Berry : *op. cit.*, p. 148 ; — R. Blondel : *op. cit.*, t. II, p. 227-228 ; — Mathieu d'Escouchy : *op. cit.*, t. I, p. 289 ; — J. Duclercq : *op. cit.*, p. 19 ; — Stevenson : *op. cit.*, t. II, p. [629].

(³) Mathieu d'Escouchy : *op. cit.*, t. I, p. 289 et n. 2 ; — cf. du Fresne de Beaucourt : *Histoire de Charles VII*, t. V, p. 35.

(⁴) J. Chartier : *op. cit.*, t. II, p. 211-212 ; — Berry : *op. cit.*, p. 151 ; — R. Blondel : *op. cit.*, t. II, p. 232 ; — Mathieu d'Escouchy : *op. cit.*, t. I, p. 292 ; — J. Duclercq : *op. cit.*, p. 20.

(⁵) Jacques de Luxembourg, seigneur de Richebourg, troisième fils de Pierre Iᵉʳ de Luxembourg et de Marguerite de Baux, était frère de Louis de Luxembourg, comte de Saint-Paul, connétable de France. « Conseiller et chambellan du roy, lieutenant général de ses armées, sous Artur de Bretagne, comte de Richemont, connétable de France, il se signala à la conquête de la Basse-Normandie ; se trouva à la bataille de Formigny, l'an 1450 et trois ans après à celle de Gavre, où il se comporta vaillamment contre les Gantois ; fut créé chevalier de l'Ordre de Saint-Michel et de la Toison d'Or, fut présent à l'hommage que fit son frère Louis pour l'office de connétable le 12 octobre 1469 ; mourut le 20 août 1487, et fut enterré dans l'abbaye de Cercamp. » (Le Père Anselme : *op. cit.*, t. III, p. 726).

(⁶) Odet d'Aydie, chevalier, sire de Lescun et comte de Comminges, surnommé *le Senèque*, à cause de sa prudhomie, était fils de Jean d'Aydie, écuyer et de Marie de Domin. Il servit vaillamment Charles VII dans ses guerres contre les Anglais et pendant le recouvrement de la Normandie. Il prit part à la bataille de Formigny, puis fut nommé capitaine de La Haye-du-Puits et de Saint-Sauveur-le-Vicomte. Il occupa la charge de bailli de Cotentin aux années suivantes : 1455 (Bibl. Nat., franç. 26083, nᵒˢ 6889, 6890; Pièces originales 75, dossier 1463, Anquetil, p. 2; Arch. de la Manche, H. 2472 et F. Fonds Danquin); 1456 (Bibl. Nat., franç. 26083, nᵒˢ 6955, 6960, 6975, 7005; nouvelles acq., franç., vol. 881, fol. 4; Arch. de la Manche, H. 2467); 1457 (Bibl. Nat., franç. 26083, nᵒˢ 7054, 7064; *Mém. de la Soc. des Ant. de Norm.*, t. XIX, p. 113); 1458 (Bibl. Nat., franç. 26085, nᵒˢ 7163, 7169, 7206, 7233; Pièces originales 2812, doss. 62549, n. 2 et 75, doss. 1463, Anneville p. 9); 1459 (Bibl. Nat., franç. 26086, nᵒˢ 7295, 7307, 7384; Arch. de la Manche, H. 2274, 2651); 1460 (Arch. Nat., K. 69, nᵒ 25). En 1461, il eut, comme lieutenant général, la conduite de l'armée pour le recouvrement de la ville de Gênes. En 1469, il obtint le gouvernement des villes de Rouen et de Caen. Après la mort du duc de Guyenne il se retira auprès de François, duc de Bretagne. Louis XI, pour l'attirer à son service, le combla de présents et d'honneurs, le nomma chevalier de l'Ordre de Saint-Michel, gouverneur, amiral et grand sénéchal de Guyenne, capitaine du château Trompette, de Bordeaux, de Bayonne, des villes d'Acqs, de Bazas, de Saint-Sévère, de Libourne, de Blaye et de La Réolle, enfin, en 1472, il lui donna le comté de Comminges.

Après la mort de Louis XI, Odet d'Aydie suivit le parti du duc d'Orléans contre la dame de Beaujeu, régente du royaume. Au mois de mars 1487, il fut destitué de l'amirauté et du gouvernement de Guyenne. Il mourut âgé de plus de 70 ans, avant le 25 août 1498, et fut enterré dans la chapelle du château de Fronsac. Ses armes étaient : « *De gueules à quatre lapins courans d'argent l'un sur l'autre.* » (Le Père Anselme : *op. cit.*, t. VII, p. 858 et 859.)

(⁷) J. Chartier : *op. cit.*, t. II, p. 212-215 ; — Berry : *op. cit.*, p. 151 ; — R. Blondel : *op. cit.*, t. II, p. 233 ; — Mathieu d'Escouchy : *op. cit.*, t. I, p. 290-292 ; — Gruel : *op. cit.*, p. 210 ; — J. Duclercq : *op. cit.*, p. 20 ; — Stevenson : *op. cit.*, t. II, p. [629].

(⁸) Bayeux avait été repris dans les derniers jours du mois de mai 1450 (J. Chartier : *op. cit.*, t. II, p. 205. Cf. du Fresne de Beaucourt : *Hist. de Charles VII*, t. V, p. 36).

de jours aux troupes réunies de Clermont et de Dunois. Sans s'arrêter davantage, il partit de Bayeux, le 3 juin et vint se loger au village de Cheux (¹), à environ deux lieues de Caen, où il ne tarda pas à être rejoint par Jacques de Luxembourg et par le maréchal de Bretagne qui revenaient de prendre Saint-Sauveur-le-Vicomte (²). Voici, d'après les chroniques du temps, les noms des différents personnages qui se trouvaient réunis à Cheux avec le connétable et qui quittèrent ce village le 5 juin, pour venir prendre logis aux faubourgs de Caen (³) du côté de Bayeux et à l'abbaye de Saint-Etienne (⁴) : le comte de Laval (⁵), le sire de Lohéac, maréchal de France (⁶), le sire de Montauban (⁷), maréchal de Bretagne, Prégent

---

(¹) Calvados, arrondissement de Caen, canton de Tilly-sur-Seulle.

« Et la vigile du Sacre (le mercredi 3 juin 1450), se partit mondit seigneur le connestable de Bayeux, pour aller mettre le siège devant Caan et alla loger sur les champs à deux lieues de Caan, à ung village nommé Cheus, et n'en partit point jusques au landemain du Sacre » (Gruel : *op. cit.*, p. 211; — cf. Berry : *op. cit.*, p. 152).

(²) « Quoy faict, se partirent lesdits mareschaux, et chevauchèrent jusques à deux lieues près de Caen, en ung village nommé Cheux, où estoit logié le connestable et sa compaignie. » (J. Chartier : *op. cit.*, t. II, p. 213).

« Et cependant alla monseigneur Jaques devant Saint-Sauveur le Vicomte; puis après y alla monseigneur le mareschal de Lohéac, et celui de Bretaigne et autres gens de monseigneur ; puis fut la dicte place rendue; puis s'en vindrent à Bayeux devers monseigneur. » (Gruel : *op. cit.*, p. 210, 211).

(³) « Avec le connestable estoient lors le conte de Laval, le sire de Lohéac, son frère, mareschal de France, le sire de Rais et de Coïtivy, admiral de France ; le sire de Montauban, mareschal de Bretaigne, le séneschal de Poictou, messire Jacques de Luxembourg, frère du comte de Sainct-Pol; les sires d'Estouteville, de Malestroit, de Saincte-Sevère et de Boussac et plusieurs autres seigneurs chevaliers et escuyers. » (J. Chartier : *op. cit.*, t. II, p. 214).

Preuves : p. III, VII, X, XI, XXIII, XXVIII, XXXII.

D'après Mathieu d'Escouchy (Preuves : p. xx), le connétable et les seigneurs de sa suite, ne seraient parvenus au Bourg-l'Abbé que le 12 juin, trois jours après l'arrivée de Dunois à Vaucelles que Mathieu d'Escouchy mentionna comme ayant eu lieu le 9 du même mois ; les autres chroniqueurs fixent l'arrivée du connétable au 5 juin.

(⁴) Cf. *Gallia Christiana*, t. XI, Paris, 1759, in-f°, col. 420-429; — l'abbé De La Rue : *op. cit.*, t. II, p. 51-97; — Hippeau : *Monographie de l'Abbaye de Saint-Etienne de Caen* dans les *Mém. de la Soc. des Ant. de Norm.*, t. XXI, Caen, 1855, in-4°; — G. Bouet : *Analyse architecturale de l'Abbaye de Saint-Etienne de Caen*, Caen (extrait du *Bulletin monumental*), 1868, in-8°.

(⁵) Guy XIIIᵉ, dit XIVᵉ, du nom, sire de Laval, de Vitré, de Gavre, d'Aquigny et de Tinteniac, fils de Jean de Montfort, seigneur de Kergorlay, et de Anne de Laval, et frère du maréchal de Lohéac. La baronnie de Laval fut, en sa faveur, érigée en comté le 17 août 1429. Il mourut le 2 septembre 1486 et fut enterré à Laval, dans l'église collégiale de Saint-Tugdual (Le Père Anselme : *op. cit.*, t. VII, p. 73 et 74).

(⁶) André de Laval, seigneur de Lohéac et de Rais, second fils de Jean de Montfort et d'Anne de Laval, était frère du comte de Laval mentionné ci-dessus (note 5). Il naquit en 1411, devint amiral de France en 1437, résigna cette charge en 1439 pour devenir maréchal de France. Il rendit de grands services dans le recouvrement de la Normandie et de la Guyenne, fut disgracié au début du règne de Louis XI, revint en faveur et reçut même de nouveau le titre d'amiral de France. Il mourut en 1486 (Cf. Le Père Anselme : *op. cit.*, t. VII, p. 72 et 73).

(⁷) Jean de Montauban, seigneur de Landal, de Romilly, de Marigny et de Crespon, chevalier, conseiller et chambellan du roi, maréchal de Bretagne, était fils de Guillaume de Montauban et de Bonne Visconti, seconde femme dudit Guillaume. (Le Père Anselme : *op. cit.*, t. IV, p. 79, 80). Jean de Montauban « suivit le duc de Bretagne, lorsqu'il alla se joindre aux troupes du roi pour la conquête de la Normandie; se trouva à la prise des villes de Caen, de Cherbourg et de toutes les autres places de cette province qu'occupoient les Anglois » (Le Père Anselme : *op. cit.*, t. VII, p. 856). Le roi lui donna la

de Coëtivy, amiral de France ([1]), le sire d'Estouteville ([2]), Pierre de Brézé, sénéchal de Poitou ([3]), Jacques de Luxembourg, le sire de

charge de bailli de Cotentin en remplacement de son frère Arthur de Montauban, le 19 février 1451 (N. s.) (*ibid.*, p. 857), et nous l'avons trouvé remplissant cette charge aux années suivantes : 1451 (Arch. de la Manche, H. Prieuré d'Héauville, et Bibl. Nat., nouvelles acq., franç. 20938, n⁰ 84); 1452 (Bibl. Nat., franç. 26080, n⁰ 6435 ; franç. 26081, n⁰ˢ 6502 et Bibl. Nat., nouvelles acq., franç. 21289, n⁰ 207; Arch. de la Manche, H. 3161); 1453 (Bibl. Nat., franç. 26081, n⁰ˢ 6519, 6544, 6585 ; Arch. de la Manche, H. 2521); 1454 (Bibl. Nat., franç. 26082, n⁰ˢ 6650, 6654, 6662, 6669, 6715; Pièces orig. 594, doss. 13863, Carbonnel, n⁰ 29); et 1455 (N. s.) pendant les mois de janvier, février, jusqu'au 20 mars (Bibl. Nat., franç. 26082, n⁰ 6786; franç. 26083, n⁰ˢ 6794, 6795, 6805, 6806, 6807). Amiral de France en 1461, il fut également, par lettres du 3 août de la même année, créé grand maître des eaux et forêts. Il mourut à Tours au mois de mai 1466 (Le Père Anselme : *op. cit.*, t. VII, p. 857 ; — cf. L. Delisle : *Mémoire sur les baillis du Cotentin*, dans les *Mém. de la Soc. des Ant. de Norm.*, t. XIX, p. 113).

([1]) Prégent VII⁰ du nom, seigneur de Coëtivy, de Rais, de Taillebourg et de Lesparre, amiral de France, fils d'Alain III de Coëtivy et de Catherine du Chastel (Le Père Anselme : *op. cit.*, t. VII, p. 844). Amiral de France en 1439, il fit toute la campagne du recouvrement de la Normandie et assista à la bataille de Formigny. Quatre jours après, le 19 avril 1450, il écrivait de Saint-Lo à Pierre de Carné, seigneur de Cohinac, de la Touche, de Cremeur et de Liniac : « Monsieur de la Tousche, je me recommande à vous comme je puis; des nouvelles de pardezca ne vous scay que rescripre fors que mercredy dernier furent les Anglois desconfits à cinq lieues d'ici et fust la bataille en un lieu nommé Formigny et estoient lesdits Anglois de cinq à six mille combattans qui tous ont esté, ou guerre ne fault, mors ou prins. Mais à vous dire la vérité, je crois que Dieu nous y amena monsieur le connestable, car s'il ne fut venu à l'heure et par la manière qu'il y vint, je doute que entre nous qui les avions atteints les premiers et fust mectre en bataille d'une part et nous estions mis en bataille devant eulx, n'en fussions jamais sorti sans dommages irréparables, car ils estoient de la moitié plus que nous étions. M. de la Tousche, il me desplait que vous n'y estiez pour essayer vostre bon corps et recevoir l'ordre de chevalier au fort. Vous vous espargnez pour l'assault de Caen. Lundy partons que aller mettre le siège à Vire, etc. etc..... Escript à Saint-Lo le 19ᵉ jour d'avril, vostre frère l'admiral. » (D. Hyacinthe Morice : *Mémoires pour servir à l'histoire ecclésiastique et civile de Bretagne,* Paris, 1744, 2 vol. in-f⁰, t. II, p. 1521). Le 29 avril 1450, il est qualifié capitaine de Granville dans une quittance qu'il donna à cette date. Après la prise de Caen, il vint au siège de Cherbourg où il fut tué d'un coup de canon (août 1450). Prégent de Coëtivy avait, en 1441, épousé Marie de Laval, dame de Rais, fille du fameux Gilles de Rais ou Retz, laquelle épousa en secondes noces le maréchal de Lohéac. Les armes de Prégent de Coëtivy étaient : *fascé d'or et de sable de six pièces;* (Le Père Anselme : *op. cit.*, t. VII, p. 842, 843, 844 ; — cf. Louis de la Trémoïlle : *Prégent de Coëtivy amiral et bibliophile*, Paris, 1906, in-4⁰).

([2]) Il y avait plusieurs membres de la famille d'Estouteville au siège de Caen. Deux étaient à Vaucelles avec Dunois : le premier est mentionné avec son titre de prévôt de Paris : c'était Robert d'Estouteville; le second s'appelait Estout d'Estouteville; un autre, Jean d'Estouteville, grand-maître des arbalétriers de France, accompagnait Charles VII; nous supposons donc que celui qui se trouvait dans la suite du connétable était Michel d'Estouteville, sire d'Estouteville et de Vallemont, fils de Louis d'Estouteville, grand bouteiller de France, grand sénéchal et gouverneur de Normandie, et de Jeanne Paynel, dame de Hambye, et que le Père Anselme (*op. cit.*, t. VIII, p. 91) indique comme ayant assisté « à la prise des villes de Falaise, de Caen et de Cherbourg en 1450 ».

([3]) Pierre II de Brézé, né aux environs de 1410, était d'une famille assez obscure d'Anjou. Il apparaît pour la première fois dans l'histoire en 1429 et on le trouve en 1432 chef de la petite garnison de la Tour de Beaumont (Beaumont-le-Vicomte). Fait chevalier en 1434, à la journée du Grand Ormeau, il prit, semble-t-il, une part active à la guerre d'escarmouches qui marqua ce moment de la lutte franco-anglaise. Dès le début de 1437 il fut admis au Conseil de Charles VII. Sénéchal de Poitou en 1440, il fut, à partir de 1444, et grâce, sans doute, à son entente avec Agnès Sorel, le conseiller le plus écouté du roi. Son rôle diplomatique et politique ne saurait être exagéré. Il poussa, en 1449, à une rupture définitive avec l'Angleterre et s'employa activement à la conquête de la Normandie. Il en fut nommé grand sénéchal le 3 avril 1451 et il dut faire de cette dignité un vrai gouvernement général de la province. Louis XI, comme on le sait, le disgracia. Il mourut à Montlhéry, le 16 juillet 1465. (M. Pierre Bernus a écrit sur Pierre II de Brézé un livre plein de critique et de recherches qui paraîtra prochainement et dont on peut, dès à présent, trouver un aperçu dans les *Positions des thèses des élèves de l'Ecole des Chartes.* Promotion de 1906. Toulouse, 1906, in-8⁰, p. 6-17.)

Sainte-Sévère et de Boussac (¹) et le sire de Malestroit (²). Léon Puiseux cite (³) encore, nous ne savons sur quelle autorité, au nombre des seigneurs de la suite de Richemont, le sire de Fontenil (⁴).

A cette même date du 5 juin 1450, au moment où Richemont se dirigeait vers Caen, le comte de Clermont partait de Verneuil avec le comte de Castres (⁵), le seigneur de Montgascon (⁶), le seigneur de

---

(¹) Jean II de Brosse, comte de Penthièvre, vicomte de Bridiers, seigneur de Sainte-Sevère, de Boussac, d'Huriel et de la Pérouse, était fils de Jean Ier de Brosse, qui fut maréchal de France, et de Jeanne de Naillac. Il rendit des services considérables à Charles VII qui le fit son conseiller et chambellan, par lettres du 26 avril 1449. Il était à la journée de Formigny avec le connétable et suivit en Guyenne Dunois, qui le fit chevalier à son entrée dans la ville de Bayonne, le 21 août 1451. Il devint lieutenant général de l'armée du roi le 19 mars 1452 (N. S.). Il suivit le parti du roi Louis XI dans la guerre du *Bien public*, ce qui fut cause que le duc de Bretagne se saisit du comté de Penthièvre et des autres terres que Jean de Brosse possédait en Bretagne. Il avait épousé Nicole de Blois, vicomtesse de Limoges puis comtesse de Penthièvre (Le Père Anselme : *op. cit.*, t. V, p. 572 et 573).

(²) Nous pensons qu'il s'agit ici de Jean Raguenel, dit de Malestroit, créé baron de Malestroit le 22 mai 1451 (Dom Lobineau : *Histoire de Bretagne*, Paris, 3 vol. in-fᵒ, t. II [1702], p. 1146). C'est probablement ce Malestroit que l'on trouve cité dans la *Chronique du Mont-Saint-Michel* parmi les barons qui, le samedi 6 septembre 1449, accompagnaient François Ier, duc de Bretagne, au Mont Saint-Michel (S. Luce : *op. cit.*, t. I, p. 47).

(³) Léon Puiseux : *Cavalcade 1868. Entrée triomphale de Charles VII à Caen en 1450, Notice historique*, p. 13.

(⁴) Pierre de Fontenil, écuyer d'écurie du roi, fut envoyé, par Charles VII, avec le sire de Culant et Guillaume Cousinot en ambassade auprès du duc de Somerset, au mois de mars 1449 (N. S.), au sujet du coup de force de Fougères (Berry, *op. cit.*, p. 100). Le 10 novembre 1449, il se trouvait à l'entrée de Charles VII à Rouen. « Prez de lui devant, estoit Pierres de Fontenil, escuier d'escuierie, armé, monté et armaquié comme l'autre, en sa teste un capel pointu devant, de velour vermeil foulré d'ermines ». (Berry, *op. cit.*, p. 135; — cf., *ibid.*, p. 280, n. 294 et p. 304, 305, n. 398). La présence de ce capitaine au siège de Caen est très vraisemblable, sinon certaine, puisqu'il se trouvait avec Richemont pendant les trois jours que le connétable passa à Bayeux avant de venir à Cheux (Jean Chartier : *op. cit.*, t. II, p. 212).

(⁵) Jacques d'Armagnac, duc de Nemours, pair de France, comte de Pardiac, de La Marche, de Castres et de Beaufort, vicomte de Carlat et de Murat, fils de Bernard VIII d'Armagnac, comte de La Marche, connétable de France, et d'Eléonor de Bourbon La Marche, né vers 1433. Il entra à Rouen dans la suite de Charles VII, le 10 novembre 1449, et il accompagna son cousin le comte de Clermont Jean de Bourbon, durant toute la campagne de 1450 en Normandie, puis il prit part à la campagne de Guyenne. Héritier, en 1455, de son père, il se montra toujours fidèle au roi Charles VII. Bien accueilli, cependant, par Louis XI qui lui donna pour femme sa propre filleule, Louise d'Anjou; en 1462, il en reçut la confirmation du duché de Nemours. Les troubles du *Bien Public*, où Jacques d'Armagnac suivit le parti des Princes, commencèrent sa défaveur. Convaincu d'intelligences avec le roi d'Angleterre et le duc de Bourgogne contre la personne du roi et la sûreté de l'Etat, il fut condamné par arrêt du Parlement de Paris, en date du 4 août 1477, à avoir la tête tranchée, ce qui fut exécuté le jour même et ses biens furent confisqués (Le Père Anselme : *op. cit.*, t. III, p. 428, 429; — cf. surtout B. de Mandrot : *Jacques d'Armagnac duc de Nemours* (1433-1477), dans la *Revue historique*, 1890, t. XLIII, p. 274-316, t. XLIV, p. 241-312.).

(⁶) Bertrand, Ve du nom, seigneur de la Tour, comte d'Auvergne, de Boulogne, seigneur de Montgascon par sa mère, était fils de Bertrand IV, seigneur de la Tour et de Marie d'Auvergne, fille de Godefroy d'Auvergne, dit de *Boulogne*, seigneur de Montgascon. Il servit, dès 1424, sous les ordres de Richemont, contre les Anglais et prit part à la campagne de Normandie. « Il mourut le 20 ou le 22 mars 1461 » (Le Père Anselme : *op. cit.*, t. IV, p. 528, 529).

Mouy-en-Beauvaisis (¹), Robert Cuningham (²), Robert de Floques (³),
bailli d'Evreux, Pierre de Louvain (⁴), Geoffroy de Couvran (⁵) et
Charles de la Fayette (⁶). Ils ne tardèrent pas à rejoindre Richemont

(¹) Louis de Soyecourt, seigneur de Mouy, fils de Charles de Soyecourt qui fut tué à Azincourt en
1415, et de Emmelaye de Rostemberg. Bailli de Vermandois, gouverneur du comté de Clermont en
Beauvoisis, capitaine de Compiègne, conseiller et chambellan du roi, fut surnommé *le Grand*. Il se trouva
à la prise de Meaux en 1439, à celle de Pontoise en 1441, et surprit par escalade, en 1449, la ville de
Gerberoy. La même année, il fut fait chevalier à la prise de Pontaudemer ; il devint aussi gouverneur de
Harfleur (Le Père Anselme : *op. cit.*, t. VIII, p. 527).

(²) L'écossais Robert Cunningham servit le roi de France pendant la campagne de Normandie.
Il prit part à la bataille de Formigny (Chartier : *op. cit.*, t. II, p. 193 ; — Berry : *op. cit.*, p. 145). Il était
avec le comte de Clermont à la prise de Bayeux (Berry : *op. cit.*, p. 149). Comme le montre notre récit,
il assista au siège de Caen ; puis il alla assiéger Cherbourg avec le comte de Clermont (Berry : *op. cit.*,
p. 161). Il est cité au nombre des capitaines qui contribuèrent le plus au recouvrement de notre province
(Berry : *op. cit.*, p. 166).

(³) « Robert de Floques, dit Floquet, sire de Floques et d'Avrechier, chevalier, maréchal hérédital
de Normandie, conseiller et chambellan du roi et son bailli d'Evreux, naquit à Floques, petit village situé
près du Tréport, dans le canton d'Eu. Tout jeune et à peine sorti de l'adolescence, il épousait, en 1419,
Perrenette Havard, sœur, selon toute probabilité, de Jean Havard de Saccauville, un des négociateurs les
plus accrédités de Charles VII. » (Semelaigne : *Robert de Floques, bailli d'Evreux et capitaine de Conches,
ou l'expulsion des Anglais de la Normandie* ; Paris, 1872, petit in-8º, p. 11 et 12). Il assista au siège de
Pontoise en 1443 et fut probablement rendu responsable de l'incurie des gens qui laissèrent traverser la
rivière sans s'y opposer à temps. « Et pendant ce siège de Pontoise, Floquet, par ses faultes et démérites
fut banni ; et se le roy l'eust tenu, il lui eut fait trencher la teste. » (Berry : *op. cit.*, p. 93). Mais, quelque
temps après, il reprit, par surprise, Evreux aux Anglais « De telle prinse furent portées nouvelles au roy
de France, qui de ce fut moult joyeux et pardonna à Floquet la faulte qu'il avoit faicte. » (*ibid.*, p. 93).
Néanmoins, en août 1448, il crut prudent de se munir de lettres de rémission (*ibid.*, p. 276, n. 276).
Le 15 mai 1449, Floquet était à la prise de Pont-de-l'Arche (J. Chartier : *op. cit.*, t. II, p. 69, 72 ; —
Mathieu d'Escouchy : *op. cit.*, t. I, p. 163-167). Le 28 janvier 1450 (N. s.), il donnait quittance pour les
gages de la garnison de Meulan, ce qui nous fait supposer qu'il était peut-être capitaine de cette place
(Demay : *op. cit.*, t. I, nº 3650). Robert de Floques avait épousé en secondes noces Jacqueline Crespin et
était devenu ainsi le beau-frère de Jean Crespin, seigneur de Mauny, et de Pierre de Brézé, marié à Jeanne
Crespin. Il mourut à Evreux, le 7 décembre 1461. On lit sur la pierre tombale, placée dans le milieu du
chœur de l'église de Boisney, près Brionne : « *Cy gist noble homme messire Robert de Flocques, chevalier, en
son vivant seigneur dudit lieu de Flocques et d'Aurechier, maréchal hérédital de Normandie, conseiller, chambellan
du roy nostre sire et son bailly et cappitaine d'Evreux, lequel trespassa l'an de grâce mil quatre cent soixante et un
le VIIᵉ jour de décembre. Priés Dieu qui lui face pardon à l'ame. Amen.* » (cf. G. Bouet : *Bulletin monumental*,
t. XXVII, Caen, 1861, in-8º, p. 266-271.). Voici la description de son sceau à la date du 28 janvier 1450
(N. s.) : « Sceau rond de 38 mill. Ecu bandé de 8 pièces, penché, timbré d'un heaume couronné, cimé
de..... supporté par deux licornes. » (Demay : *loc. cit.*).

(⁴) Pierre de Louvain, vicomte de Berzy et d'Acy, après avoir pris part au recouvrement de Normandie, fit la campagne de Guyenne et fut fait chevalier devant Fronsac en 1451 ; chambellan et conseiller
du roi, il mourut le 15 juin 1464 (Blondel : *op. cit.*, t. II., p. 375, n. 3).

(⁵) Geoffroy de Couvran, seigneur de la Morandaye, conseiller et chambellan du roi était
à la reprise de Coutances par les Français (en août ou septembre 1449). Berry : *op. cit.*, p. 117), et il
fut nommé capitaine de cette place (Blondel : *op. cit.*, t. II, p. 300, n. 4). Quelque temps après, aidé
de Joachim Rouault, capitaine de Saint-Lo, il tenta un coup de main sur Vire, tua quatre-vingts Anglais
et fit autant de prisonniers (R. Blondel : *op. cit.*, t. II, p. 117-119 ; — Ce fut lui qui, le 16 mars 1450,
fit porter en toute hâte par Grenoble, héraut du Dauphin, une lettre au roi pour lui annoncer la descente
à Cherbourg de quatre à cinq mille Anglais (Mathieu d'Escouchy : *op. cit.*, t. I, p. 277, n. 1). Il assista à
la bataille de Formigny (Chartier : *op. cit.*, t. II, p. 193 ; — Berry : *op. cit.*, p. 145), au siège de Caen,
comme le montre notre récit, et au siège de Cherbourg (Berry : *op. cit.*, p. 161). Nous le retrouvons
exerçant sa charge de capitaine de Coutances aux années suivantes : 21 janvier 1452 (N. s.), 1456, 1458
et 1460 (Bibl. Nat., pièces orig., 919, doss. 20299, Couvran nºˢ 11, 12, 13, 14 et 17).

(⁶) Charles Motier, seigneur de la Fayette, conseiller et chambellan du roi, était le fils aîné de Gilbert
Motier, IIIᵉ du nom, seigneur de La Fayette, maréchal de France et de Jeanne de Joyeuse, seconde
femme du maréchal. Charles de La Fayette fut fait chevalier au siège de Rouen en 1449. « Il commandoit
cinquante lances ès guerres d'Auvergne en 1466 ; il assista aux Etats généraux tenus à Tour en 1468 et
mourut sans enfans légitimes. » (Le Père Anselme : *op. cit.*, t. VII, p. 58, 59).

et à se loger avec lui à Saint-Étienne. Les forces réunies du connétable et du comte de Clermont montaient à 1,200 lances ([1]), quatre à cinq mille archers, guisarmiers et coutilliers à cheval et deux mille francs-archers à pied; soit au total environ 8,200 combattants ([2]).

Après la prise de Bayeux, Dunois et Clermont avaient fait passer leurs troupes sur la rive droite de l'Orne et s'étaient dirigés vers Caen. En attendant l'arrivée du connétable, ils laissèrent reposer leurs gens qu'ils avaient logés dans les villages voisins de la ville ([3]), et, au moment où Clermont, revenant de Verneuil, joignait Richemont du côté de l'abbaye de Saint-Étienne (sans doute le 6 juin), Dunois venait s'établir au faubourg de Vaucelles avec son armée forte de 500 lances, 2,500 archers, guisarmiers, coutilliers à cheval et de 2,000 francs-archers à pied ([4]).

Avec Dunois se trouvaient le sire de Culant ([5]), grand maître de l'hôtel du roi, Philippe de Culant ([6]), sieur de Jaloignes, maréchal

---

([1]) Gruel (*op. cit.*, p. 201) dit 800 lances.

([2]) Preuves : p. III, VII, X, XI-XII, XXVIII, XXXII. — Mathieu d'Escouchy et Martial d'Auvergne (Preuves : p. XX, XXIII, XXIV) rapportent que Clermont était logé avec Dunois au faubourg de Vaucelles; nous appuyant sur les récits de Chartier, de Berry, de Blondel, et J. Duclercq, du continuateur de Monstrelet, nous pensons qu'ils se sont trompés et que Clermont était bien avec Richemont du côté du Bourg l'Abbé. C'est aussi par erreur que Mathieu d'Escouchy assigne comme date à l'arrivée à Caen du comte de Clermont, le 9 juin au lieu du 5.

([3]) « Ce fait passèrent luy (Dunois), le conte de Clermont et leur compaignie, avec tout l'ost, la rivière d'Orne et dispersèrent leurs gens pour vivre et se rafraîchir sur le pays, en attendant la venue du conte de Richemont, connestable. De plus ledit lieutenant laissa dans Baieulx, canons, coulevrines et toute aultre artillerie pour mectre en bref le siège devant la ville de Caen » (J. Chartier : *op. cit.*, t. II, p. 207).
« Et aprez ladicte réduction (celle de Bayeux), se partist ledit conte de Dunoys, atout son ost, de Baieux, et passa la rivière d'Orne, et pareillement le conte de Clermont et sa compagnie; et menèrent leurs gens vivre sur le pais en attendant la venue de monseigneur le connestable et de sa compaignie » (Berry : *op. cit.*, p. 151).
« Urbe Baiocarum ab hostibus feliciter exhausta, strenui comites Dunensis et de Claromonte ultra Urne flumen exercitus transducunt, venturum Francie connestabularium paulisper expectando ut armis potentissimis Cadomum cingant. Campestribus villis turmas commeatu vesci permittunt » (R. Blondel : *op. cit.*, t. II, p. 232).
« Après la conqueste de la cité de Bayeulx, le conte de Dunois, atout son ost, passa la rivière d'Orne; et aussy feit le comte de Clermont et ceulx de sa compagnie; puis menèrent leurs gens vivre sur le pays en attendant la venue du connestable de France et de ses gents » (J. Duclerq : *op. cit.*, p. 20).

([4]) Preuves : p. III, VII, X, XII, XVII, XX, XXIII-XXIV, XXVIII, XXXII.
Mathieu d'Escouchy (*op. cit.*, t. II, p. 306) fait erreur en donnant la date du 9 juin, comme celle de l'arrivée de Dunois à Vaucelles, puisque cette arrivée avait précédé celle de Charles VII qui s'y trouvait dès le 7 juin.

([5]) Charles de Culant, seigneur de Culant, de Châteauneuf de Saint-Désiré et de la Creste, chevalier et chambellan du roi était fils de Jean de Culant, seigneur de la Creste et de Marguerite de Sully, par suite frère de Philippe de Culant, sieur de Jaloignes, maréchal de France. Sur la fin de l'année 1449, le roi lui donna la charge de grand maître de son hôtel, qu'il exerça jusqu'au mois de mai 1451. Il servit Charles VII aux sièges et prises de Rouen, de Harfleur, de Bayeux, de Caen, de Falaise et de Domfront, ainsi qu'à la prise de Bergerac en Guyenne. Il mourut au mois de juin 1460. Ses armes étaient : « d'azur au lion d'or, l'écu semé d'étoiles ou de molettes de même. » (Le Père Anselme : *op. cit.*, t. VII, p. 82 et t. VIII, p. 365).

([6]) Philippe de Culant, chevalier, seigneur de Jaloignes, de La Creuzette, de Saint-Amand et de Chalus, capitaine de la grosse tour de Bourges et sénéchal du Limousin était fils de Jean de Culant, seigneur de la Creste et de Marguerite de Sully. Il combattit au siège de Montivilliers au mois de mars 1436 et à celui de Meaux en juillet 1439. Il avait été nommé sénéchal du Limousin, le 25 juin de ladite année

de France, le sire d'Orval ([1]), le sire de Montenay ([2]), chef de l'armée du duc d'Alençon ([3]), Robert d'Estouteville, prévôt de Paris ([4]) et Estout d'Estouteville ([5]), sieur de Beaumont, son frère.

---

et fut honoré de la charge de maréchal de France au siège de Pontoise, en 1441. Il se signala aux sièges du Mans, de Pontaudemer, de Château-Gaillard, de Rouen, de Bayeux, de Saint-Sauveur-le-Vicomte, de Caen et de Cherbourg et pendant toute la durée de la réduction de la Normandie. Il ne servit pas moins vaillamment à la conquête de la Guyenne et assista à la bataille de Castillon. Il fut l'un des capitaines qui aidèrent le plus à chasser les Anglais. Il mourut vers la fin de l'année 1453. Ses armes étaient : « d'azur au lion d'or, l'écu semé d'étoiles de même, au lambel de gueules. » (Le Père Anselme : op. cit., t. VII, p. 77, 78 et 82).

([1]) Arnaud Amanieu d'Albret, troisième fils de Charles II d'Albret et d'Anne d'Armagnac, devint seigneur d'Orval, par la donation que lui fit son père de cette seigneurie, le 7 juin 1455, en même temps que de plusieurs chateaux et de terres venues de la maison de Sully. Le roi Charles VII le nomme son cher et féal cousin Amanieu de Lebret, seigneur d'Orval, son conseiller et chambellan dans un don qu'il lui fit au mois d'août 1450, des baronnie, château, châtellenie, place et seigneurie de Lesparre dans le Bordelais, en récompense des grands services qu'il lui avait rendus dans la guerre contre les Anglais. Nous l'avons trouvé indiqué comme capitaine de Bayeux aux années suivantes : 1451 (Bibl. Nat., pièces orig., 46, doss. 1038, Amaury, n° 21); 1452 (Bibl. Nat., pièces orig., 46, doss. 1030, Amaury, n° 25 et collection Clairambault, reg. 187, p. 6997); 1453 (Bibl. Nat., pièces orig. 46, doss. 1030, Amaury, nos 23, 24 et manuscrit de Farcy, apud me, f° 20); 1454 (Bibl. Nat., pièces orig., 46, doss. 1030, Amaury, n° 20); 7 juillet 1455 (Le Père Anselme : op. cit., t. VI, p. 217). Amanieu d'Albret fut lieutenant général pour le roi en Roussillon, et mourut en 1463. Ses armes étaient : « écartelé, au 1 et 4 de France, au 2 et 3 d'Albret à une bordure engrelée d'argent » (Le Père Anselme : loc. cit.).

([2]) Jean II de Montenay, baron du Hommet, de Garancières, etc., vicomte de Fauguernon, conseiller et chambellan du roi, maître des eaux et forêts de Normandie après la recouvrance de la province. (Cf. De La Roque : Histoire généalogique de la maison de Harcourt, t. I, p. 143-145 ; — E. Lepingard : La baronnie du Hommet, dans les Notices, mémoires et documents publiés par la Société d'agriculture d'archéologie et d'histoire naturelle du département de la Manche, t. XVII, Saint-Lô, 1899, in-8°, p. 38-39).

Jean de Montenay, était en 1435, au nombre des seigneurs Français qui prirent part aux négociations du traité d'Arras (J. Chartier : op. cit., t. I, p. 186). A la fin du mois de novembre 1449, il se trouvait avec le duc d'Alençon au siège et à la prise de Bellême (J. Chartier : op. cit., t. II, p. 204). Le 16 mai 1450, nous le retrouvons au siège de Bayeux (J. Chartier : op. cit., t. II, p. 204; — R. Blondel : op. cit., t. II, p. 228); en juin il figurait au siège de Caen, en qualité de gouverneur des gens du duc d'Alençon (J. Chartier : op. cit., p. 215 ; — R. Blondel : op. cit., t. II, p. 234). En juillet 1450, il assistait au siège de Falaise (J. Chartier : op. cit., t. II, p. 225 et R. Blondel : op. cit., t. II, p. 249.

([3]) Jean II, surnommé le Beau, pair de France, comte du Perche, fils de Jean Ier, duc d'Alençon et de Marie de Bretagne, naquit le 2 mars 1409, au château d'Argentan. Il commença ses premières armes à la bataille de Verneuil; fait prisonnier en cette journée, il ne recouvra sa liberté qu'en 1427, après avoir payé une grosse rançon. En 1429, il prit Jargeau d'assaut et eut une grande part dans la victoire de Patay. Après l'expulsion des Anglais, il fut accusé de s'entendre avec eux contre le roi, arrêté et condamné à mort, le 10 octobre 1458. Cette peine fut commuée en celle de la prison perpétuelle au château de Loches, d'où il fut tiré et rétabli dans ses biens, par Louis XI, en 1461. Etant retombé dans son ancien crime, il fut arrêté une seconde fois (après le 8 mai 1472). Son procès instruit de nouveau, on le condamna à mort, le 18 juillet 1474. Deux ans après, étant sorti de la prison du Louvre par permission du roi, il mourut à Paris et fut enterré aux Jacobins. Ses armes étaient : « de France à la bordure de gueules, chargée de huit besants d'argent. » (Le Père Anselme : op. cit., t. I, p. 273; — cf. Odolant-Desnos : Mémoires historiques sur la ville d'Alençon et sur ses seigneurs, Alençon, 1787, 2 vol. in-8°, t. II, p. 1 à 167).

([4]) Robert d'Estouteville, seigneur de Beyne et de Saint-André-en-la-Marche, était le cinquième fils de Guillaume d'Estouteville et de Jeanne d'Ondeauville. Il devint prévôt de Paris, à la suite de la démission de son frère Jean (7 mars 1447) (N. s.) lequel avait obtenu cette charge le 29 mai 1446. Robert d'Estouteville servit fidèlement les rois Charles VII et Louis XI et il fut conseiller et chambellan de ce dernier. Il prit part à la bataille de Montlhéry en 1465 et eut la conduite des nobles de la prévôté de Paris et du bailliage de Senlis depuis l'année 1475 jusqu'à sa mort, arrivée le 3 juin 1479 (Le Père Anselme : op. cit., t. VIII, p. 98-99).

([5]) Estout d'Estouteville, seigneur de Beaumont-le-Chartif, du chef de sa femme, Bonne de Herbannes, châtelain de Beauvais, conseiller et chambellan du roi, frère de Robert d'Estouteville. Il prit part à la bataille de Formigny. Il mourut le 13 décembre 1476 (Le Père Anselme : op. cit., t. VIII, p. 98).

Le 5 juin, au soir, Caen était cerné de deux côtés : à l'ouest, par le connétable et, au sud, par Dunois ([¹]). Mais, la rupture du pont Frileux ne permettait plus à l'armée de Richemont, massée sur la rive gauche de l'Orne, de communiquer avec celle de Dunois qui occupait la rive droite. Cette situation pouvait devenir dangereuse, au cas où l'un des deux corps d'armée aurait eu besoin de porter secours à l'autre. Aussi, pour parer à cet inconvénient, les Français s'employèrent sans retard à construire sur le fleuve un pont de bois reliant les deux rives ([²]).

Nos chroniques ne font point mention de l'endroit précis où ce pont fut établi. Seul, Jacques Duclerq dit, en parlant de Charles VII : « puis se partit incontinent et passa au-dessus de la ville la rivière, par dessus le pont, à demy-lieue près de là » ([³]). C'est vraisemblablement en s'appuyant sur ce texte que L. Puiseux ([⁴]) suppose que cet endroit devait se trouver entre La Basse Allemagne ([⁵]) et Louvigny ([⁶]). A s'en tenir à son opinion, l'emplacement était des mieux choisis pour permettre le passage des troupes, à l'abri du feu de la place. Dans l'après-dînée du 7 juin, le roi, pour franchir l'Orne, utilisa ce pont dont les travaux devaient être très avancés, sinon complètement achevés. Belleforest rapporte, du reste, que le pont fut fait en moins de trois jours ([⁷]).

De leur côté, le lundi 9 juin, le comte de Nevers ([⁸]), le comte d'Eu ([⁹]), Jean de Bueil ([¹⁰]), le sire de Montenay et Joachim

---

([¹]) Preuves : p. III, VII, XXVIII, XXXII.

([²]) Preuves : p. III, VII, X, XII, XXIV, XXVIII, XXXII.

([³]) Preuves : p. XXIX.

([⁴]) L. Puiseux : *Cavalcade 1868*, p. 15.

([⁵]) Calvados, arrondissement et canton Ouest de Caen.

([⁶]) Calvados, arrondissement et canton Est de Caen.

([⁷]) « Et ceux-cy firent un pont sur la rivière d'Orne en moins de trois jours. » (François de Belleforest : *Grandes annales et histoire générale de la France*, Paris, 1579, 2 vol. in-f°, t. II, p. 1154).

([⁸]) Charles de Bourgogne, comte de Nevers et de Rethel, pair de France, baron de Donzy et de Luzy, fils de Philippe de Bourgogne, comte de Nevers, et de Bonne d'Artois, sa seconde femme. Il accompagna Charles VII à la conquête de Normandie et, comme nous le voyons ici, il assistait au siège de Caen. Ce fut en sa faveur que le comté de Nevers fut érigé en pairie en 1459. Il mourut, au mois de mai 1464, sans laisser de postérité légitime (Le Père Anselme : *op. cit.*, t. I, p. 251, 252).

([⁹]) Charles d'Artois, comte d'Eu, fils du vaillant connétable Philippe d'Artois qui périt à la croisade de Nicopolis, et de Marie de Berry, naquit vers 1395 et mourut le 25 juillet 1472 (Le Père Anselme : *op. cit.*, t. I, p. 390 et 391).

([¹⁰]) Jean V de Bueil, fils de Jean IV de Bueil et de Marguerite Dauphine, fille de Béraud II, dauphin d'Auvergne, naquit en 1406. Il fut un des meilleurs capitaines de Charles VII. Mêlé aux intrigues de la Praguerie, et, sous Louis XI, à la guerre du Bien-Public, il mourut en 1477 ou en 1478. Il est l'auteur d'un roman militaire intitulé *Le Jouvencel* (Molinier : *op. cit.*, t. IV, p. 244). Sur la vie de J. de Bueil, cf. l'introduction biographique de Camille Favre à l'édition du : *Jouvencel par Jean de Bueil*, Paris, 1887-1889, 2 vol. in-8°, t. I, p. I-CCCXXXII.

Rouault ([1]) qui avaient dû, il nous semble, accompagner Dunois, franchirent le pont de bois et vinrent à leur tour camper à l'abbaye de la Trinité ([2]) et dans le Bourg-l'Abesse, avec nombre de gens d'armes et de trait ([3]).

A son tour, et à la même date du 5 juin, Charles VII quittait Argentan où il séjournait alors, et se dirigeait sur Caen avec cinq ou six cents lances et les seigneurs de son escorte ([4]). Il était suivi de René d'Anjou, roi de Sicile ([5]) et de Jean d'Anjou, duc de Calabre ([6]), son fils aîné, du duc d'Alençon, du comte du Maine ([7]),

---

([1]) Joachim Rouault, seigneur de Boismenart, de Gamaches, de Chatillon et de Fronsac, maréchal de France, était fils de Jean Rouault, seigneur de Boismenart, et de Jeanne du Bellay (Le Père Anselme : *op. cit.*, t. VII, p. 98, 99). Il se fit connaître à la prise de Creil et de Saint-Denis, en 1441, et combattit glorieusement pendant toute la campagne de Normandie : il se signala principalement à la prise de Saint-James-de-Beuvron, de Coutances, de Saint-Lo, de Carentan, à la bataille de Formigny et au siège de Caen. Après la réduction de la Normandie, il accompagna le comte de Penthièvre en Guyenne et servit aux sièges de Bergerac, de Montguyon, de Blaye et de Fronsac dont il fut gouverneur en 1451. La même année, il fut établi connétable de Bordeaux. Il se trouva pareillement au siège de Bayonne et, en 1453, à la bataille de Castillon. Il fut ensuite envoyé au secours du roi d'Ecosse et de Marguerite d'Anjou, reine d'Angleterre, contre le duc d'York. Par lettres données à Avesnes, le 3 août 1461, Louis XI le nomma maréchal de France. Il avait été auparavant pourvu de la charge de sénéchal de Poitou. En 1465, il défendit Paris contre le comte de Charolais. Tous les services qu'il avait rendus « ne le purent garantir de l'esprit défiant du roi qui le fit arrêter prisonnier environ l'an 1476 et faire son procez par des commissaires qui le bannirent à perpétuité du royaume, confisquèrent tous ses biens, et le condamnèrent en vingt mille livres de réparation, pour lesquelles il tiendroit prison à Chastillon-en-Thouarçois. Il fut privé par le même jugement de tous offices royaux, honneurs, états, dignitez et charges publiques, ses biens, meubles et immeubles confisquez au profit du roy, sous les restitutions préalablement prises. Ce jugement fut prononcé par Bernard Louvet, premier président du Parlement de Toulouse, en présence des autres commissaires, à Tours, le 16 may 1476. Il n'eut point de lieu et il mourut en possession de ses biens le 7 août 1478. » (Le Père Anselme : *op. cit.*, t. VII, p. 96). Il fut enterré auprès de sa mère dans l'église des Cordeliers de Thouars. Ses armes étaient : *de sable à deux léopards d'or armés et lampassés de gueules* (Le Père Anselme : *loc. cit.*, p. 95, 96, 98 et 99).

([2]) L'abbaye de Sainte-Trinité de Caen fut fondée, en 1066, par Mathilde de Flandre, femme de Guillaume le Conquérant (Cf. L'abbé De La Rue : *op. cit.*, t. II, p. 6-50).

([3]) Preuves : p. III, VII, XII, XX, XXIV, XXVIII-XXIX, XXXII.

([4]) Preuves : p. IV, VIII, XII, XXIV, XXIX, XXXII-XXXIII.

([5]) René d'Anjou, roi de Naples, de Sicile, de Jérusalem, d'Aragon, de Valence et de Majorque, duc d'Anjou, de Lorraine et de Bar, etc., surnommé *le Bon*, fils de Louis II duc d'Anjou et de Yolande d'Aragon, né le 16 janvier 1408, succéda à Louis son frère, en 1434, et mourut à Aix-en-Provence, le 10 juillet 1480 (Le Père Anselme : *op. cit.*, t. I, p. 231).

([6]) Jean II, d'Anjou, duc de Calabre et de Lorraine, prince de Géronde, fils de René d'Anjou, roi de Sicile, et d'Isabelle, duchesse de Lorraine, né à Nancy, le 7 janvier 1426, mort le 27 juillet 1471 (Le Père Anselme : *op. cit.*, t. I, p. 233).

([7]) Charles d'Anjou, comte du Maine, troisième fils de Louis II d'Anjou, roi de Sicile, et de Yolande d'Aragon, né au château de Montils-les-Tours, le 14 octobre 1414, mort le 10 avril 1472. Son fils Charles hérita, en 1480, des états et des droits de son oncle René d'Anjou et mourut le 11 décembre 1481, après avoir institué le roi Louis XI son héritier universel (Le Père Anselme : *op. cit.*, t. I, p. 233-234).

du comte de Saint-Paul ([1]), du comte de Tancarville ([2]), connétable
hérédital de Normandie, de Ferry de Lorraine ([3]), de Jean de
Lorraine, son frère ([4]), de Jean Jouvenel des Ursins ([5]), du vicomte

([1]) Louis de Luxembourg, comte de Saint-Paul, de Brienne, de Ligny et de Conversan, fils aîné de Pierre de Luxembourg Ier du nom, et de Marguerite de Baux, naquit en 1418. Il contribua à la prise de Pontoise et à l'expulsion des Anglais de la Normandie de 1449 à 1450. Toutefois, dès cette époque, il inaugura sa politique de bascule entre la France et la Bourgogne. Il suivit Charles le Téméraire dans la *Ligue du bien public*, puis le roi Louis XI se l'attacha en lui donnant la charge de connétable de France, par lettres scellées, à Paris, le 5 octobre 1465, aux gages de 24,000 francs. Il prêta serment le 12 du même mois et reçut le collier de Saint-Michel lors de la fondation de cet ordre (1er avril 1469). Jeanne de Bar, sa première femme, étant morte en 1462, il avait épousé, en 1466, Marie de Savoie, belle-sœur de Louis XI. Il n'en continua pas moins à ménager le Téméraire. Envoyé par le roi auprès de Charles pour obtenir une trêve en faveur des Liégeois, il s'entendit avec le duc pour que la France n'intervint pas et Liège fut écrasée (1467). Mais, en 1470, il provoqua la colère du duc de Bourgogne en enlevant Saint-Quentin. En 1475, il promit au Téméraire et à Edouard IV de les servir; puis, quand l'avant-garde anglaise se présenta devant Saint-Quentin, il l'accueillit à coups de canon. Trahi et surpris, Louis XI et le duc de Bourgogne s'entendirent pour perdre le comte de Saint-Paul : le duc, près duquel il s'était retiré, le livra aux mains du roi qui lui fit faire son procès comme criminel de lèze majesté. Il eut la tête tranchée, en place de Grève, le 19 décembre 1475, à l'âge de 57 ans. Il fut enterré dans l'église des Cordeliers de Paris. Ses armes étaient : *d'argent au lion de gueules la queue nouée, fourchée et passée en sautoir, armé et couronné d'or, lampassé d'azur* (cf. Le Père Anselme : *op. cit.*, t. III, p. 726, 727 et t. VI, p. 226).

([2]) Guillaume de Harcourt, comte de Tancarville et de Montgommery, vicomte de Melun, seigneur de Montreuil-Bellay et connétable hérédital de Normandie. était fils de Jacques de Harcourt, IIe du nom, et de Marguerite de Melun (De La Roque : *Histoire généalogique de la maison de Harcourt*, t. I, p. 902). Il rendit de grands services au roi Charles VII contre les Anglais. Il combattit, en 1437, au siège de Montereau-faut-Yonne. En 1441, nous le retrouvons devant Pontoise, en 1449 à Rouen et en 1450 à Caen, à Falaise et à Cherbourg (*ibid.*, p. 644 et 645). Il fut grand-maître des eaux et forêts de France de 1431 à 1453, d'après De La Roque (*loc. cit.*, p. 638), et seulement en 1452 et 1453, d'après le Père Anselme (*op. cit.*, t. VIII, p. 898). Il fut aussi nommé, en 1474, un des exécuteurs du testament de René d'Anjou, roi de Sicile. Il mourut en 1487 (De La Roque : *op. cit.*, t. I, p. 681. Cf. aussi t. I, p. 637-683; — Le Père Anselme : *op. cit.*, t. VIII, p. 897, 898; — A. Deville : *Histoire du château et des sires de Tancarville*, Rouen, 1834, in-8o, p. 202-206).

([3]) Ferry de Lorraine, comte de Vaudémont, fils d'Antoine de Lorraine et de Marie de Harcourt, avait épousé Yolande d'Anjou, fille du roi René et d'Isabelle de Lorraine. Il mourut le 31 août 1470 (De La Roque : *op. cit.*, t. I, p. 460-462).

([4]) Jean de Lorraine était le fils cadet d'Antoine, comte de Lorraine, et de Marie d'Harcourt. En 1443, son père, ayant eu certains démêlés avec René d'Anjou, l'envoya, à ce sujet, en ambassade auprès de Charles VII. En 1444, il sollicita l'honneur de servir la France comme l'avaient fait ses aïeux, et le roi lui confia le poste de capitaine de Granville. Le 4 septembre de ladite année, il touchait de Simon Le Bourlier, receveur général des finances en Normandie, la somme de 1,800 l. t. pour sa pension et ses gages de capitaine (V. Hunger : *op. cit.*, fasc. III (1911) p. 50 et n. 1). Il conserva cette charge aux années 1445 (Demay : *op. cit.*, t. I, n° 5362), 1446 et probablement 1447; il ne l'occupait plus le 13 février 1448 (N. s.). En 1449, il fut un des ambassadeurs envoyés par Charles VII auprès du duc de Bourgogne, qui se trouvait·alors à Bruges « pour lui seigniffier et déclairier la vérité de ce qui avoit esté fait de la partie des Anglois, touchant la rompture des trêves d'entre les deux roys et leurs royalmes. » (Mathieu d'Escouchy : *op. cit.*, t. II, p. 187 et n. 2). Il prit ensuite une part active à la campagne de Normandie et figura à l'entrée de Charles VII à Rouen (*ibid.*, p. 211 et 239). Berry (*op. cit.*, p. 166) dit qu'il fut un de ceux qui se comportèrent « vaillamment en honnourablement » pendant cette guerre « à grans travaulx, dangiers, mesaises, peines et périlz de leurs corps ». Pour l'en récompenser, Charles VII lui rendit la capitainerie de Granville qu'il possédait encore le 29 septembre 1460 (Bibl. Nat., collection Clairambault, titres scellés, vol. 129, p. 103). La part qu'il prit à la reconstitution du duché de Normandie en faveur du frère de Louis XI causa sa disgrâce. Jean de Lorraine, alors maréchal de Normandie, se retira auprès du roi René qui le nomma sénéchal et gouverneur d'Anjou, le 21 janvier 1469. Il mourut avant le 25 juin 1473. — Voici la description de son sceau en 1445, alors qu'il était capitaine de Granville : « Sceau rond de 38 mill. Ecu à la bande chargée de trois alérions, penché, timbré d'un heaume à lambrequins couronné, supporté par un griffon à senestre, le seul côté qui subsiste. — Légende détruite » (Demay : *op. cit.*, t. I, n° 5362.) (Cf. De La Roque : *op. cit.*, t. I, p. 460 et 461; — comte de Pange : *Johan Monseigneur de Lorraine* dans le *Bulletin de la Soc. des Ant. de Norm.*, t. XVI, Caen, 1894, in-8o, p. 152-166).

([5]) Jean II Jouvenel des Ursins, fils de Jean I, Jouvenel des Ursins, seigneur et baron de Traine

de Lomagne ('), du sire de Blainville ('), de Pierre Frotier, baron de Preuilly ('), de Poton de Xaintrailles, bailli de Berry ('), de Théobald de Valperga ('), bailli de Lyon.

D'Argentan Charles VII vint, le vendredi soir 5 juin, coucher à Saint-Pierre-sur-Dive et, le samedi 6, à Argences ('). Seul de

---

en Champagne, naquit à Paris, le 23 novembre 1388. Il fut d'abord, en 1416, maître des requêtes du Dauphin, puis, en 1418, il quitta la capitale et, en 1425, il était avocat général au parlement de Poitiers. En 1431, il devint évêque de Beauvais et, en 1444, passa au siège épiscopal de Laon puis, en 1449, au siège archiépiscopal de Reims. Il joua un rôle important dans l'histoire politique et religieuse de son temps, dans le procès de Jacques Cœur et dans le procès de révision de Jeanne d'Arc. Après avoir sacré Louis XI à Reims en 1461, il fut tenu à l'écart par le nouveau roi. Jean Jouvenel des Ursins est l'auteur d'une *Chronique* en français, du règne du roi Charles VI (Cf. Molinier : *op. cit.*, t. IV, p. 122). Il mourut, à Reims, le 14 juillet 1473 (Cf. Le Père Anselme : *op. cit.*, t. II, p. 46, 47. — Péchenard : *Jean Juvénal des Ursins*, Paris, 1876, in-8°.)

(¹) Jean V, comte de Lomagne, de Fézensac, de Rodez, etc., était fils de Jean IV, comte d'Armagnac et d'Isabelle de Navarre, seconde femme de ce dernier. Il porta, du vivant de son père, le titre de vicomte de Lomagne. Il mourut poignardé, à Lectoure, le vendredi 5 mars 1473 (Anselme : *op. cit.*, t. III, p. 422, 423).

(²) Jean d'Estouteville, seigneur de Torcy, de Blainville, d'Oudeauville, etc., était fils de Guillaume d'Estouteville et de Jeanne d'Oudeauville, veuve de Raoul, seigneur de Rayneval (Le Père Anselme : *op. cit.*, t. VIII, p. 98). Il n'avait que dix-sept ans lorsque le roi d'Angleterre lui rendit, en 1422, à lui et à ses frères, les biens qui leur avaient été confisqués pour avoir tenu le parti du roi de France. Rallié à la cause de Charles VII, il en reçut, en 1436, la garde de Fécamp, et, en 1439, celle de Harfleur. Il était capitaine de Chancenay en 1444. Il fut institué prévôt de Paris, le 29 mai 1446, à la place d'Ambroise de Loré, mais il quitta peu après cette charge, en faveur de son frère (Cf. p. 48 n. 4). Puis il devint chambellan du roi, avec une pension de 1,200 livres, et, en 1449, grand-maître des arbalétriers de France, charge qu'il exerça jusqu'en 1461. De 1449 à 1450, il guerroya en Normandie, mais, quoi qu'en ait dit le P. Anselme, n'assista pas à la bataille de Formigny. En 1472 et 1474, il reçut du roi des dons importants, et, en 1479, il combattit à la journée de Guinegate. Il fut l'un des acteurs dans la scène du boudoir qui servit de point de départ aux calomnies de Jamet du Tillay, bailli de Vermandois, contre la dauphine Marguerite d'Ecosse (Cf. Vallet de Viriville : *Histoire de Charles VII*, Paris, 1862-1865, 3 vol. in 8°, t. III, p. 87). Il mourut fort âgé, le 11 septembre 1494. Ses armes étaient : *écartelé : au 1 et 4 fascé d'argent et de gueules de dix pièces, au lion de sable et d'or brochant sur le tout, qui est Estouteville, au 2 et 3 d'azur, à la croix d'argent cantonnée de seize croix recroisetées, au pied fiché d'or, qui est Mauquenchy de Blainville* (Le Père Anselme : *op. cit.*, t. VIII; p. 87-88 et 98).

(³) Pierre Frotier, écuyer d'écurie du roi, seigneur de Melzeart et de Miseré, vicomte de Montbas, baron de Preuilly, d'Azay-le-Féron et de Blanc en Berry, était fils de Jean Frotier, seigneur de Melzeart et de Mizeré, et de Jeanne Clairette. Il suivit le parti de Charles VII lorsqu'il n'était encore que Dauphin et il acquit pleinement la confiance de ce prince qui lui fit des dons importants. Il mourut vers l'année 1459 et fut enterré dans l'abbaye de Preuilly. Ses armes étaient : *d'argent au pal de gueules accosté de 10 losanges de même, 5 de chaque côté, posés 2, 2 et 1* (Le Père Anselme : *op. cit.*, t. VIII, p. 479-481).

(⁴) Jean dit Poton, seigneur de Xaintrailles, de Roques, de Salignac en Limousin et de Villeton, vicomte de Bruillez, premier écuyer du corps, maître de l'écurie du roi, bailli de Berry, sénéchal de Limousin et de Bordelais, maréchal de France, en 1454, après la mort du maréchal de Jaloignes, — l'un des meilleurs capitaines de Charles VII. Il mourut à Bordeaux, au Château-Trompette, dont il était gouverneur, le 7 octobre 1461, et fut enterré dans l'église des Cordeliers de Nérac. Ses armes étaient : *écartelé au 1 et 4 d'argent à la croix alaisée de gueules, au 2 et 3 de gueules au lion d'argent* (Le Père Anselme : *op. cit.*, t. VII, p. 92, 93).

(⁵) Théobald de Valpergue ou de Valperga, bailli de Lyon, était au siège de Louviers en septembre 1449. Il accompagna Charles VII lors de son entrée dans Rouen. Comme on le voit, il le suivit au siège de Caen. On le retrouve à la prise de Bordeaux avec le comte de Clermont (Berry : *op. cit.*, p. 121, 136, 154, 168 et 180).

(⁶) Preuves : p. IV, VIII, XX, XXIV, XXXIII.

tous les chroniqueurs, J. Duclercq avance qu'il coucha ce soir-là à Jort (¹).

Pendant que le roi était à Argences, les coureurs du sire de Blainville s'étant avancés jusqu'à Troarn (²), occupèrent l'abbaye; mais une bande d'Anglais les en délogea « En hayne desquelles choses lesdits Angloys prindent ladite abbaie d'assault, la pillèrent et bruslèrent le dorteur et partie du clouestre et plusieurs aultres maisons et emportèrent tous les meubles d'icelle abbaie »... Les moines de Troarn eurent encore à déplorer dans cette échauffourée la perte de « belles chartres et lettres anciennes » qui furent « arses et bruslées » ou qui disparurent (³).

Le samedi 7 juin, dès la première heure, le roi quitta Argences avec tout son monde, et ne tarda pas à arriver sous les murs de Caen, du côté de Vaucelles. Il descendit au logis de Dunois chez lequel il dîna (⁴).

Sans plus tarder, Charles VII tint conseil avec Dunois et ses capitaines, puis, passant le pont de bois qu'on achevait de construire, il alla reconnaître les positions diverses de ses troupes. Quittant ses habits royaux pour un vêtement commun, il monta, en compagnie du roi de Sicile et du connétable, sur l'une des tours de l'abbaye de Saint-Etienne. Cette visite épargna, dit-on, à Caen le désastre d'un bombardement. La vue d'une ville si riche et si florissante décida le roi à en empêcher la destruction (⁵). Il préféra retarder sa victoire.

Après s'être rendu compte par lui-même de l'état des choses, Charles VII vint coucher à l'abbaye de la Trinité (⁶) et, le lende-

---

(¹) Preuves : p. XXIX.
Jort, Calvados, arrondissement de Falaise, canton de Morteaux-Coulibœuf.

(²) Calvados, arrondissement de Caen, canton de Troarn.

(³) Ces faits nous ont été révélés par M. R. N. Sauvage dans la magistrale étude qu'il vient de consacrer à l'abbaye de Troarn (R. N. Sauvage : *L'abbaye de Saint-Martin de Troarn, au diocèse de Bayeux*, dans les *Mém. de la Soc. des Ant. de Norm.*, t. XXXIV, Caen, 1911, in-4°, p. 42-44).

(⁴) Preuves : p. IV, VIII, XII, XX, XXIV, XXIX, XXXIII.
D'après Mathieu d'Escouchy (Preuves : p. XX) le roi ne serait arrivé que le 13 ou le 14 juin. C'est des erreurs chronologiques qui déparent trop souvent le récit de ce chroniqueur.

(⁵) Preuves : p. XII.

(⁶) Preuves : p. IV, VIII, XVII, XXI, XXIV, XXIX, XXXIII. — Ce fut, sans doute, pour remercier les religieuses de cette abbaye de lui avoir donné l'hospitalité, que Charles VII les autorisa par ses lettres en date du 23 mars 1451 (N. S.), à remplacer par une rente de trente livres en faveur du trésor de la paroisse de Vaux-sur-Seulle (Calvados, arrondissement de Caen, canton de Creully), l'obligation qui leur incombait, de donner à dîner, le jour de la Trinité, à tous les habitants de ladite paroisse ainsi qu'à leurs domestiques, s'ils y étaient domiciliés depuis au moins un an et un jour. Ces lettres qui prouvent que le roi logea à l'abbaye, commencent ainsi : « Charles, etc... à tous ceulx qui ces présentes lettres verront, salut. Comme du temps que nous tenyons le siège devant Caen que tenoient et occupoient noz anciens ennemis et adversaires les Anglois et que estions logiez en l'abbaye de Saincte Trinité, près Caen... etc. » (Arch. Nationales, JJ 185, n° 61, fol. 49, r° et v°; — cf. L'abbé De La Rue : *loc. cit.*, p. 47, 48, 49).

main, 8 juin, afin de se mettre à l'abri d'une sortie possible de l'ennemi, il fixa son quartier général à l'abbaye d'Ardenne (¹), où il se tint pendant toute la durée du siège.

Le même jour, le roi de Sicile, le duc de Calabre, le duc d'Alençon, le comte de Saint-Paul, Ferry et Jean de Lorraine avec les autres seigneurs de la suite du roi, occupèrent l'abbaye de la Trinité, et les deux cents lances à cheval, les deux mille archers à cheval, les deux mille guisarmiers et coutilliers ainsi que les deux mille francs archers qu'ils amenaient avec eux, prirent leurs logis dans les villages environnants (²).

Pendant ce temps, les seigneurs de Beauvau (³) et de Bourbonnais (⁴) vinrent s'établir dans une chapelle (⁵), située entre le

---

(¹) Preuves : p. IV, VIII, X, XII, XVII, XXIV, XXIX, XXXIII.
L'abbaye d'Ardenne fut fondée par un riche habitant de Caen, nommé Aioul du Marché, entre les années 1121 et 1138 (Cf. *Gallia Christiana*, t. XI, Paris, 1759, in-f° col. 459); — l'abbé De La Rue : *op. cit.*, t. II, p. 98-109).

(²) Preuves : p. IV, VIII, XXIX, XXXIII.

(³) Bertrand de Beauvau, baron de Précigné, conseiller et chambellan de Charles VII et de Louis XI, bailli de Touraine, premier président de la Chambre des comptes en 1462, était le second fils de Jean III de Beauvau et de Jeanne de Tigni. Il fut encore conseiller et grand-maître d'hôtel de René d'Anjou, capitaine du château d'Angers et sénéchal d'Anjou. Il mourut à Angers, le 30 septembre 1474 (Cf. Mathieu d'Escouchy : *op. cit.*, t. II, p. 466).

(⁴) Jacques Iᵉʳ de Chabannes, seigneur de Montagu et de la Palisse, sénéchal et maréchal du Bourbonnais puis de Toulouse, né vers 1400, devint grand-maître de France et mourut le 20 octobre 1453 (Cf. Du Plessis : *Les Vies de Messires Jacques et Hantoine de Chabannes tous deux grands-maîtres de France*, Paris, 1617, in-8°. Le Père Anselme : *op. cit.*, t. VIII, p. 365, 366).

(⁵) « Une ancienne chronique de Normandie conservée à la bibliothèque du roi, parmi les manuscrits de Colbert, dit que lors du siége de Caen, par Charles VII, en 1450, plusieurs princes de sa cour étoient logés dans une chapelle située entre le château et l'abbaye de Saint-Etienne; il est visible que c'étoit celle de Notre-Dame-des-Champs. Aussi, lorsqu'on la démolit il y a peu d'années, on y trouva le corps d'un guerrier tué probablement pendant le siège; il étoit couché dans un caveau de pierre, sans cercueil, et encore enveloppé dans sa cotte de maille; on trouva aussi dans les fouilles des médailles de Constantin en petit bronze. En général, cette chapelle étoit un des plus anciens monumens religieux de la ville de Caen; ses murs avoient une épaisseur qu'on ne rencontre pas ordinairement dans les édifices de cette espèce; et, comme d'ailleurs, on descendoit plusieurs degrés pour entrer dans cette église, cette forme de bâtisse au-dessous du sol, étant absolument dans le genre des constructions Saxonnes, annonçoit par là même une grande antiquité. » (L'abbé De La Rue : *op. cit.*, t. I, p. 322). Le jardinier Dufour (*op. cit.*, t. II, p. 545) rapporte que : « le jeudy 19 juillet 1810, l'on a trouvé dans la chapelle des Champs les ossemens d'un homme qui avait été enterré il y a plus de huit cents ans. Il était dans un habit de fer en façon de veston à la militaire... »
La chapelle des Champs, dont un plan dressé le 30 novembre 1784 (Arch. du Calvados, C. 1110) nous donne l'emplacement exact, à l'angle de la rue Desmoüeux et de la venelle des Champs, possédait comme revenus en 1790 : une rente de cent boisseaux de blé, un jardin et une maison attenants à la chapelle et affermés 150 livres; 6 vergées de terre sises à la Folie, affermées 75 livres; 2 vergées de terre sises à Saint-Nicolas, affermées 45 livres; une rente de 20 livres et 1 livre de cire jaune à Caen; une rente de 10 livres à Hérouville; une rente de 2 livres et 1 poule maigre, à Rocreux.
« Les réparations de la chapelle, qui est très ancienne, celles de la maison et des murs du jardin qui du côté de la campagne sont contre les serres [du Jardin des plantes] qui sont plus de 5 pieds plus hauts que le sol du jardin, coûte plus de deux cents livres par an..... » (Arch. du Calvados, Q. Chapelle de N.-D. des Champs. Pétition du chapelain, 18 octobre 1790).

Bourg-l'Abbé et le château, avec trente lances et quinze cents archers ([1]).

En résumé, le mardi 9 juin, Caen était cerné de toutes parts : à l'ouest, par les forces réunies du connétable et du comte de Clermont que l'on peut évaluer à sept mille cinq cents ou huit mille hommes; au sud, par Dunois, avec ses cinq mille combattants; à l'est, par le roi de Sicile et les troupes amenées par le roi; enfin, au nord, par les seigneurs de Beauvau et de Bourbonnais, à la tête de trente lances et de quinze cents archers ([2]).

Aux diverses troupes massées autour de la ville il convient d'ajouter les artilleurs, pionniers, sapeurs, mineurs, charpentiers, maçons et tous les autres ouvriers utilisés pour les travaux du siège. Sans l'exagérer, L. Puiseux en évalue le nombre à deux mille ([3]), et l'on peut dire qu'à ce moment, au moins vingt mille assiégeants étaient rassemblés sous les murs de Caen ([4]).

([1]) Preuves : p. IV, VIII, XII, XXIX.

([2]) Preuves : III-IV, VII-VIII, X, XI-XII, XX, XXIII-XXIV, XXVIII-XXIX, XXXII-XXXIII.
Belleforest dit en parlant des troupes qui assiégeaient Caen, qu'elles bloquaient « si bien la ville de toutes parts qu'il était impossible d'entrer ou sortir sans passer sur le ventre de cette armée » (Belleforest : *op. cit.*, t. II, livre 5, p. 1154).

([3]) L. Puiseux : *Cavalcade 1868*, p. 16.

([4]) C'est en nous appuyant sur les récits de J. Chartier, de R. Blondel, de Berry et de J. Duclercq, que nous proposons, comme se rapprochant le plus de la vérité, un chiffre de 20,000 assiégeants. Mathieu d'Escouchy (*op. cit.*, t. I, p. 311 et n. 1) dit : « Et aussi à la vérité, le roy avait à ceste heure devant ladite ville; le nombre de unze milles sept cens hommes de guerre bien paiez car toutes ses compaingnies y estoient assembléez ». Mais ce chiffre, qui reste bien inférieur à celui des autres chroniqueurs, ne représente, sans doute, que le total des compagnies d'ordonnances, abstraction faite des francs archers. Dans le texte publié par Stevenson (*op. cit.*, t. II, p. [632]), on lit : « auquel siège estoit des François plus de c. mille homme »; toutefois, l'éditeur, ajoute dans une note que ce chiffre est « *written on an erasure* ». Léon Puiseux (*op. cit.*, p. 16) prétend que « la récapitulation des chiffres nous donne un total de 35,880 combattants, dont environ 25,000 hommes de cavalerie et 10,500 d'infanterie ». Mais il nous semble qu'il fait un double emploi en comptant à part les archers, coutilliers et guisarmiers à cheval, indiqués immédiatement après les lances et qui, à notre avis, doivent être compris dans le nombre des hommes composant la lance garnie. Du reste, en admettant même sa manière de compter, nous relevons une erreur de chiffres dans l'évaluation de l'armée du connétable et du comte de Clermont qu'il estime à 18,500 combattants, dont 1,200 lances, 4,500 archers à cheval et 2,000 francs archers à pied, soit au total 13,700 hommes (et non 18,500), se décomposant ainsi : 1,200 lances à 6 hommes, soit 7,200 hommes, plus 4,500 archers à cheval, plus 2,000 francs archers à pied. Sur l'effectif total des assiégeants M. Cosneau a publié une excellente note dont nous croyons devoir reproduire le passage suivant :
« NOTE SUR L'EFFECTIF DE L'ARMÉE FRANÇAISE DU SIÈGE DE CAEN (JUIN 1450)
« En additionnant les chiffres donnés par Berry, J. Chartier et Blondel, dont les narrations présentent, sur le siège de Caen, les mêmes détails, on obtient un total d'environ 17,000 hommes.
« Mathieu d'Escouchy, moins explicite sur plusieurs points, que les trois auteurs précédents, dit que le roi avait 11,700 hommes de guerre, mais il semble bien certain qu'il n'entend par là que les hommes des compagnies d'ordonnance et qu'il ne comprend pas dans ce chiffre les francs-archers (Voyez Mathieu d'Escouchy, t. I, p. 311 et n. 1). Or, on voit dans les autres chroniqueurs, qu'il y avait au moins 6,000 francs-archers au siège de Caen. Si on ajoute 6000 francs-archers aux 11,700 hommes de guerre dont parle Mathieu d'Escouchy, on trouve le total de 17,700 combattants. On peut donc considérer comme très probable l'effectif d'environ 17,000.
« .... « Quant au Connétable, on ne peut savoir au juste combien il avait de troupes, soit des compagnies d'ordonnance du roi, soit de l'armée bretonne. Mathieu d'Escouchy dit bien (t. I., p. 189) que le duc lui laissa 300 lances entretenues à ses frais, mais Gruel dit 100 lances et les archers. Plus loin il évalue à 800 lances et les archers, les troupes qui étaient avec le connétable, devant les murs de Caen, mais on voit qu'il y comprend celles du comte de Clermont. » (Cosneau : *op. cit.*, Appendices, no XCIX, p. 635, 639).

CHAPITRE V

Premières escarmouches. — Attaque du boulevard de la porte de Bayeux. — Prise de la bastille et du boulevard de Vaucelles. — Destruction de la tour cornière du Coignet-aux-Brebis. — Inquiétudes de Somerset au sujet de sa femme et de ses enfants : il demande à entrer en composition. — Traité de reddition. — Départ des Anglais.

Avant la venue de Charles VII, Richemont, dès le vendredi 5 juin, jour de son arrivée à Caen, avait attaqué le boulevard situé vers la porte de Bayeux. Les Anglais le défendirent vaillamment ; les gens du connétable finirent par l'occuper un instant, puis, accablés sous une grêle de projectiles, ils durent l'abandonner. Le boulevard était resté ouvert du côté de la ville et les Anglais ne firent aucun effort pour le reprendre, se bornant à murer la porte (¹).

A Vaucelles, Dunois se disposait à enlever une forte bastille (²), sise dans l'île (³) que formaient alors les deux bras de l'Orne entre le pont Frileux et la porte Milet, et destinée à protéger cette porte ; pour cet effet il avait fait construire deux chats (⁴) et deux grues (⁵).

Le 7 juin, quand le roi eût diné, il donna l'ordre à Dunois et à ses gens, auxquels s'étaient joints ceux du sire d'Orval et du maréchal de Lohéac, d'attaquer la bastille. Afin de plus aisément battre la muraille en brèche, on parvint à hisser les deux chats et les deux grues sur une des quatre arches du pont Frileux, rompu

---

(¹) Preuves : p. III-IV, VIII, XII, XXIV, XXIX. XXXII.

(²) Preuves : p. XX.

(³) « Il (le pont Frileux) étoit alors muni d'une barrière : et les vieux titres marquent une chaussée entre ce pont et celui de la Porte Millet. D'où l'on peut juger que cette isle, qui sépare les deux bras de la rivière, n'étoit alors qu'un fonds de pré, et que ces boulevars et ouvrages de terre, que nous avons vûs entre le pont Frilleux et l'abbreuvoir de Vaucelle, et qui se sont aplanis présentement, furent faits depuis pour la défense de la ville. » (Huet : *op. cit.*, p. 77).

(⁴) « Sorte de toiture mobile que les Romains nommaient *testudo* et qu'on nommait au moyen âge de divers noms : *sus, truie, vigne, chat* ou *chatte*. Cette toiture, très résistante et très inclinée pour résister aux projectiles de l'assaillant et les faire glisser, était portée sur un affût roulant ; elle protégeait les assaillants qui s'attaquaient à la base des murs, soit par la sape, en les excavant à coups de pic, soit par le bélier. » (C. Enlart : *Manuel d'Archéologie Française*, Paris, 1902-1904, 2 vol. in-8º, t. II, p. 434, 435).

⁵) Espèce de bélier.

par les Anglais; puis le combat s'engagea vigoureusement entre les deux partis. Pendant deux heures on lutta corps à corps, sur terre et dans la rivière, avec un égal acharnement. Le flot qui remontait mit fin à la bataille et força les Français à se replier en emmenant plusieurs morts et de nombreux blessés. Les Anglais, au dire de l'un d'eux fait prisonnier dans cette affaire, y perdirent vingt-cinq des leurs. Malgré les efforts des assiégés, les machines de guerre restèrent toute la nuit sur l'arche du pont après que les Français eurent pourvu à leur garde. Le lendemain, il fut possible de rapprocher les engins de la muraille et l'attaque recommença. Les Français la menèrent si rudement qu'ils finirent par s'emparer de la bastille, après avoir tué cinquante Anglais, et qu'ils obligèrent le reste à se retirer dans la ville (¹).

La résistance avait été très forte : tandis que les assaillants s'avançaient, les Anglais observaient le plus grand silence, comme s'ils avaient ignoré leur attaque; mais chaque archer gardait sa meurtrière, chaque capitaine surveillait ses retranchements. Les Français armés, notamment, de carreaux *(querels)* (²), de courtes piques *(morispikes)* (³), de frondes *(slynges)* (⁴), s'approchèrent des remparts, à l'abri de la muraille; les archers anglais leur décochèrent les flèches de leurs grands arcs, pendant que d'autres soldats lançaient sur les assaillants des traits, des grosses pierres, des barres de fer, des boutefeux, du plomb fondu et des bûches enflammées enduites de résine et de poix. Les assiégés avaient habilement disposé sur les créneaux de gros rouleaux de bois, si mobiles et si chancelants qu'on ne pouvait appuyer fermement aux murailles les échelles d'assaut (⁵).

Tandis que Dunois bataillait à la porte Milet, le connétable occupait les pionniers et les mineurs qu'il avait tirés du Cotentin

---

(¹) Preuves : p. IV, VIII, XII-XIII, XX-XXI, XXIV-XXV, XXIX, XXXIII.

(²) « Quarrel : an arrow, but more especially a square dart, thown from a cross-bow, or, on a larger scale, from an engine » (Thomas Wright : *Dictionary of obsolete and provincial English*, Londres, 1857, 2 vol. in-8°, *verbo*).

(³) « Morris-pike : A weapon used by mariners, and sometimes by soldiers » (Th. Wright : *op. cit.*, *verbo*).

(⁴) Sling : « We have sufficient testimony to prove that men armed with slings formed a part of the Anglo-Norman soldiery, and the word balistarii, used by our early historians, may, I doubt not, be more properly rendered slingers than cross-bowmen; though indeed upon the introduction of the cross-bow, these men might take the place of slingers. In fact the cross-bow itself was modified to the purpose of discharging of stones, and for that reason was alse called a stone-bow, so that the appellation Balistarius and Arcubalistarius were both of them latterly applied to the same person. The sling, however, was not entirely superseded by the bow at the commencement of the fifteenth century..... » (Joseph Strutt : *The sports and pastimes of the people of England*, Londres, 1834, in-8°, p. 73).

(⁵) Preuves : p. XXXVII-XXXVIII.

et des vicomtés voisines de Caen, à faire des approches couvertes et découvertes, depuis l'abbaye de Saint-Etienne jusqu'à la muraille. Ces travaux furent si bien menés, d'un côté par messire Jacques de Chabannes et de l'autre par Tugdual de Kermoysan dit Le Bourgeois (¹), qu'ils ne tardèrent pas à atteindre le rempart; mais ce fut la tranchée dirigée par Le Bourgeois qui, la première, rencontra le mur d'enceinte. A ce moment, on pouvait franchement pénétrer dans la ville sur une longueur de trois lances environ et, pendant une trève, les mineurs, parvenus dans l'épaisseur du mur, lièrent conversation avec les gens de l'intérieur de la ville : ceux-ci n'eurent même qu'à déplacer une pierre pour leur passer à boire (²).

Au cours de ces travaux d'approche, les pièces d'artillerie tiraient sur la muraille, depuis la porte de Bayeux jusqu'à l'abbaye (³); mais, sur l'ordre du roi, on ne fit point usage des bombardes contre le rempart déjà miné très fortement, dans la crainte d'ouvrir une trop grande brèche que les Bretons n'eussent pas manqué d'utiliser pour entrer les premiers dans la ville, honneur que Charles VII voulait réserver à ceux de son armée (⁴).

L'objectif principal du connétable était alors d'abattre une grosse tour cornière faisant face à l'abbaye de Saint-Etienne et assise en un endroit appelé le Coignet-aux-Brebis (⁵), à peu près sur l'emplacement de l'actuel Palais de Justice. Les mineurs cheminèrent

---

(¹) Tugdual de Kermoysan, dit *le Bourgeois*, écuyer, seigneur de Massy et de Croissy, bailli de Troyes, le 31 janvier 1450 (Du Fresne de Beaucourt : *op. cit.*, t. V, p. 38, n. 1), se trouva, en 1442, à la défense de Dieppe, comme lieutenant-général du roi « sur tous les gens de guerre estans en icelle ville » et concourut avec le dauphin Louis, à la prise de la bastille de bois que Talbot avait établie sur la falaise du Pollet et qu'il avait garnie de « grosses bombardes, canons, vuglaires, coulevrines, arbalestes, et grant foison d'autre artillerie, jusques au nombre de deux cent canons, que petits que grands » (J. Chartier : *op. cit.*, t. II, p. 36-42). Il fut capitaine de Saint-Germain-en-Laye et de Monteclère. Sa femme était Marie de Garancières (Mathieu d'Escouchy, t. II, p. 522 ; — cf. Cosneau : *op. cit.*, p. 167, 235, 243, 244, 268, 274, 292, 294, 321, 342, 406, 419). Parlant de ce capitaine, Blondel (*op. cit.*, t. II, p. 258) s'exprime ainsi : « qui magne probitatis animi et corporis, tam equestri quam pedestri bello astuciarum guerre non ignarus, ductor armatorum et custos in hostes villarum sollertissimus erat. » Il fut tué au siège de Cherbourg, au mois d'août 1450 (Blondel : *loc. cit.*; Berry : *op. cit.*, p. 163).

(²) Preuves : p. X, XVIII, XXI.

(³) Preuves : p. XXI. — On lit dans un vidimus, par Jacques de Clermont, bailli de Caen, en date du 26 avril 1454, des lettres royaux de Charles VII, données aux Montils-les-Tours, le 14 mars 1454 (N.S.) et adressées aux élus de Caen sur le fait des aides ordonnées pour la guerre : « pour ce que nous a esté remoustré que nostre ville de Caen a besoing de plusieurs grans repparacions en divers lieux et que noz bien amez les bourgeois, manans et habitans d'icelle ont intencion de faire ung pan de muraille de ladite ville qui, ou temps du siège, fut fort estonnée de bombardes et canons que avions faiz assoir du costé de l'abbaye Saint-Estienne... » (Arch. du Calvados, F. Fonds Danquin). Pour les raisons mentionnées par Gruel (Preuves : p. X) dans son récit du siège, on ne fit point de ce côté usage de bombardes et l'on ne se servit que des canons.

(⁴) Preuves : p. X.

(⁵) Sur le Coignet-aux-Brebis, cf. L. Puiseux : *Caen en 1421*, p. 8 et n. 5.

souterrainement jusque sous cette partie du rempart, et, après avoir remplacé les fondations par des étais de bois, ils y mirent le feu : la tour s'écroula dans le fossé laissant une large brèche par où se précipitèrent les assaillants. Mais les Anglais leur opposèrent une telle résistance qu'ils ne purent pénétrer dans la place (¹).

Aucun assaut, croyons-nous, ne fut tenté vers la Trinité et le Bourg-l'Abbesse; les chroniques n'en font pas mention. De ce côté, on s'était contenté de tirailler sur les murs avec de l'artillerie de petit calibre, pour arrêter toute tentative de sortie des assiégés, du reste peu probable, vu la nature du terrain coupé de fossés et de prairies marécageuses.

Suivant l'ordre du roi, les grosses pièces, chargées et prêtes à faire feu, restèrent muettes.

Cependant, une des bombardes placées dans le bas du faubourg, sous l'abbaye, était braquée vers l'une des tours de la ville (²) que gardaient quatre ou cinq Anglais et quelques jeunes Caennais qui ne cessaient d'insulter le maître de la bombarde et les bourgeois de Rouen (³) occupés à surveiller cette partie des remparts. Ces jeunes gens en vinrent à tirer quelques coups de couleuvrine qui blessèrent ou tuèrent plusieurs Français.

Excité par les gens de Rouen, le maître de la bombarde y mit le feu : le coup causa de grands dégâts à la tour et envoya, dit Thomas

---

(¹) Preuves : p. IV, VIII, XIII, XXV, XXIX, XXXIII. — D'après Mathieu d'Escouchy, l'évènement aurait eu lieu pendant la nuit de la Saint-Pierre (c'est-à-dire le 29 juin). Le chroniqueur, une fois de plus, s'est évidemment trompé, puisque l'appointement pour la reddition de la ville, fait avec Somerset, fut signé le 24 juin, jour de la Saint-Jean, et après la destruction de la tour cornière du Coignet-aux-Brebis. Ce fut sur l'emplacement de cette tour renversée par les pionniers de son connétable que, cinq ans plus tard, en 1455, Charles VII fit élever une nouvelle tour qui prit d'abord le nom de tour de Honcourt, puis, plus tard, celui de tour Chatimoine (cf. V. Hunger : *Note sur la construction de la tour Chatimoine à Caen*, Paris, 1911, broch. in-8°; — cf. aussi le mandement de Charles VII, daté du Montils-les-Tours, le 14 mars 1454 (N. s.), aux élus sur le fait des aides en l'élection de Caen, dont nous avons cité un passage précédemment (p. 58, n. 3).

(²) Nous pensons qu'il s'agit d'une tour existant alors au bout de la Neuve Rue, située exactement sur l'emplacement de celle qui figure au plan de Belleforest et qui s'appela, d'après Huet (*op. cit.*, p. 44), *Tour du bout de la Neuve Rue, Tour Neuve*, ou *Tour de dessus la rive*.

« Le débouché de la Neuve Rue sur le quai était couvert par une grosse tour carrée qui défendait l'accès de la ville du côté du port. C'est contre ce point que le duc de Clarence [*pendant le siège de 1417*] posté à l'Abbaye-aux-Dames, avait dirigé l'effort de son artillerie. » (L. Puiseux : *Caen en 1421*, p. 8). Les Anglais maîtres de Caen, avaient, comme nous l'avons dit (p. 7, 8, 17), réparé la muraille de ce côté en 1421.

(³) Sur la demande de Charles VII, la ville de Rouen avait décidé, le 28 mai 1450, d'envoyer aux sièges de Caen et de Falaise « jusques un nombre de deux cens personnes, tant arbalestriers, archers que guisarmiers, se tant on en peult finer, habillez comme dit est, qui tous auront huque ou hoqueton d'une livrée de la ville. » (Richard : *Note à propos de quelques documents sur l'histoire de Caen et de Rouen, extraits des archives municipales de cette dernière ville*, dans les *Mém. de la Soc. des Ant. de Norm.*, t. XIV, p. 347). — « Ung aultre host tenoit le duc Dallenson et le chancellier de France à l'abaye des Dames, près de Caen, auquel host estoit la cinquantayne et bourgeois de Rouen. » (Stevenson : *op. cit.*, t. II, p. [632]).

Basin, les insulteurs aux Enfers ! Puis, sans s'arrêter, le boulet de pierre, troua les murailles et effondra les toits de plusieurs maisons ([1]).

Il y avait à peine quinze jours que les Français étaient arrivés devant Caen et déjà Somerset voyait, à n'en pas douter, qu'il ne saurait empêcher la place de tomber en leur pouvoir. A vrai dire, il pouvait tenir encore longtemps dans le château; mais, craignant pour la vie de sa femme et de ses enfants, au cas où le roi de France aurait ordonné l'assaut, il résolut, malgré l'opposition de ses capitaines, de se rendre à Charles VII. Richard Grafton rapporte dans sa chronique, dont on connaît, d'ailleurs, les allures romanesques, qu'un événement imprévu hâta cette reddition. Chaque jour, raconte cet historien, la canonnade était vive mais plus effrayante que dangereuse. Un jour pourtant, un boulet de pierre, lancé dans la ville, tomba juste entre la duchesse de Somerset et ses enfants; effrayée de cette aventure, elle supplia son mari, à genoux, de prendre pitié et compassion de ses petits enfants et de leur fournir le moyen de se retirer en sûreté hors de la place. Le duc, plus sensible que courageux, ému de la douleur de sa femme et poussé par l'amour paternel, assembla les capitaines et les jurés ([2]) de la ville, leur exposa la grandeur et la force du roi de France, comparée à leur propre faiblesse et leur persuada qu'il valait mieux céder et se rendre à des conditions honorables, que de s'exposer à périr après une résistance aussi inutilement obstinée. David Halle, capitaine de la ville, lui aurait répondu en ces termes : « Monseigneur, bien que vous soyez le lieutenant général du roi en ce pays et dans ce domaine, bien que vous puissiez, en vertu de votre autorité, remettre, vendre ou donner, à telles personnes amies ou ennemies qu'il vous plaira, une cité appartenant au roi, je prétends cependant que vous coupez votre cuir trop large *(I am sure that you cut your leather to large)* en demandant de rendre cette ville qui appartient à mon seigneur et maître, Richard duc d'York; il m'en a confié à la fois le soin et la garde ainsi qu'à d'autres fidèles amis et compagnons et, avec l'aide de Dieu tout-puissant, je compte bien la défendre tant contre le roi de France que contre ses soldats, jusqu'à ce que le duc mon maître vienne à mon secours, car, en fait d'hommes, d'argent et de munitions, j'estime avoir tout ce qui m'est nécessaire. » — « Eh ! quoi, reprit Somerset, ne suis-je pas ici le mandataire du roi, son représentant, et ne puis-je ordonner toutes choses à ma volonté ? » — « J'en demeure d'accord, répondit le

---

([1]) Preuves : p. XVIII.

([2]) Cf. L'abbé De La Rue : *Nouveaux Essais historiques sur la ville de Caen et son arrondissement*, Caen, 1842, 2 vol. in-8o, t. I, p. 83-111 ; — Pierre Carel : *Etude sur la Commune de Caen*, Caen, 1888, in-8o.

capitaine, mais vous ne pouvez céder les droits de personne, sauf ceux du roi qui vous en a donné le pouvoir. Pour ce qui est de Caen, sans la volonté de mon seigneur, vous ne le céderez ni ne le rendrez avec mon agrément. » Le duc fut fort marri de ces paroles et, quittant le Conseil, envoya chercher les jurés de la ville et fit rassembler les plus pauvres habitants. Il leur déclara que leurs existences et leurs biens étaient entre les mains du roi de France et que, s'ils ne prenaient pas, à bref délai, le soin de les sauvegarder, il leur en coûterait la vie, toute grâce étant fort incertaine; il les engagea à suivre ses conseils amicaux et à se défier de l'entêtement de leur audacieux capitaine.

Suivant son avis, les Caennais (dont le cœur était plutôt Français qu'Anglais), commencèrent à se soulever contre David Halle, déclarant hardiment que, s'il ne cédait pas dans les trois jours, ils ouvriraient les portes et laisseraient entrer le roi de France; les simples soldats étaient aussi du même avis. Que peut faire le pauvre lièvre quand il est entouré de cent lévriers, ou la sotte alouette quand elle est assaillie par cent autours, sinon de prendre son mal en patience et de chercher un moyen de salut? Voyant que ses remontrances n'avaient aucun effet et constatant que sa fidélité envers son maître était inutile, Halle pria le duc d'agir à sa guise, lui déclarant toutefois qu'il ne voulait pas être nommé dans le traité de reddition. Alors Somerset, pour être agréable aussi bien à la duchesse sa femme qu'aux gens de la ville, se décida à entamer des négociations avec le roi de France (¹).

Ce récit de la chronique de Grafton est, évidemment, tout littéraire. Peut-être, cependant, y peut-on retrouver comme un souvenir lointain des sentiments qui animèrent, en 1450, les assiégés de Caen.

Le 20 juin 1450, les murailles étaient en si piteux état que Caen serait tombé au pouvoir de Charles VII, s'il avait voulu donner le signal de l'assaut.

Mais il redoutait d'abandonner au pillage une place destinée à rentrer dans peu de jours sous son autorité royale et dont les habitants lui étaient tout acquis. Il temporisait, n'ignorant pas que, si les Anglais pouvaient lui opposer encore une sérieuse et longue résistance dans le château, ils n'avaient à compter sur aucun secours d'Angleterre; il escomptait enfin les dispositions hostiles des bourgeois de Caen

---

(¹) Preuves : p. xxxviii, xxxix.

à leur égard et surtout la présence de la duchesse de Somerset et de ses enfants dans la ville, une des causes qui lui avaient livré Rouen, au mois d'octobre précédent. Ses prévisions étaient justes; les Anglais demandèrent à entrer en composition ([1]).

Charles VII accorda une trêve, mais il exigea que le feu, qui consumait toujours le boulevard du côté de Saint-Etienne, ne serait point éteint, sinon les hostilités reprendraient aussitôt. Cependant, les pièces de bois à demi brûlées s'écroulaient des remparts sur les Anglais, et Mathieu d'Escouchy raconte qu'une bûche enflammée étant tombée sur le manteau d'un des habitants, il n'osa le retirer, ce « dont il cuida morir de dœuil » ([2]).

Les pourparlers commencèrent aussitôt et les conditions de la reddition de la ville et du château furent débattues entre Dunois, Pierre de Brézé et Jean Bureau ([3]), représentant le roi de France; Richard Harrington, Fouques Eyton et Robert Gages ([4]), pour le compte des Anglais; Eustache Quenivet, ([5]) lieutenant-général du bailli de Caen, et Hugue de Juvigny ([6]), abbé de Saint-Etienne, au nom de la ville ([7]).

Par le traité de reddition, qui fut signé le mercredi 24 juin, fête de la Saint-Jean ([8]), Somerset s'engageait à livrer au roi de France, la place et le château, le mercredi 1er juillet, à midi, s'il ne recevait d'ici là aucun secours. En garantie de sa promesse, il dut fournir dix-huit otages : douze gens de guerre anglais et six du château et de

---

([1]) Preuves : p. v, viii, xiv, xxi, xxv, xxix.

([2]) Preuves : p. xxi-xxii.

([3]) Jean Bureau, seigneur de Montglat, fut fait chevalier à Reims, en 1461, conseiller du roi, trésorier des comptes, capitaine de Meaux, maire de Bordeaux et gouverneur de la ville, terre et seigneurie de Pons (Mathieu d'Escouchy : *op. cit.*, t. II, p. 70, n. 1 ; — cf. Huet : *op. cit.*, p. 144).

([4]) Nous n'avons trouvé aucun renseignement sur ce personnage.

([5]) Eustache Quenivet fut lieutenant général du bailli de Caen une première fois en 1424 et une seconde fois de 1438 à 1450. (P. Carel : *Histoire de la ville de Caen*, p. 264). Il est mentionné en cette qualité aux années suivantes : 1442 (N. S.) (Arch. de la Manche, H. Abbaye de la Trinité, Quettehou); 1445 (Arch. de la Manche, H. 1937); 1446 (*ibid.*, H. 1617); 1447 et 1448 (*ibid.*, H. Abbaye de Torigny, Lingèvre). On trouve le sceau d'Eustache Quenivet, lieutenant général du bailli, sur un acte, aujourd'hui conservé aux Archives du Calvados, dans le fonds d'Ardenne (H. 281), passé au nom de Guillaume Breton, bailli de Caen, en date du 26 août 1438.

([6]) Hugue de Juvigny, abbé de Saint-Etienne de Caen, était, selon Jean de Baillehache, fils de Guillaume, seigneur de Juvigny et de Neubourg, dans le comté de Mortain (Hippeau : *Monographie de l'Abbaye de Saint-Etienne de Caen* dans les *Mém. de la Soc. des Ant. de Norm.*, t. XXI, Caen, 1855, in-4°, p. 134; — cf. *Gallia Christiana*, t, XI, col. 427.)

([7]) Preuves : p. ix, xxvi, xxx, xxxiii, xxxiv.

([8]) J. Chartier et Berry disent que le traité fut signé le lendemain de la Saint-Jean, c'est-à-dire le jeudi 25 juin, mais le texte de cet acte, que nous publions aux Preuves (p. lxxx-lxxxii), est daté du 24 juin.

la ville ([1]). Nos chroniqueurs n'indiquent pas les noms des otages; seul, Gruel, qui fut chargé de leur garde ([2]), avec Gilles de Saint-Symon ([3]) et Jean de Benays ([4]), mentionne parmi eux Robert de Vère, Hue Spencer et Charles de Hermanville ([5]).

Les autres clauses du traité permettaient au duc, à sa femme, à ses enfants, ainsi qu'à tous les Anglais habitant la ville, d'en sortir en emmenant leurs femmes et leurs enfants, leurs meubles, leurs papiers, leurs chevaux, leurs harnais, leurs armes et l'artillerie légère et les autorisaient à se retirer où bon leur semblerait, soit en Angleterre, soit dans les places qu'ils occupaient encore en France, sauf à Falaise et à Domfront. Pour faciliter cet exode, on devait leur fournir de bons sauf-conduits valables pendant trois mois et mettre à leur disposition les navires et les autres moyens de transport nécessaires. Les sauf-conduits étaient prolongés d'un mois après leur convalescence, pour les malades et les femmes enceintes.

Les Anglais pouvaient aussi vendre leurs biens, chevaux, harnais, etc., librement, et en emporter le prix.

Ils devaient rendre les Français prisonniers sans aucune rançon.

Jusqu'au 1er juillet, les gens du roi de France n'entreraient pas dans la place ou le château, sans l'autorisation de Somerset, qui se réservait également le droit d'envoyer des hérauts en Angleterre pour demander des navires et tout ce qui lui était indispensable.

Enfin, le roi consentait à accorder des lettres d'abolition aux habitants de Caen, gens d'église, nobles ou bourgeois, résidant dans la ville et à leur rendre leurs biens et les anciens privilèges dont ils jouissaient quand Henry V avait pris la place. Les ecclésiastiques et les bourgeois étaient dégagés des dettes qu'ils pouvaient avoir contractées à l'égard des Anglais ([6])

([1]) Preuves : p. LXXX.

Jean Chartier (Preuves : p. v) porte le nombre des otages à vingt-deux : douze anglais d'Angleterre, six chevaliers de Normandie et quatre bourgeois de Caen; Berry (Preuves : p. IX), Jacques Duclercq (Preuves : p. XXXI) et le continuateur de Monstrelet (Preuves : p. XXXIV) n'en indiquent que dix-huit : 12 anglais d'Angleterre et 4 bourgeois de Caen; Blondel (Preuves : p. XV) n'en mentionne que seize : dix anglais, deux chevaliers normands et 4 bourgeois de Caen.

([2]) Preuves : p. XI.

([3]) Gilles de Saint-Symon était l'un des capitaines au service du connétable (Gruel : *op. cit.*, p. 75, 85, 88, 95, 97, 107, 110, 160, 178, 206, 213, 214, 256).

([4]) Cité par Gruel : *op. cit.*, p. 213-214.

([5]) Preuves : p. XI.

Le 24 novembre 1444, Charles de Hermanville, chevalier, fut au nombre des personnages, de la vicomté de Caen appelés à faire partie du cortège de Richard, duc d'York, et à aller en sa compagnie au-devant de Marguerite d'Anjou, fiancée du roi Henry VI (S. Luce : *loc. cit.*, t. II, p. 176). Il avait épousé Jeanne Carbonnel, de la famille des seigneurs de Cérences (De La Roque : *op. cit.*, t. I, p. 113).

([6]) Preuves : p. LXXX, LXXXI, LXXXII.

Mathieu d'Escouchy dit que Somerset devait, en outre, payer à Charles VII trois cent mille écus d'or pour les frais du siège ; mais aucune stipulation de ce genre ne se lit dans l'appointement ([1]).

Le mercredi 1ᵉʳ juillet 1450, Somerset, n'ayant reçu aucun secours, rendit au roi de France la place et le château. A cet effet, Richard Harrington sortit par la porte des Champs ([2]) et vint apporter au connétable de Richemont les clefs de la ville, du château et du donjon, en présence de Dunois, auquel le connétable s'empressa de les remettre ([3]) en lui confiant la charge de capitaine et de gouverneur de Caen avec la garde des otages.

Pendant ce temps, les Anglais quittaient la ville, et avec eux sortirent les quelques rares Français qui avaient embrassé leur parti. Parmi les Anglais qui avaient pris femmes en France, les uns les emmenèrent avec eux, d'autres, déjà mariés en Angleterre, les abandonnèrent sans pitié ([4]).

Dunois, resté hors de la ville du côté de Saint-Gilles, obligeait les Anglais qui s'éloignaient de Caen à se diriger vers la mer, au lieu de leur embarquement. Pour éviter le pillage du pays qu'ils avaient à traverser sur leur route, on les fit escorter par les gens du connétable ; lui-même conduisit le duc et la duchesse jusqu'au port de Ouistreham ([5]), où ils devaient passer la nuit avant leur départ. Les habitants de ce village qui reprochaient à Somerset d'avoir fait incendier plus de soixante de leurs maisons, lui refusèrent des vivres et l'invitèrent à se loger au milieu des ruines. Le duc et ses gens n'osèrent employer la violence pour se procurer des

---

([1]) Preuves : p. xxii.

([2]) La porte des Champs ou de Secours est située à l'est du château : elle existe toujours, précédée d'une barbacane constituée par un terre-plein rectangulaire avec quatre tours aux angles. Deux tours en forme de trapèze terminé en demi cercle, sont réunies par une partie centrale où est percée la porte. (Cf. L. Serbat : *op. cit.*, p. 109 ; — T. de Jolimont : *op. cit.*, planche iii). On aperçoit cette porte sur la vue du château et sur le plan (lettre O) que nous publions.

([3]) Les clefs de toute ville assiégée en présence du connétable devaient lui être remises lors de la capitulation, alors même que le roi y assistait de sa personne. Cosneau (*op. cit.*, p. 96) assure, en effet, que le connétable « à l'armée, avait le commandement général, même quand le roi était présent ».

([4]) Preuves : p. xviii.
Dans sa brochure (*Cavalcade. 1868*, p. 21), Léon Puiseux a fait une description des scènes pénibles qui se passèrent en cette circonstance, et il cite le texte de Jean Chartier comme étant la source où il a puisé. Mais le passage de Chartier (*op. cit.*, t. II, p. 206, 207) se rapporte au départ des Anglais de Bayeux, après la prise de cette ville.

([5]) Calvados, arrondissement de Caen, canton de Douvre. — Cf. Preuves : p. vi, ix, xi, xv, xxxiv.
C'est à tort, selon nous, que Mathieu d'Escouchy (Preuves : p. xxii) prétend que Somerset se rendit à Calais pour repasser en Angleterre. Le récit détaillé de Blondel, ceux de J. Chartier, de Berry, du continuateur de Monstrelet sont en contradiction avec le sien. Gruel ne dit pas expressément que Richemont conduisit à Ouistreham le duc et la duchesse, mais il ne parle pas davantage de Calais. La présence de Richemont au siège de Cherbourg est du reste une objection suffisante à l'affirmation de Mathieu d'Escouchy.

logements et des vivres, dans la crainte qu'on se saisit de leurs personnes et de leurs biens et qu'ils perdissent ainsi le bénéfice de leurs sauf-conduits. Pourtant, sur l'ordre du roi on finit par leur donner ce qui leur était nécessaire (').

Parmi les Anglais qui n'avaient pas pris la direction de Ouistreham, certains gagnèrent Calais ('). D'autres, comme David Halle et quelques-uns de ses fidèles, se dirigèrent vers Cherbourg, d'où ils s'embarquèrent pour l'Irlande où se trouvait le duc d'York. Halle fit à son maître un tel récit de la capitulation de Caen que, par la suite, le duc d'York ne cessa jamais de poursuivre Somerset de son ressentiment (').

(¹) Preuves : p. XV.

(²) Preuves : p. XVIII.

(³) Preuves : p. XXXIX ; — cf. aussi : *Proceedings and ordinances of the Privy Council of England*, t. VI, Preface.

CHAPITRE VI

Dunois prend possession de la ville au nom du roi. — Charles VII expédie de l'abbaye d'Ardenne des lettres d'abolition aux bourgeois de Caen. — Il fait son entrée solennelle dans la ville. — Son court séjour à Caen où il reçoit les ambassadeurs du duc de Bourgogne. — Son départ pour Falaise.

Aussitôt après le départ des Anglais, Dunois, accompagné du maréchal de Jaloignes, vint, au nom du roi de France, prendre possession de la ville. Précédé de deux cents archers à pied et de trompettes et suivi de cent autres archers, il entra dans Caen. Trois écuyers marchaient devant lui, portant les bannières du roi : il les fit placer sur le donjon et sur les portes de la ville (¹) où elles n'avaient pas flotté depuis le 20 septembre 1417.

Pendant que les Anglais s'éloignaient de Caen, Charles VII se trouvait encore à l'abbaye d'Ardenne. C'est de là que, dans les derniers jours du mois de juin, tenant à rassurer les bourgeois de Caen sur ses bonnes intentions à leur égard, il leur fit expédier des lettres d'abolition.

Par ces lettres, il octroyait absolution générale aux gens d'église, nobles, bourgeois, manants et habitants de la ville, des faubourgs et de la vicomté de Caen, pour tous cas, fautes et délits par eux commis. Il leur restituait la pleine et entière possession et jouissance de leurs biens, meubles et immeubles, et, outre la coutume du pays et la Charte aux Normands, il confirmait leurs franchises, libertés et privilèges. Il se réservait seulement le droit de disposer selon son bon plaisir de quatre bénéfices des églises de Caen, comme celles du Sépulchre et de la Trinité. Pour unique condition de son pardon, il exigeait des gens de Caen serment de fidélité, accordant même pour le prêter un délai de deux mois aux absents ; il les obligeait, de plus, à faire réparer à leurs frais les murailles et les fortifications endommagées par l'artillerie durant le siège (²).

(¹) Preuves : p. VI, IX, XVI, XXVI-XXVII, XXXI, XXXIV.

(²) Preuves : p. LXXXII-LXXXV.
A Ardenne, le roi s'occupa naturellement aussi des autres affaires du royaume. C'est ains que ce même mois de juin, il donna des lettres de légitimation pour Jean de Miremont, fils naturel de feu Pierre de Miremont, chevalier, et de Jeanne Bienaprise, « ... actentes... laudabilibus et gratuitis serviciis per ipsum nominis in guerris ab evo suo juvenili impensis et que adhuc cothidie in presenti armata pro

Léon Puiseux ([1]) ajoute que « ce fut également à l'abbaye d'Ardenne que Charles VII, reçut l'hommage d'un grand nombre de seigneurs du pays, qui venaient saluer en lui le souverain national et légitime ».

Le lundi 6 juillet 1450, Charles VII quitta l'abbaye d'Ardenne pour faire son entrée solennelle dans la ville de Caen. Il était accompagné du roi de Sicile, du duc de Calabre, du duc d'Alençon, des comtes du Maine, de Nevers, d'Eu, de Saint-Paul et de Tancarville, du maréchal de Lohéac et de la plupart des seigneurs qui s'étaient trouvés au siège, tous superbement habillés, montés et équipés ([2]).

Le connétable de Richemont et Poton de Xaintrailles manquaient à cette cérémonie; le connétable était à Ouistreham occupé à surveiller le départ des Anglais et l'embarquement du duc et de la duchesse de Somerset ([3]), et Xaintrailles mettait à ce moment même le siège devant Falaise ([4]).

---

recuperatione ducatus nostri Normanie adversus Anglicos inimicos nostros antiquos impendit, in qua armata et ab inicio ejusdem ipse fuit et strenue se habuit et exposuit in armis.........................
..... Datum in abbatia d'Ardenne, prope villam nostram Cadomi, mense junio, anno Domini millesimo quadringentesimo quinquagesimo. » (Arch. nat. JJ 186, no 96, fo 54, vo).

([1]) L. Puiseux : *Cavalcade*. *1868*, p. 22. Le fait est vraisemblable, mais, dans l'ignorance où nous sommes des sources qu'à utilisées ici Puiseux, nous nous abstiendrons de reproduire les noms cités par lui. — L'abbé De La Rue (*Nouveaux essais historiques sur la ville de Caen*, etc., t. II, p. 320) cite Jean d'Auray, baron de Saint-Poix et de Courseulles, les sires de Colombières et de Tillières parmi les seigneurs qui vinrent à Ardenne rendre hommage au roi.

([2]) Preuves : p. VI, IX, XVI, XXVII, XXXI, XXXIV, XXXV.
Dans sa brochure (*Cavalcade*. *1868*, p. 22-26), L. Puiseux indique l'ordre dans lequel s'avançait le cortège royal; il décrit les vêtements, les armes des seigneurs et des gens d'armes; il précise même la couleur des costumes et du harnachement des chevaux. Nous n'avons pas cru devoir reproduire cette description dont les détails, ainsi que le dit lui-même L. Puiseux, ont été empruntés aux récits combinés de l'entrée de Charles VII à Rouen, racontée par J. Chartier, Berry, Mathieu d'Escouchy et Jacques Duclercq. Le silence de ces mêmes chroniqueurs en ce qui concerne les détails de l'entrée du roi à Caen, a obligé Puiseux à se servir des détails de l'entrée de Charles VII à Rouen. Très précis et très complets, ces détails répondaient au but tout spécial que s'était proposé cet historien. Il n'avait pas, en écrivant sa brochure, voulu lui donner le caractère d'une œuvre d'érudition; il la destinait simplement à renseigner les organisateurs de la cavalcade du 19 mars 1868, sur l'ordre du cortège, les costumes, les armes, les harnachements des chevaux, qui devaient figurer dans cette fête.

([3]) Berry, Martial d'Auvergne et J. Duclercq, qui ont indiqué les noms des seigneurs accompagnant le roi lors de son entrée dans Caen, ne mentionnent ni le connétable ni Poton de Xaintrailles (Preuves : p. IX, XXVIII, XXXI). Gruel (*loc. cit.*, p. 213) est également muet sur ce point, et après avoir parlé de la reddition de la ville, il ajoute : « et apportèrent les clefz à monseigneur le connestable, puis alla conduire le duc et la duchesse de Sombresset. Bientost après, fut conclu que monseigneur le connestable yroit mettre le siège devant Chierbourc ». C'est l'opinion qu'a suivie M. Cosneau (*op. cit.*, p. 420), qui s'exprime ainsi : « Le 6 juillet Charles VII fit son entrée solennelle à Caen. Le connétable ne figurait pas dans son cortège. Chargé de conduire jusqu'au port de Ouistreham, le duc et la duchesse de Somerset, de pourvoir à la subsistance et à l'embarquement des Anglais, il avait hâte aussi de repartir, pour faire le siège de Cherbourg. »

([4]) « Le susdit sixiesme jour de juillet, fut mit le siège devant la ville de Fallaize où se trouva tout le premier, Poton de Xaintrailles, bailly de Berry » (J. Chartier : *op. cit.*, t. II, p. 223).
« Ce jour (6 juillet) fut mis le siège de tous costez devant Faloise ; et y fut premier le bailly de Berry, nommé Poton de Saincte-Traille » (Berry : *op. cit.*, p. 159).
« Illa luce (6 julii) Ponthus de Saintrailles, armis et fide prestantissimus scutifer, Bituris ballivus, primus ante Falesiam suam cohortem appulit. » (Blondel : *op. cit.*, t. II, p. 248).
« Le propre jour (6 juillet) que le roy entra dans la ville de Caen, feut mis le siège devant Fallaise, de touts costés et s'y trouva premier, Poton de Saincte-Traille, bailly de Berry » (J. Duclercq : *op. cit.*, p. 23).

Le cortège s'avança vers la ville : le roi, à cheval, était sous un dais porté par quatre gentilshommes ou chevaliers de Caen, précédé de deux cents archers, des hérauts et des trompettes et suivi de cent lances. Hors les murs, en face la porte de Bayeux, par laquelle allait pénétrer le cortège royal, Charles VII trouva Dunois et le maréchal de Jaloignes, demeurés à Caen, et qui s'étaient portés à sa rencontre, amenant avec eux un grand nombre de notables et de bourgeois. Ceux-ci, après avoir salué très humblement le roi, lui présentèrent les clefs de la ville. Il leur fit le plus gracieux accueil, ainsi qu'aux gens d'église qui les accompagnaient en procession solennelle [1].

Le roi pénétra alors dans Caen dont les rues étaient « tendues et couvertes à ciel grandement », parmi les vivats et les *Noël !* du peuple. Il chevaucha jusque devant Saint-Pierre, mit pied à terre, et entra dans l'église pour remercier le Dieu des armées de lui avoir donné la victoire [2]. Puis il remonta à cheval et se rendit en l'hôtel de Richard Le Cloutier, écuyer, situé près de l'église Saint-Jean [3], où il ne demeura que deux jours. C'est là que, aidé de son lieutenant et de son conseil, il fit les nominations d'officiers nécessaires à la police et au bon gouvernement de la ville [4]. Alors aussi, selon Jean Chartier et le continuateur de Monstrelet, il donna audience à

---

[1] Preuves : p. VI, IX, XVI, XXVII, XXXI, XXXIV, XXXV. — C'est cette scène que représente le miniature (Bibl. Nat., ms. franç. 2679, *le continuateur de Monstrelet*, fol. 334 v°) dont nous publions ici, après Montfaucon (*Les monuments de la monarchie françoise*, Paris, 1729-1733, 5 vol. in-fol., t. III, 1731, pl. XLIV, p. 240), la reproduction. On y voit le roi habillé d'une longue robe à revers de fourrures, coiffé d'un chapeau garni d'une couronne de fleurs de lys d'or et portant au cou un collier d'or, insigne de quelque ordre de chevalerie. Il est monté sur un cheval dont la bride est semée de fleurs de lys d'or et il s'avance sous un dais porté par quatre gentilshommes revêtus de robes plus courtes que la sienne. Devant lui marche un héraut d'armes au mantelet fleurdelysé. Dunois, à pied, la tête nue, et revêtu d'une longue robe, présente à Charles VII les bourgeois de Caen qui lui apportent les clefs de la ville suspendues à un bâton. Les bourgeois sont suivis de gens d'église, habillés de surplis blancs ; les premiers qui s'avancent derrière le groupe des bourgeois, portent trois croix processionnelles. Au second plan, on voit des musiciens dont deux jouent de la trompette et le troisième de la bombarde ou saquebute (cf. A. Delboulle : *Romania*, t. XIII, p. 404-405). Les trompettes sont ornées de pennons aux trois fleurs de lys. Un corps d'archers, le pot de fer en tête et le grand arc sur l'épaule, entre dans la ville par une poterne de l'enceinte fortifiée, aux tours rondes et carrées, qui forme, à droite, le fonds du tableau. L'arrière-plan de gauche, au-dessus du cortège royal, est arrêté par un coteau dont la pente dévale sur un fleuve (l'Orne, sans doute) dont l'autre rive présente une perspective de maisons et de tours.

[2] Preuves : p. VI, IX, XVI, XXVII, XXXI, XXXIV, XXXV. — On sait que, sur le désir de Charles VII, une messe et une procession solennelles rappelèrent chaque année la recouvrance de la Normandie. (Cf. la savante étude de M. l'abbé Léon Le Mâle : *La fête commémorative de la délivrance de la Normandie en 1450*. Caen, 1912, extrait de *Baiocana*, broch. in-8°).

[3] « Lors que Charles VII reprit Caen sur les Anglois, le 6 juillet de l'année 1450, les registres du tabellionnage de Caen, marquent qu'il alla loger à l'hôtel de Richard Le Cloutier, écuyer, près de l'église Saint-Jean. Cette famille avait plusieurs maisons dans la rue Saint-Jean et dans d'autres rues de Caen, et le fondateur du collège du Cloutier, qui vivoit en ce même tems, en était sorti » (Huet : *op. cit.*, p. 129).

D'après l'abbé De La Rue (*Essais historiques sur la ville de Caen*, t. I, p. 151 et *Nouveaux essais*, t. II, p. 321), la maison où logea le roi appartenait non pas à Richard, mais à Roger Le Cloutier, seigneur de Saint-Germain-le-Vasson et du Mesnil d'Argences, fondateur du collège du Cloutier, vicomte de Saint-Sylvain de 1418 à 1450, et bailli du même lieu depuis 1452 jusqu'à sa mort, arrivée le 11 janvier 1456.

[4] Preuves : p. VI, XXXV.

Cy dist coment le roy de france
entra a caen ou il fut noblement re
ceu / puis dit coment les anglops
rediret fallaise au roy il ordona cap
pitaine poto de sautercilles puis dit
comet daufrot sut mis en obeissace.
Chapitre .xxxii.

E sixieme tour
de iuillet se parti
le roy de france de
labbaye de ardē
ne pour entrer

ENTRÉE DE CHARLES VII A CAEN

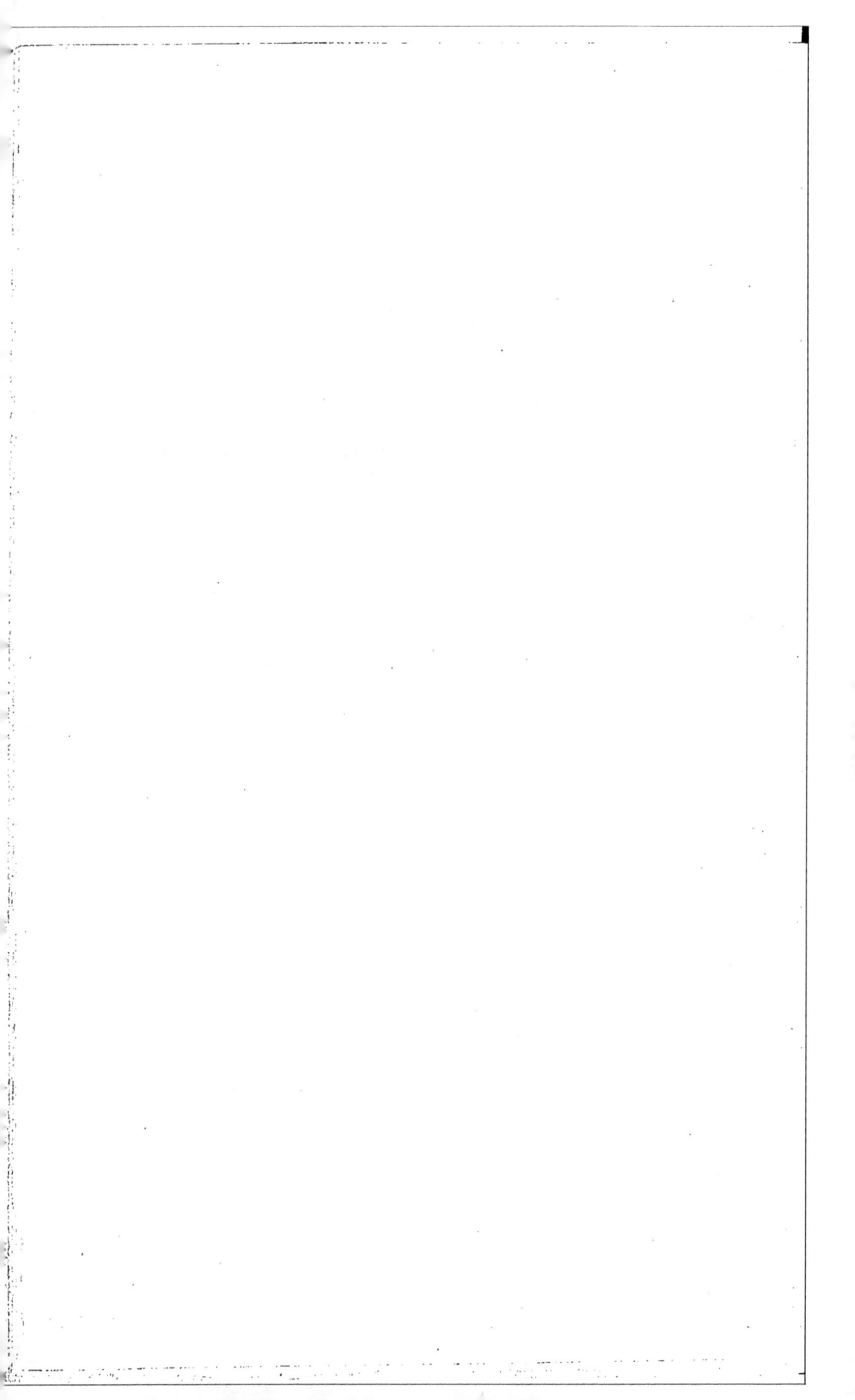

Antoine de Croy (¹) et à Jean de Croy (²), son frère, ainsi qu'au sieur d'Arcy (³), envoyés par le duc de Bourgogne (⁴) pour traiter du mariage de son fils Charles (⁵) avec la fille du roi (⁶) et de plusieurs autres affaires d'importance (⁷).

Dès le mercredi 8 juillet, Charles VII quittait Caen, se dirigeant vers Falaise que ses troupes assiégeaient depuis deux jours (⁸).

La prise de Caen, qui, en somme, avait donné peu de peine au roi de France, n'acheva pas, à proprement parler, la conquête de la Normandie. Mais son retentissement fut considérable. Les Anglais, comme le dit Jean de Bueil (⁹), s'étaient laissé « mengier les ungs après les aultres » dans les villes. Toujours braves, certes, mais

---

(¹) Antoine, seigneur de Croy, comte de Porcien, chevalier, conseiller et premier chambellan du duc de Bourgogne, chevalier de la Toison d'Or, capitaine et gouverneur du comté de Namur, gouverneur et capitaine général du duché de Luxembourg, capitaine d'Ath et de Sainte-Menehould, grand-maître de l'hôtel du duc de Bourgogne en 1461, grand-maître de France en 1462, mort en 1475. (Cf. Le Père Anselme : *op. cit.*, t. V, p. 637, 638, 645.)

(²) Jean de Croy, frère du précédent, seigneur de Chimay et de la Tour-sur-Marne, chevalier, conseiller et chambellan du duc de Bourgogne, chevalier de la Toison d'Or, capitaine général et grand bailli de Hainaut, en 1434, comte de Chimay en 1473. (Cf. Le Père Anselme : *loc. cit.*)

(³) « Jean de Poitiers, seigneur d'Arcy, de Vadans, Souvans, etc., fils de Philippe de Poitiers, de la maison des comtes de Valentinois, conseiller et chambellan du duc Philippe de Bourgogne et employé par lui dès 1435 dans ses négociations et dans ses guerres. C'est lui, sans doute, que mentionne Monstrelet, en 1436, comme étant au service du duc; qui figure à plusieurs reprises dans la chronique de Jacques de Lalain et y est nommé parmi les chevaliers faits à Ternaude en 1452; lui enfin, (bien que le Père Anselme le fasse mourir en 1474), qui s'enferma, en 1477, dans Arras, pour défendre cette ville contre les troupes royales » (Mathieu d'Escouchy : *op. cit.*, t. II, p. 459; — Le Père Anselme : *op. cit.*, t. II, p. 208).

(⁴) Philippe le Bon, duc de Bourgogne, fils de Jean sans Peur et de Marguerite de Bavière, né à Dijon en 1396, mort à Bruges en 1467.

(⁵) Le Téméraire, fils de Philippe Le Bon et d'Isabelle de Portugal, né à Dijon en 1433, tué devant Nancy en 1477.

(⁶) Cette fille ne pouvait être que Madeleine de France, sœur cadette de Catherine de France, première femme de Charles le Téméraire, morte en 1446; cette négociation à fin de mariage ne fut pas suivie d'effet (Chartier : *op. cit.*, t. II, p. 223, n. 2).

(⁷) *Preuves* : p. VI, XXXV.

(⁸) J. Chartier : *op. cit.*, t. II, p. 213, n. 1. — « Le roi se party le VIIIᵉ jour de la dicte ville de Caen et alla au giste à un village nommé Sainct Silevin et le l'endemain s'en vint logier du costé devers Argenten, à une lieue près dudit Faloise, en une abbaye nommée Saint-Andrieu » (Berry : *op. cit.*, p. 159, 160).

« Octava julii rex serenissimus Karolus Cadomo equitans infra abbaciam Sancti-Andree, versus Argentaneum, non procul a Falesia, multo principe stipatus consedit » (R. Blondel : *op. cit.*, t. II, p. 249).

« Le huictiesme jour, l'an susdict, Charles roy de France, se partit de la ville de Caen et alla le soir au giste à Sainct-Severin, et le lendemain se logea du costel devers Argentan, à une lieue près de Fallaise, à une abbaye nommée Sainct-Andrieu » (J. Duclercq : *op. cit.*, p. 23).

(⁹) Cité par Charles Petit-Dutaillis, dans E. Lavisse : *Histoire de France*, t. IV, II, Paris, 1912, in-4°, p. 105 et 106.

démoralisés par les victoires françaises et le sentiment national des populations, mal dirigés par Somerset que préoccupait surtout la politique intérieure de l'Angleterre, ils cédèrent devant le nombre, la discipline et l'élan des troupes de Charles VII, la prévoyance et l'habileté de ses meilleurs généraux.

Les habitants de Caen ne devaient plus jamais revoir flotter sur le château et sur leurs murs la bannière aux léopards (¹).

(¹) « La ville de Caen porte pour armoiries de gueulles à une fleur de Lis d'or, et en chef d'azur deux autres fleurs de Lis d'or, qui leur ont esté données par noz Rois pour les grands services faicts à leurs Majestez. » (De Bras : *op. cit.*, p. 40). — Huet (*op. cit.*, p. 153) précise : « Elle portoit autrefois de gueules au château donjonné d'or, et j'ay vû des sceaux portant ces armes. Ces armoiries qui semblent être une peinture de Caen, sont visiblement plus récentes que le château. Lorsque Charles VII reprit cette ville sur les Anglois, pour reconnaissance de sa fidélité, il changea ses armes et luy fit porter coupé d'azur et de gueules aux trois fleurs de lys d'or. Apparemment, pour être le symbole de la fortune de Caen, qui avoit été longtems sujette aux Anglois. Cela semble être désigné par le rouge qui est la couleur de l'écu d'Angleterre. Mais la ville en retournant sous la domination françoise, l'azur et les fleurs de lys avoient repris le dessus. »

« L'abbé De La Rue (*Essais historiques sur Caen*, t. II, p. 93) croyait reconnaître sur certains pavés émaillés provenus de l'abbaye de Saint-Étienne (mais d'un type très commun en Normandie et ailleurs) ces premières armes de la ville : de gueules au château donjonné d'or. Par contre, il déclarait (*op. cit.*, t. I, p. 130, n. 1) n'avoir jamais trouvé le témoignage officiel de ce changement dont parle Huet du blason de Caen par Charles VII. Nos recherches personnelles jusqu'ici n'ont pas été plus heureuses. Aujourd'hui, le plus ancien exemple subsistant des armoiries coupées d'azur et de gueules aux trois fleurs de lys d'or posées deux et une (*Armorial général*, Bibl. Nat., franç. 32213, p. 806, nº 28), est, sans doute, la peinture qui se voit sur la couverture du *Matrologe* de la Ville, au tome II (Arch. municipales, AA. 2). Cette peinture date du début du XVIIᵉ siècle. Celle qu'offrait la couverture du tome Iᵉʳ du *Matrologe* a été détruite dans l'incendie des Archives municipales, le 25 novembre 1891.

« Nous ne connaissons aucun exemple de sceau municipal de Caen avant le XVIIᵉ siècle. La Commune de Caen, dont l'existence, semble-t-il, fut de courte durée, ne possédait pas la juridiction grâcieuse; du moins il n'en subsiste aucun monument. Mais, les villes de Normandie qui, comme Caen, reçurent, à la fin du XIIᵉ et au début du XIIIᵉ siècle, les *Établissements de Rouen*, paraissent avoir placé sur leur sceau communal le lion léopardé des ducs : on le trouve à Rouen, Blangy-sur-Bresle, Eu, Pont-Audemer, Verneuil, qui le gardèrent, plus ou moins longtemps, dans leurs armoiries. Falaise, toutefois, avait pour emblème communal, en 1311, un château à trois hautes tours bâti sur un rocher (cf. G. Demay : *Inventaire des sceaux de la Normandie*, nº 1640). Du sceau, ce château passa dans les armes de Falaise.

« A la vérité, le blason de Caen, comme d'autres villes normandes, antérieurement aux remaniements héraldiques du Premier Empire, de la Restauration et de la Monarchie de Juillet, comportait une tour, un château, une porte fortifiée. Mais nous n'hésitons pas à reconnaître là un emprunt plus ou moins conscient aux sceaux des bailliages, vicomtés, châtellenies correspondants (Exemples : Les Andelys, Arques, Avranches, Bellême, Domfront, etc.). Sur nombre de ces sceaux, en effet, un château, un donjon, une porte fortifiée, symbolisaient, avec les fleurs de lys, la puissance royale. Ainsi à Caen, où, depuis les plus anciens types connus, les sceaux aux obligations de la vicomté (et même, parfois, les sceaux du bailliage) offrent l'image d'un château ou d'une porte fortifiée. C'est là que Ch. Gervais (*Les armoiries de la ville de Caen*, dans les *Mém. de la Soc. des Ant. de Norm.*, t. XX, Caen, 1853, in-4º, p. 397-401); A. Boisguillot (*Notice historique sur les armoiries de la ville de Caen rédigée d'après les documents municipaux*, Caen, 1861, broch. in-8º); A. Canel (*Armorial des villes et corporations de la Normandie*, 2ᵉ édit., Caen, 1863, in-8º, p. 82-92) ont cru, sans raison, retrouver les premières armes de Caen. Et il est probable que Huet lui-même n'en avait pas vu d'autres. C'est donc chose tout à fait inutile que de vouloir, comme on le fait depuis deux cents ans, identifier la porte fortifiée du sceau aux obligations de la vicomté (Demay : *op. cit.*, nᵒˢ 1852, 1853, 1855, 1856) avec le *châtelet Saint-Pierre*. Cette porte fortifiée n'avait, naturellement, rien de topique.

« En somme, à notre connaissance actuelle, aucun monument ancien ne démontre l'existence, qu'a supposée Huet, d'un blason primitif de Caen portant : de gueules au château donjonné d'or. Et, d'autre part, nous ignorons en quel temps s'introduisit l'usage des armes coupées d'azur et de gueules aux trois fleurs de lys d'or. » (R. N. Sauvage : *Communication à la Soc. des Ant. de Norm.*, séance du 1ᵉʳ mai 1908).

Quoi qu'il en soit, antérieurement à la Révolution, les armoiries reconnues de Caen portaient d'azur et de gueules aux trois fleurs de lys d'or posées deux et une. Ce sont celles qui ornent la couverture du présent volume et dont nous devons le dessin à M. G. Huard.

PREUVES

SOURCES NARRATIVES

Nous avons rassemblé ici les principales relations que les historiens contemporains nous ont laissées du siège et de la prise de Caen. Le biographe d'Arthur de Richemont, Guillaume Gruel (Cf. A. Molinier : Les Sources de l'Histoire de France des origines aux guerres d'Italie, *Paris, 1901-1904, 5 vol. in-8°, t. IV, n° 4153), y assista personnellement. Par malheur, son récit, rédigé quelque quinze ans après l'événement, est bref et incomplet. Ceux de Jean Chartier (Cf. Molinier, n° 4133) et de Gilles le Bouvier dit le Héraut Berry (Cf. Molinier, n° 4367) ont mis en œuvre des renseignements officiels et des dépositions de témoins oculaires. De Jean Chartier nous donnons son récit de la* Chronique de Charles VII ; *celui des* Grandes Chroniques de France, *appelées* Chroniques de Saint-Denys, *depuis les Troïens jusqu'à la mort de Charles VII en 1461 (Paris, 1476, 3 vol. in-f°, t. III, f°s K VIII, K VIIII et K X) est parfaitement négligeable. Du Héraut Berry nous reproduisons (¹) le récit du* Recouvrement de Normandie, *fondu plus tard dans la* Chronique du roi Charles VII *(Denys Godefroy :* Histoire de Charles VII, *Paris, 1661, in-f°, p. 452 à 454) (Cf. Molinier, n° 4134). Robert Blondel (Cf. Molinier, n° 4135) semble s'être inspiré de Jean Chartier ; mais sa rédaction, fâcheusement alourdie de réminiscences antiques, apporte quelques détails originaux. On en trouve davantage encore dans Mathieu d'Escouchy (Cf. Molinier, n° 4154) et dans Thomas Basin (ibid., n° 4137), tous deux bien informés et curieux de pittoresque. La chronologie de Mathieu d'Escouchy laisse, cependant, à désirer. Les rapsodies de Martial d'Auvergne (Cf. Molinier, n° 4138) procèdent de Chartier et du Héraut Berry, tout de même que la narration de Jacques Duclercq (Cf. Molinier, t. V, n° 4741). Le continuateur de Monstrelet (ibid., n° 4664) a suivi Chartier. Le Jouvencel (Cf. Molinier, t. IV, n° 4136) paraît décrire le siège de Caen sous le nom de Cap (²).*

(¹) Au texte publié par J. Stevenson, pour le Maître des Rôles, dans les *Narratives of the expulsion of the English from Normandy* (Londres, 1863, in-8°, p. 345 à 358), nous préférons celui que publia, dès 1487, Guillaume le Talleur dans son édition des *Cronicques de Normendie* qu'a correctement réimprimées A. Hellot (*Les Cronicques de Normendie, 1223-1453*. Rouen, 1881, in-8°, p. 152-160.)

(²) Telle est du moins l'opinion de MM. Camille Favre et Léon Lecestre, dans leur édition du *Jouvencel* de Jean de Bueil (Paris, Société de l'Histoire de France, 1887-1889, 2 vol. in-8°, t. II, p. 152, n. 1). « Cette prise de Cap doit être le récit déguisé de la prise de Rouen par Charles VII, ou plutôt de celle de Caen, une des dernières places que le duc de Sommerset posséda en Normandie en 1450. Nous allons tâcher de le prouver en identifiant les différents faits du siège de Cap avec ceux du siège de Caen, d'après les récits

La Chronique de John Hardyng ([1]) *est plus romanesque que véridique; nous n'avons pas cru cependant devoir la négliger, vu sa provenance anglaise.*

Par contre, on a résolument laissé de côté les récits plus ou moins longs, plus ou moins intéressants du siège et de la prise de Caen que l'on peut lire dans le Recueil des Croniques et Anchiennes istories de la Grant-Bretaigne a present nommé Engleterre, *de Jean de Wavrin (éd. W. Hardy, Londres, Maître des rôles, 1864-1891, 5 vol. in-8, t. V, p. 155-159), récit formé d'extraits des sources originales (Cf. Molinier, n° 3955); dans la* Cronique Martiniane *(éd. Pierre Champion, Paris, 1907, in-8°, p. 62, n. 1) simple abrégé, en cet endroit, de Jean Chartier; dans la* Chronique du Mont Saint-Michel (1343-1468) *(éd. Siméon Luce, t. 1, p. 58) qui mentionne le fait en quelques lignes; dans les* Grandes Annales et Histoire générale de la France..., *de François de Belleforest (Paris, 1579, 2 vol., in-f°, t. 11, p. 1154 et suiv.), compilation des chroniques antérieures; dans les* Recherches et Antiquitez de la Ville et Université de Caen, *de Charles de Bourgueville, sieur de Bras (Caen, 1588; réêd. Trébutien, Caen, 1833, in-8°, p. 92-96) qui n'a su que démarquer maladroitement les* Croniques de Normendie ([2]).

---

des chroniqueurs. — Jean de Bueil nous dit que toutes les villes qui environnaient Cap avaient été prises par le Roi avant qu'il assiégeât cette place; de même, Charles VII avait fait prendre Harfleur, Honfleur, Bayeux (comme le dit Jean de Bueil lui-même dans son résumé de la campagne de Normandie, plus haut, p. 148), Vire, Valognes, Falaise, Avranches, Saint-Sauveur-le-Vicomte, avant d'assiéger Caen (Jean Chartier, ch. CCXII, CCXV, CCXVII, CCXX, CCXXI, CCXXIII, CCXXVI; — Robert Blondel, *De reductione Normannie*, liv. III, ch. XX-XXI; liv. IV, ch. II, XVI, XVIII; — Héraut Berry; — Math. d'Escouchy, ch. XLI; — Th. Basin, Charles VII, liv. IV, ch. XXII, XXIV, XXVI; — J. du Clercq; liv. I, ch. XXI-XXIII, XXV, XXVI, etc......). — A Cap, le duc Baudoin avait devant lui trois sièges; Caen était assiégé de trois côtés: par Richemont, campé à l'abbaye de Saint-Etienne; par Dunois, établi au faubourg de Vausselles, et par les comtes d'Eu, de Nevers et de Bueil, logés à l'abbaye de la Trinité. — Quand le duc Baudoin vit que l'assaut allait être donné, il se décida à entrer en pourparlers; de même, à Caen, Sommerset attendit jusqu'à ce moment pour rendre la ville. — Sommerset était accompagné de sa femme et le duc Baudoin de la sienne. — A Caen, le traité porta que Sommerset et la garnison se retireraient avec armes et bagages en Angleterre; à Cap, le duc Baudoin et ses soldats s'en vont vers leur roi avec ce qu'ils possèdent. Bien plus, Jean de Bueil écrit cette phrase qui montre clairement l'identité des deux faits: « Et [le duc Baudoin] fist traité et composicion et s'en alla horz du pays, *comme fist le duc de Sombresset* ». (Cf. J. Chartier, ch. CCXXVII; — Héraut Berry; — Robert Blondel, *De reductione Normannie*, liv. IV, ch. XIX-XX; — J. du Clercq, liv. I, ch. XXVII; — Th. Basin, Charles VII, liv. IV, ch. XXV; — Mathieu d'Escouchy, ch. XLV, etc.). Devant une telle similitude de détails, il est difficile de ne pas reconnaître que Jean de Bueil a voulu faire le récit de la prise de Caen. »

([1]) Continuée depuis 1461 par Richard Grafton. (Cf. Ch. Gross: *The Sources and literature of English history from the earliest Times to about 1485*, Londres, 1900, in-8°, p. 287, n° 1787). La Chronique de Hall (*Hall's Chronicle*, Londres, 1809, in-4°, p. 214-216) rédigée au XVIe siècle (Cf. Ch. Gross, *op. cit.*, p. 287, n° 1786) offre un récit identique à celui de Hardyng. Nous n'entreprendrons pas de rechercher ici auquel des deux auteurs incombe la responsabilité du plagiat.

([2]) On lit dans l'*Histoire généalogique de la maison de Harcourt*, par de La Roque (t. I., p. 644): « Le Roy Charles septième estant party d'Argenten mit le siège devant la ville de Caën (le cinquième juin 1450) qui est mémorable par l'armée qu'il commandoit composée de 80,000 hommes, suivant qu'il est récité par Jean Eudes, Tabellion de saincte Paix, en la Relation particulière qu'il a faite de ce Siège comme témoin oculaire ». Ce récit de Jean Eudes, qu'a peut-être connu P. D. Huet (Lettre au P. Martin, 9 octobre 1705: *Revue catholique de Normandie*, t. VII, p. 211), devait, sans doute, se trouver dans son registre de tabellionage à la date de 1450. Par malheur, nous ne possédons actuellement qu'à partir de 1622 une suite de registres du tabellionage *de la haute justice d'Argences et Saint-Gabriel pour le siège de Sainte-Paix près Caen* (Archives du Calvados, série E).

On rencontre seulement dans le registre de 1447-1451 du tabellionage de Caen (Archives du Calvados, série E, f° 128, v°), la note suivante: « Le premier jour de juillet l'an mil IIIIᶜᵉ cinquante, euquel jour ceste ville de Caen fut réduite en l'obéissance du roy notre sire et en furent les Anglois mis hors ».

l

1

JEAN CHARTIER :

CHRONIQUE DE CHARLES VII ROI DE FRANCE

Édition Vallet de Viriville, Paris, Bibliothèque elzévirienne, 1858, 3 vol. in-12,
t. II, p. 214 à 223.

CHAPITRE 227

Du siège mis par les Françoys devant la ville de Caen.

Le cinquiesme jour de juin audit an mille quatre cent cinquante, se desloga le connestable et sa compaignie dudit lieu de Cheux, et s'en alla loger ès faulxbourgs de la ville de Caen, du costé de devers Bayeulx, dedens l'abbaye de Sainct-Estienne, près de la muraille d'icelle ville. Ce mesme jour partit de Vernueil Monseigneur le conte de Clermont, avecques lequel estoient le conte de Castres, le seigneur de Montgascon, le seigneur de Mouy en Beauvoisin, Robert Coningan, Robert de Floques dit Floquet, bailly d'Evreux, Pierre de Louvain, Messire Geoffroy de Couvran, Messire Charles de la Fayète, et plusieurs autres seigneurs, chevaliers et escuyers, qui se vinrent tous loger avec ledit connestable en ce lieu de Sainct-Estienne. Et estoient bien en nombre avec les susdits deux seigneurs douze cent lances, et quatre à cinq mille archiers, guysarmiers et cousteliers, ou coustilliers, à cheval avec deux mille francs-archiers à pié.

Alors Monseigneur le conte de Dunois, lieutenant général du roy, se desloga de demie lieue près de ladite ville de Caen, et se vint camper ès faulxbourgs de Vausselles du cousté de devers Paris, ayant en sa compaignie Monseigneur le grant maistre d'hostel du roy, seigneur de Culant; Monseigneur d'Orval; Messire Philippes de Culant, seigneur de Jallongnes, mareschal de France; Monseigneur de Montenay, maistre et grand gouverneur des gens d'armes du duc d'Alençon; le seigneur d'Ivry, prévost de Paris; le sire de Beaumont, son frère, et plusieurs autres jusques au nombre de cinq cent lances, et deux mille cinq cens archiers, guysarmiers et coustilliers à cheval, avec deux mille francs-archiers à pié.

Ainsi fut assiégée ladite ville de Caen de deux costez. Puis firent faire diligemment ung pont au dessus d'icelle, afin de pouvoir passer librement la rivière d'Orne d'ung cousté et d'aultre par dessus. Sur lequel pont passèrent, le quatriesme jour après, les contes de Nevers et d'Eu, le seigneur de Bueil, le seigneur de Montenay, Joachim Rouaut ou Rouhault-de-Gamaches, et avec eulx grant compaignie de gens d'armes et de traict; lesquels s'en allèrent loger ès faulxbourgs de la susdite ville, du costé de devers la mer, en une abbaye de dames nommée la Trinité.

Et si-tost que les François furent là arrivez, fut assally le boulevart de la porte par où on va à Bayeulx; lequel fut très vaillement deffendu. Lors il y eut de moult belles armes feites et pratiquéez tant d'ung costé que d'autre. Et, néantmoins à la fin fut prins d'assault par les Françoys, lesquels le laissèrent depuis pource qu'il estoit ouvert du costé de devers la muraille d'icelle ville. Semblablement il demoura ensuite désamparé et habandonné par les Anglois, pource qu'ils firent murer leur porte.

En ce temps, pour venir à ce siège, se partyt le roy de la ville d'Argentan, ayant en sa compaignie le roy de Cécille, le duc de Calabre, son fils, le duc d'Alençon, les contes du Maine, de Sainct-Pol et de Tancarville, le viconte de Lomaigne, Ferry Monseigneur de Lourraine ; Jehan Monseigneur son frère ; le baron de Traysnel, chancelier de France ; les seigneurs de Blainville et de Prailly, les baillis de Berry et de Lyon, avec plusieurs autres chevaliers et escuyers, gens d'armes et de traict, jusques au nombre de six cent lances et les archiers : et alla coucher à Sainct-Père-sur-Yve, le lendemain à Argences ; le troisiesme jour il vint disner aux faulxbourg de Vaucelles ; puis s'en party incontinent, et passa la rivière par dessus le susdit pont, et s'en alla logier dedans une abbaye nommée Ardannes ou Ardenne, où il se tint durant ledit siège, fors une nuit qu'il fut logé en passant en la dessusdite abbaye de la Trinité, où demourèrent le roy de Cécille, le duc de Calabre, son fils, et les autres seigneurs qui estoient venus avec le roy, tout deux cent lances, deux mille archiers à cheval, mille guisarmiers et coustilliers à cheval, et deux mille francs-archiers à pié, dont la pluspart estoient logez ès villages d'environ.

Et entre le chastel et ladite abbaye Sainct-Estienne estoient logez les seigneurs de Beauvais et de Bourbonnois, qui avoient trente lances, et mille et cinq cents francs-archiers. Tant tost après la venue et arrivée du roy au camp furent faites de grans diligences de miner et foussoyer autour d'icelle ville, et chacun y faisoit endroit soy grant devoir.

Et commença premièrement le conte de Dunois, lieutenant du roy, à faire assallir les boulevers de Vausselles, qui estoient sur ladite rivière d'Orne. Lesquels se tindrent longuement, et y fut combatu, attaqué et deffendu très-vaillemment d'ung cousté et d'autre. Mais à la fin, après plusieurs beaulx faiz, furent lesdits boulevarts prins d'assault par les Françoys, là où furent mors, prins et navrez plusieurs Anglois : ce qui moult esbay leurs compaignons.

En chacun desdits logis dudit siège, avoit mines jusques dedens les fossez de ladite ville de Caen, et par especial devers le costé dudit connestable : car ses gens d'armes minèrent la tour et la muraille du costé devers Sainct-Estienne, tellement que tout chut et trabucha à terre ; après quoy les François et les Anglois pouvoient par iceluy lieu s'entrecombatre main à main. Quand les Anglois se virent ainsi fort pressez, et environnez de toutes parts, doubtans qu'ils ne feussent prins d'assault, demandèrent et requisdrent à avoir traictié. Sur laquelle demande, le roy, meu de pitié et compassion, qui pas ne demandoit la mort de ses ennemis, mais luy soffisoit de ravoir le sien, en mectant Dieu devant ses yeulx, considérant aussi la grant pitié et le dommaige que c'eust esté de prendre et destruire ainsi une telle ville, mesme aussi de piller les églises, violer les femmes et dépuceler les filles ; faisant de plus réflection sur l'effusion du sang humain, qui eust peu estre faite dedens icelle ville, se consentit, voulut et octroya qu'on la prit par composicion.

A la vérité, elle estoit bien prenable d'assault, veu les ouvertures et le nombre des bresches qui jà estoient faites ès murailles d'icelle ; mais quant au regard du chastel et du donjon, les Angloys le pouvoient bien encor tenir par longue espace de temps, s'ils eussent eu le couraige de ce faire, combien que enfin, veu la grande chevalerie et la noble compaignie qui devant eulx estoit, il leur eust fallu rendre. Et pour monstrer à ceulx qui n'y ont point esté qu'il estoit bien tenable, vray est que ledit chastel est ung des plus forts du pays de Normendie, garny de grans et haultx boulevers construits d'une moult dure pierre, et assis sur ung roc, lequel contient d'estendue par estimacion et comparaison autant que la ville de Corbeil. Et y a dedens ung très fort donjon, composé d'une fort haulte et large tour quarrée, soustenue tout autour de quatre grosses tours massives, massonnées depuis le pied du fousé jusques en hault, à l'esgal de ce qui approche le plus de la terre. Lesquelles tours sont moult haultes; et est enfermée de fortes et haultes murailles tout autour, selon la qualité desdites tours, et de grans et profonds fossez, le tout assis sur un roc.

Dedens ledit chastel se tenoit le duc de Sombrecet, sa femme et ses enfans. Et en ladite ville estoient logez Messire Robert Veer, frère du conte de Suffort, ou Sufolk ; Messire Henry Radefort, Messire Expencier, ou Spencer ; Henry Standy, Guillaume Cournan, ou Couran ; Guillaume Loquet, Foulques Ecton, ou François Ethon ; Henry Loys et plusieurs autres, lesquels estoient conduiseurs pour ledit duc de Sombrecet de quatre mille Anglois estans dedens icelle ville, pour sa garde et défense.

Pour entrer doncques en la matière de la composicion, s'assemblèrent et conversèrent plusieurs fois par ensemble les Françoys et Angloys, c'est assavoir : pour le roy de France, ledit conte de Dunois, le séneschal de Poictou, Maistre Jehan Bureau, trésorier général de France et aulcuns autres ; pour les Anglois, Messire Richard Hiresson ou Herisson, bailly de Caen ; Robert Parges ou Garges, et aulcuns autres ; et pour ladite ville, Ytasse ou Eustache Gammet, ou Gaumet, lieutenant d'iceluy baillif, et l'abbé dudit Sainct-Estienne : lesquelz parlamentèrent, et alléguèrent plusieurs choses, en fortifiant chacun son fait. Enfin, après plusieurs paroles dictes entre eulx, composèrent le lendemain de la feste de Sainct-Jean-Baptiste. Suivant quoy les Anglois promectoient remettre ladite ville, le chastel et le donjon ès mains et obéissance du roy dedans le premier jour de juillet prochain ensuivant, au cas qu'ils ne combatroient le roy et sa puissance dedans ledit jour, parmy ce que ledit duc de Sombrecet, sa femme et ses enfans, et tous les aultres Anglois qui s'en voudroient aller, s'en yroient librement, eulx, leurs femmes et enfans, et emporteroient tous leurs biens meubles, et s'en iroient leurs corps, chevaulx et harnois saufs. Et pour porter et ammener leurs dits biens où bon leur sembleroit, on leur bailleroit vaisseaux et charroy et ce qui leur seroit de nécessité, pour les passer en Angleterre, et non ailleurs, à leurs despens, et non aultrement ; pourveu toutesfois qu'iceulx Anglois délivreroient tous prisonniers, rendroient tous scellez, promesses et cédules, et qu'ils déchargeroient et quitteroient tous ceulx de ladite ville, tant gens d'église, bourgois comme aultres, qui leur devoient ou pouvoient devoir aulcune chose, sans que pour ce au despartir prinsent ou peussent prétendre riens du leur. Et avecque ce, qu'ils laisseroient toute l'artillerie, grosse et menue, réservé ars, arbalestes, coulovrines et autre artillerie de main.

Pour lequel appoinctement, contenant les choses dessus dites, entretenir et accomplir baillèrent lesdits Anglois pour octages douze Angloys d'Angleterre, six chevaliers de Normendie, et quatre bourgois d'icelle ville de Caen. Or, pource qu'ils ne furent secourus en aulcune manière, le susdit premier jour de juillet, comme cette composicion portoit, ce dit jour rendirent la ville, le chastel et le donjon. Et aporta les clefs aux champs par le donjon dudit chastel le bailly dessus nommé, là où il les mit ès mains d'iceluy connestable de France, en la présence dudit conte de Dunois, lieutenant général, auquel dès incontinant les délivra ce connestable, comme au cappitaine et gouverneur d'icelle ville et chastel pour le roy de France, ainsi que les octages qui avoient esté baillez à ce sujet. Cela estant fait, ledit connestable demoura au milieu des champs, pour faire tirer et avancer les Anglois droit à Estreham.

Et tant tost après leur département, le conte de Dunois, accompaigné du mareschal de Jallongnes, ayant devant luy deux cents archiers à pié avec les trompettes, portant les bannières du roy, et derrière eulx cent hommes d'armes à pié, entra par ledit donjon dedens icelle ville et chastel, où il fit mectre lesdites bannières sur les donjon et portes.

CHAPITRE 228

Comment le roy fist son entrée en ladite ville de Caen à grant noblesse de seigneurs.

Le sixiesme jour de juillet ensuivant, se despartyt le roy de l'abbaye de d'Ardanie, ou Ardaynne, pour entrer en sa dite ville de Caen. Là estoient en sa compaignie tous les seigneurs qui s'estoient trouvez à ce siège, excepté son lieutenant susmentionné, et le seigneur de Jallongnes, que jà estoient dedens icelle, lesquels estoient tous grandement et richement habeillez. Il vint de cette sorte jusques près de ladite ville, deux cent archiers marchans devant luy avec ses héraulx et trompettes, et ayans derrière luy cent lances.

Là vindrent aussi au-devant de luy hors ladite ville le conte de Dunois, qui y amena les bourgois d'icelle ville en grant nombre, lesquels, après qu'ils eurent fait la révérance au roy, luy présentèrent les clefs, et il les receut très-benignement.

Après ce vindrent les gens d'église en belle procession, revestus de chappes, ainsi qu'il est en tel cas accoustumé de faire. Puis le roy entra en ladite ville. Sur lequel quatre gentilhommes et chevaliers demourans en icelle portèrent ung ciel, et estoient toutes les rues par où il passoit tendues et couvertes à ciel grandement, èsquelles avoit grant foison de peuple criant *Noël*. Et ainsi chevaucha le roy jusques devant l'église de Sainct-Pierre, où il descendit à la porte, pour y aller faire son oroison et prière. Laquelle faicte, il remonta à cheval, et s'en alla loger en la maison d'un bourgois de la ville ; en laquelle il demoura durant certain espace de temps, son lieutenant et son conseil estant avec luy, pour là mectre officiers, police et bon gouvernement en ladite ville.

Et vindrent à cette prinse de Caen devers le roy Monseigneur de Croï, Messire Jehan de Croï, son frère, et Monseigneur d'Arcy, lesquels estoient envoyez de par Monseigneur le duc de Bourgongne pour traicter du mariage de la fille du roy avec Monseigneur Charles, fils dudit duc, et de plusieurs autres grosses et importantes choses dont ils estoient chargez de par Monseigneur le duc.

II

GILLES LE BOUVIER dit LE HÉRAUT BERRY :

LE RECOUVREMENT DE NORMENDIE

In :

Les *Cronicques de Normendie (1223-1453)* réimprimées pour la première fois d'après l'édition rarissime de Guillaume Le Talleur (mai 1487) avec variantes et additions tirées d'autres éditions et de divers manuscrits, et avec une introduction et des notes par A. Hellot, Rouen, 1881, in-8o; p. 152-160.

. . . .

Et durant ce terme, se partirent lesdis mareschaulx de devant la ville de Sainct-Sauveur, à tout les hostages dudit lieu. Et chevauchèrent tant qu'ilz arrivèrent à deux lieues prez de Caen, en ung village nommé Cheux, où estoient logez le connestable de France, le seigneur de Rays, [le seigneur] d'Estouteville et autres, qui se partirent de ladicte ville, le .v. jour de juing, [à tout leur compaignie], où estoient, avec les devant nommez, le conte de Laval, le seigneur de Lohéac, mareschal de France, le seigneur de Montauban, mareschal de Bretaigne, le séneschal de Poictou, monseigneur Jacques de Luxembourg, frère du conte de Sainct-Pol, le seigneur de Saincte-Sévère et de Boussac, monseigneur de Malestret, et autres plusieurs chevaliers et escuiers.

Et ce jour semblablement [partirent de Verneuil] le conte de Cleremont, celui de Castres, le seigneur de Mongaton, celuy de Mouy de Beauvoisin, Robert de Flocques, baillif d'Évreux, messire Gieuffroy de Couvren, mesire Charles de la Faiecte, et plusieurs autres escuiers et chevaliers, gens d'armes [et] de traict, jusques au nombre de .XII. cens lances et de quatre mil et cinq cens [archiers, guisarmiers et coustilliers à cheval, et deux mille frans] archiers à pié. Lesquelz dessus nommez, du costé devers Baieux, se allèrent loger ensemble, ès faulbourgs de la ville de Caen, dedens l'abbaye Sainct-Estienne, prez la muraille de la dicte ville.

Et ce jour mesmes, ledit seigneur de Dunois, le maistre d'ostel, le seigneur d'Orval, cellui de Jalongnes, mareschal de France, le seigneur de Montigny, gouverneur des gens du duc d'Alençon, le seigneur d'Ivry, prévost de Paris, monseigneur de Beaumont, son frère, et d'autres chevaliers plusieurs, jusques au nombre de cinq cens lances et de deux mile archiers à cheval et cinq cens guisarmiers, à tout deux mile francs archiers à pié, se partirent de demie lieue de Caen, et s'en allèrent loger aux faulxbourgs de ladicte ville, nommez Vauceules, du costé de devers Paris.

Et ainsi fut assiégée ladicte ville de tous costez. Et fut fait par eulx ung pont au dessus de ladite ville pour passer la rivière. [Et le .IIII. jour ensuivant, passèrent] par dessus le pont les seigneurs et les contes de Nevers et d'Eu, le seigneur du Bueil, celuy de Montigni, et Joachin Rouault, à tout grant compaignie de gens, et s'en vindrent logier ès faulxbourgs de ladicte ville, du costé devers la mer, en une abbaye de dames nommée la Trinité.

*Comme la ville de Caen fut prinse, et rendue au roy de France par composition,
où estoit le duc de Sombreset. XI.*

Le roy de France se partit d'Argenten, acompagné du roy de Cecille et du duc
de Calabre, son filz, du duc d'Alençon, des contes du Mainne et de Sainct-Pol, et de
celuy de Tancarville, du viconte de Louvaigne, de Ferri monseigneur de Lorraine, de
Jehan monseigneur son frère, du baron de Traisnel, chancelier de France, du seigneur
de Blainville, [de celui] de Pruilly, des baillifz de Berry et de Lyon, et de plusieurs
autres chevaliers et escuiers, gens d'armes [et] de traict, jusques au nombre de cinq à six
cens lances et les archiers ; et de là vint coucher à Sainct-Pierre-sur-Dyve, l'endemain à
Argences ; et l'endemain, ainsi acompagné, alla disner aux faulxbourgs de Vauceules.
Et incontinent aprez disner, se partist et passa ladicte rivière audit pont au dessus de la
ville. Et s'en alla loger en une abbaye nommée Ardeine, à demye lieue prez, où il fut
tousjours durant le siège, sinon une nuit en passant où il fut logé en l'abbaye et
faulxbourgs de la Trinité, où demouroit le roy de Cecille, le duc de Calabre, le duc
d'Alençon et le conte de Sainct-Pol, ledit seigneur de Lorraine et Jehan son frère, à tout
deux mile lances et deux mile francs archiers à cheval, dont la plus grant partie estoient
logez par les villages à l'entour. En une chapelle entre le chastel et l'abbaye de Sainct-
Estienne, furent logiez le seigneur de Beauvaiz, de Bourbonnois, à tout trente lances.

Et à l'arrivée des François, le premier jour gaignèrent d'assault le bolevert de la
porte par où on va à Bayeux, et où il y eut de belles armes faictes ; mais depuis le
dessemparèrent, pour ce qu'il estoit ouvert du costé de devers la muraille de ladicte ville ;
et pareillement demoura dessemparé des Anglois, pour ce que incontinent murèrent
ladicte porte.

Tantost aprez la venue du roy de France, le conte de Dunois, lieutenant-général,
fist assaillir les bolevers de Vauceules, qui estoient sur la rivière d'Orne prez de la
muraille de ladicte ville. Ilz se tindrent longuement, car ilz se défendirent longuement
et vaillamment et dedens et dehors ; mais en la fin furent prins, et là furent mors et prins
grant foison d'Englois.

A chascun desditz sièges y avoit mines qui alloient jusques aux fossés de ladicte
ville. Et du costé du connestable minèrent la tour et muraille de devant Sainct-Estienne,
tellement que ladicte tour et muraille trébuchèrent à terre, en telle manière que par là
povoient les François dedens combatre les Englois main à main.

Et quant les Englois se virent ainsi approucher de toutes pars, tout à l'environ de la
ville, doubtant estre prins d'assault, demandèrent et requirent traicté. Le roy de France,
en merciant Dieu devant lui, regardant la pitié que ce eust été de destruire une telle ville
et violer et piller les églises et les gens d'icelle, et pour eschiever l'effusion de sang des
hommes, femmes et enfans qui eussent esté tuez dedens, consentit, voulut et octroya
que on print ladicte ville par composition, combien que, à la vérité, s'il luy eust pleu,
il l'eust prinse d'assault sans nul remède ; et si eust eu le chastel et le donjon en la fin,
mais non pas si tost, car le chastel est ung des plus fors de Normendie, assiz sur ung roc,
garny de bolevers de pierre moult dure. Et si y a [de] moult beaux fossez et parfons.
Et puis y a une haulte tour et large, à la façon de celle de Londres ou du chasteau de
Amboise, environnée tout entour de quatre grosses tours machonnées depuis le pié du
fossé jusques en hault à l'égal de la terre, lesquelles sont moult fortes. Et estoit tout ledit
donjon fermé de moult forte et haulte muraille tout entour selon la qualité desdictes
tours. Et contient ledit chastel autant que la ville de Corbueil ou que celle de Montferrant en Auvergne. Auquel estoit le duc de Sombreset, soy disant gouverneur de

Normendie, sa femme [et] ses enfans. En ladicte ville avoit trois mile Englois, dont estoit conduiseur pour le duc messire Robert Ver, frère du conte de Suffort, messire Henri Redeffort, messire Expauses, Henri Standi, Guillaume Coronem, Guillaume Loguot, Foucques Ethon, Henri Louis, et plusieurs autres. Lesquelz composèrent et promirent aux François rendre et mettre ladicte ville et chastel et donjon ès mains et obéissance du roy de France, dedens le premier jour de juillet, ou cas que ne seroient combatus le roy et sa puissance dedens ce jour, parmy ce que ledit duc de Sombreset, sa femme et ses enfans, et tous les Engloys qui s'en vouldroient aller s'en yroient, à tout leurs femmes et enfans, chevaulx et harnois, et autres biens meubles; [et] pour porter leursditz biens leur bailleroit[-on] charroy ou vaisseaulx pour les mener, eulx et leurs susditz biens, en Engleterre et non ailleurs, pourveu que lesditz Englois laisseroient tous prisonniers et les délivreroient, et quicteroient tous ceulx de ladicte ville qui leur devoient, gens d'église ou autres, bourgois ou marchans, sans leur en faire payer nulle chose, et sans ce qu'ilz leur ostassent riens du leur au partir; et si laisseroient toute artillerie grosse et menue, réservé arbalestres [et] culeuvrines à main. Et pour entretenir les choses dessusdictes, baillèrent en hostages .xviii. hostagiers, c'est assavoir .xii. Englois d'Engleterre, deux chevaliers de Normendie et quatre bourgois de la ville dessusdicte. Et firent ce traicté l'endemain de la Saint-[Jehan-]Baptiste. Pour le roy de France fut le conte de Dunois, le séneschal de Poictou et maistre Jehan Bureau, trésorier de France. Et pour lesdiz Anglois fut là messire Richart Honton, baillif de Caen, Fouques Hothon, et Robert Gages, et pour ladicte ville Eustace Queminet, lieutenant du baillif, et l'abbé de Sainct-Estienne de Caen.

Et pour ce que, audit jour de juillet, ne furent point secourus, lesdiz Anglois rendirent ladicte ville ce jour. Et apporta les clefs dudit donjon, chastel et ville, le baillif dessus nommé, qui saillist par la porte dudit donjon, et lors les bailla au connestable de France en sa main, en la présence du conte de Dunois, lieutenant général, au quel incontinent ledit connestable, comme capitaine et gouverneur de ladicte ville et chastel pour le roy nostre sire, les bailla; et demoura aux champs pour faire vider lesdiz Anglois et leur faire tenir le chemin droit à Estrehan.

Et au plus tost, le conte de Dunois, acompaigné du maréchal de Jalongnes, devant luy deux [cens] archiers de pié, et au plus prez de lui les trompetes et héraulx du roy de France, et aprez les banières cent hommes d'armes à pié, entra par ledit donjon dedens ladicte ville et chastel, et fist mettre lesdictes banières sur ledict donjon et sur les portes d'icelle ville.

Le .vi. jour ensuivant dudit moys de juillet, se partist le roy de France de ladicte abbaye de Ardeine pour entrer en sa ville de Caen. Et estoient en sa compagnie le roy de Cecille, le duc de Calabre, son filz, le duc d'Alençon, les contes du Maine et de Nevers, d'Eu et de Saint-Pol et de Tancarville, les mareschaux de Lohiac [et] de Jalongnes, et plusieurs grans seigneurs, chevaliers et escuiers. Et y avoit deux cens archiers devant lui et derrière cent lances. Les bourgois de ladicte ville et grant multitude d'autres [gens] vindrent aux champs hors ladicte ville, avec le conte de Dunois, au devant du roy, lui présenter les clefz et lui faire la révérence; lequel les receut benignement. Et pareillement y vindrent les gens d'église revestuz, à grans processions, ainsi qu'il est acoustumé de faire. Et ainsi entra en ladicte ville. A l'entrée portèrent le chiel sur lui quatre chevaliers et escuiers demourans en ladicte ville. Les rues estoient tendues et couvertes à chiel, et y avoit grant multitude de peuple par tout crians « Noël ! ».

Ce jour fut mis le siège de tous costez devant Faloise. . . . .

. . . .

Le roy se party, le .viii. jour de ladicte ville de Caen, et alla au giste à un village nommé Sainct-Silevin. Et l'endemain s'en vint logier du costé devers Argenten, à une lieue près dudit Faloise, en une abbaye nommée Saint Andrieu. . . . .

III

GUILLAUME GRUEL :

CHRONIQUE D'ARTHUR DE RICHEMONT

Connétable de France, duc de Bretagne

(1393-1458)

Édition Achille Le Vavasseur, Paris, Société de l'Histoire de France, 1890, in-8°; p. 211-213.

. . . . . . Et la vigile du Sacre, se partit mon dit seigneur le connestable de Bayeux pour aller mettre le siège devant Caan, et alla loger sur les champs à deux lieues de Caan à ung village nommé Cheus, et n'en partit point jusques au landemain du Sacre ; et le vendredi matin se rendirent à luy ceux qui avoient esté à Fremyny c'est assavoir : Monseigneur de Clermont, monseigneur de Kastres, monseigneur de la Tour, monseigneur l'admiral de Coitivi, monseigneur le grant senneschal, missire Jaques de Chabannes avecques la belle compaignie qu'il avoit. Et vous certifie que c'estoit belle chose à veoir que de veoir sa compaignie, et bien à doubter ; et vint logier du costé devers l'abbaye de Saint Estienne, lui et monseigneur de Clermont, et tous les autres seigneurs et capitaines, et y avoient bien viiic lances et les archiers à son siège. Et de l'autre costé devers Fallaise cernèrent les gens du Roy ; c'est assavoir : Monseigneur de Dunays, qui estoit chief de celui costé, et Poton.

Puis environ huyt ou ix jours [après], le Roy vint à passer à ung pont que on avoit fait sur la rivière au desus Caan, et le Roy de Cecille et monseigneur du Maine y estoient bien acompaignez et alla loger à une abbaye nommée Ardenne, et monseigneur de Heu et monseigneur de Nevers et certain nombre de gens, que on leur avoit baillé, allèrent loger à l'abbaye des Dames, de l'autre costé de la ville de Caan. Puis après on commencza du costé de monseigneur le connestable à faire des approches couvertes et descouvertes, dont Le Bourgoys en conduisoit une et missire Jaques de Chabannes l'autre. Mais celle du Bourgois fut la première à la muraille, et puis l'autre arriva et fut minée la muraille en l'endroit en telle manière que la ville eut esté prinse d'assault, si n'eut esté le Roy qui ne le voult pas, et ne voulut bailler nulles bombardes de ce costé de paour que les Bretons ne assaillissent. Et si avoit dedans la ville le duc de Sombresset et bien troys mille Angloys, sans ceulx de la ville. Puis fut faicte composicion et s'en alla le duc et les dames et tous les Angloys, eulx et leurs bagages sauves. Et furent amenez les ostages à monseigneur le connestable, entre lesquelz estoit ung nommé maistre Ver, lequel estoit parent du Roy d'Angleterre, Hus Cepancier et missire Charles de Hermaville, et jusques à xii ostages, dont avoit la garde missire Gilles de Saint Symon, Guillaume Gruel et Jehan de Benays. Puis fut rendue la ville et chastel, et apportèrent les clefz à monseigneur le connestable, puis alla conduire le duc et la duchesse de Sombresset. . . . .

IV

ROBERT BLONDEL :

REDUCTIO NORMANIE

Dans les *Œuvres de Robert Blondel, historien normand du XVe siècle*. Édition A. Héron, Rouen, Société de l'Histoire de Normandie, 1891, 2 vol. in-8º; t. II, p. 233 à 248.

LIBER QUARTUS

CAPITULUM VICESIMUM

Qualiter maximis armorum apparatu et principum, procerum et nobilium potencia, villa Cadomi, populo et rebus opulenta, undique circumdata, tam acri et forti obsidione a Gallis impetitur quod, muris partim humi dejectis, velut magnanimitas invadentium cupit, insultu subigi poterat. Et qualiter Karolus, rex clementissimus, qui antea obsidionis apparatum et magnificam ville disposicionem visitaverat, piissima et sanctissima opinione ductus, non vi armorum sed longa obsidione, ne tam potens villa diripiatur, Cadomum subjugandum conclusit.

[232] Postmodum duo marescali ab uberrimo frugum, volatilium, piscium et pecorum Constantini septo cedentes, in quoddam villagium nominatum Cheux, quatuor milliaribus prope Cadomum, celeri equitatu provehuntur, in quo Francie connestabularium, comitem de Lavalle, heroem d'Estoutevilla, de Loheac, de Sancta-Severa, de Radiis, Jacobum de Luceburgi militem, comitis Sancti-Pauli germanum, senescalum Pictavie, quamplurimos alios proceres, et non modicam nobilitatem reperire contigit. Exinde bellorum ordine conserti in suburbio Baiocas tendenti infra monasterium Sancti-Stephani, justa Cadomi menia, castra ponunt. Cum quibus comites de Claromonte, Castrensis, heroes de Monte-Gaugain, de Moy in Belvaco, Robertus de Floques,

Ebroicus ballivus, Karolus de La Fayecte, miles, et quatuor cum quingentis sagittariorum et bipenniferorum equitum ac duo electorum a plebe architenentium peditum millia junguntur. Illa luce comes Dunensis, magnus regalis domus magister, marescalusque ejus germanus, heros de Aurivalle, de Monteneo, ducis Alla[n]conii exercitus ductor, prepositus Parisiensis, dominus de Bellomonte, ejus frater, et quingenti equestres lanceis pugnaturi, duoque arcu, gladio et bipenni dimicare assuetorum equo incedentium, et sagittariorum tributis exemptorum duo peditum millia, ex altero latere versus Lexovias tentoria et militaria signa erigunt. Nec mora, repente ligneum pontem supra flumen Orne, per medium Cadomi labens, magnopere construunt. Hoc quoque instituto infra quadriduum, comites de Augo, Nivernensis, heroes de Monteneo, de Beuveillyo et Joachim Rouault, ingentem bellatorum multitudinem per pontem transvehunt, et sese ad aquilonem versus occeanum in abbaciam monialium recipiunt. Ex omni parte obsidione seva Cadomum circumvallatur. Gallica gens animosa luce obsidionis prima antemurale porte qua itur Baiocas intolerabili assultu usurpat. Ac hostes infesti arcus, balistas, colubrinas raptim obtendunt. Jaculis, saxis et glandibus plumbeis Gallos intrusos opprimentes, antemurale desertum relinquere urgent; nam versus ville muros absque obice apertum existit. Haud illius parietis obstaculum a missilibus vibratis infra militantes protegit. Opidani enim desertum Gallis fortalicium repetere non audent, verum portam lapidibus conjectis obstruunt.

[233] Interea serenissimus rex Karolus Argentaneo cedens, honorificencia principum, procerum, militum armatorumque turba decoratus, die secunda in suburbium de Vaussellis hora prandii accessit. Ibi cum sollerti comite Dunensi ceterisque viris egregiis super impendenti Cadomi oppugnatione varia modesta et multa diserta verba orsus est. Deinde pontem labente meridie transiens, omnem obsidionis apparatum et singulas armatorum munitiones visitat. Ac regio posito et humili habitu induto, cum rege Cicilie et connestabulario Sancti-Stephani turres ascendit, a quibus universam Cadomi dispositionem prospexit. Atque mente pia tam magnificam et opulentam villam, ne vi capta destrueretur, summo studio preservare secum conclusit, quamquam mens ardens, prede libido, bellantium animos ad Cadomum vi diripiendum rapiebat. Tum villam gazis mercatorum ab omni patria recollectis cumulatam, tum thesaurum ducis barbari non tenuem, tum opulenta expulsorum spolia infra recondita norunt. Et deinceps, ne subita hostium irruptio, quorum multitudo ingens Cadomi arcebatur, in regem prorumperet, non in obsidionis septum sed in abbaciam de Ardena, non longe tamen, penates collocat. Rex quidem Cicilie, duces Calabrie, ejus primogenitus, et Alla[n]conii, comes Sancti-Pauli, duo generosi domini Ferratus et Johannes de Lothoringia, germani, et lanceati mille, ac duo sagittariorum equitum millia bipenniferi, ac gladiatores mille, et totidem architenentes a plebe electi pedites, in obsidione magnifico et splendido militari ordine inibi remanserunt. Et cum hoc dominus de Bellavalle et dominus de [   ], inter Sancti-Stephani abbaciam et castrum secus quamdam capellam, cum triginta lanceis et mille cum quingentis francis sagittariis fixam in armis tenent stationem. Galli enim principes summi cum machinis omnium generum Cadomum impugnare acrius nituntur; cum ligonibus et fossoriis alta soli viscera rimantur, et improbo labore robusti Britones viam subterreneam in villam progressuram sibi celeritate mira preparant. Et nedum ipsi sed quamplures alii subtus muros, lapidibus evulsis, circumcavatos sese hospites inserunt, cum hastis ereptis in hostes murorum summitatem tenentes pugnaturi. In tanto enim certamine unius alacritas alterius virtutem ad villam insultu oppugnandam propensius invitat. Sollertissimus comes Dunensis munita antemuralia pagi de Vaussellis juxta amnem Orne constructa cum ingenti animi magnitudine et nervoso corporis vigore

invadi jubet. Haud mora; atrocissimus insultus hinc inde mutuo conflictu certat. Quamplurimi Anglici studiosius intendentes ad improbitatem Gallorum propellendam interficiuntur. Tanto aggressu intolerabili, tanta alacritate indefessa, gravissimum oppressas a pugna ulteriori vires deflectunt, et victi invasoribus antemuralia resignant.

[234] Hac re strenue gesta, erectus Gallorum crescit et hostium lapsus diminuitur animus. Nec solum acres Galli muros transcendere, verum subtus terram penetrare moliuntur. Profecto unusquisque belli princeps infra penates speluncis concavatis secretum et iter obscurum in villam aditum reseraturum sibi aperit. Et potissime cohors Francie connestabularii labori assueta muros ante Sancti-Stephani abbaciam conjectos suffodiunt, et cujusdam turris in ejusdem monasterii conspectu funditus bases succindunt, et columpnis flamma apposita consumptis, ingens menium et turris congeries ruina precipiti collapsa amplum patefecit ingressum. Extra Galli admodum letitant et intus tanto malo stupefacti Anglici amarissimo terrore conficiuntur.

[235] Jamque Gallorum alacritas incensa consequende victorie et opulente prede stimulis excitatur manu dimicare in hostem, si rex, supremus princeps, ineundi conflictum laxaret auctoritatem, cui renunciatur insultu facile Cadomum posse subigi. Hoc agi debere sibi non ineleganter persuadetur. Ac rex piissimus, divine clemencie imitator, strictius inhibet ne gens marcia in ville tam populose lugubre exicium manus cruentas extendat; ac ille inquit : « Si salutare consilium michi daretur, quo plusquam decem « proborum virorum intus existentium millia, qui summa caritate nostram majestatem « amplectuntur, a calamitate villa capta irruenti et sua preservari possent, ut non a « furore gladii cum hostibus periclitarentur, mea sentencia foret Cadomum vi et insultu « expugnandum. Villa enim ferro subacta, nullo hostium cum amicis, nullo nocentium « cum insontibus, nullo sexus et etatis discrimine habito, sanguinolenta manu peribunt « universi. Mulieres pavide, senes inhermes et burgenses innocui, velut ferocissima regis « Henrici captione inibi omnia scelera ista perpetrata sunt, misera iterata clade neca- « buntur. Sancta templa cruore humano fedari, a donariis expoliari, virgines constuprari, « castas violari, nullus efferatum ferri furorem arcebit. Hic alieni rapax et sui effusus « gladio pretento omnes domos perstringet. Fortunas enim burgensium raptas cum « spoliis inimicorum aufferet. Sub nostro armorum imperio ista nephanda facinora «· perpetrari nolumus, nec cruorem hostium effundere, sed eorum intrusionem a nostro « ducatu propulsare affectamus. Longe enim inedia obsidionis contriti hostes absque « nostrorum sanguinis effusione et lugubri burgensium exicio nobis restaurare cogi « poterunt. » Hec pii principis sanctissima fuit opinio.

[236.] Profecto absque gravissimo Gallorum detrimento et irreparabili ville eversione nunquam vi a barbaris erepta fuisset. Nam acerrimi hostes, Robertus Ver, miles, Henricus Regnefort, Hugo Spencier, Henricus Stendis, Guillermus Courren, Guillermus Logot, Fulco Ethon, Henricus Ludonii, capitanei armis exercitatissimi, sub imperio suo quatuor Anglorum millia habentes, ad ville protectionem arctius invigilabant; et infra castrum, fortiorum totius ducatus Northmanie unum, dux de Sombresset, uxor, eorumque liberi in tutissimo profugio residebant. Haud dubium, tanta armatorum copia, aggere et menibus validissimis protecta, infra ville intestina absque maxima invasorum strage debellari non poterat. Et si corda burgensium cum hostibus unita, velut distracta erant, tanta virorum multitudine defensa, non vi verum sola fame superanda villa patebat. Hac enim ingressa, non tamen recuperata fuisset. Vires omnium animo et corpore insimul juncte loca superiora occupassent; exinde sagittis vico[s] texisse et desuper ingressos saxis et missilibus obruisse contigisset. Sed animi burgensium ab hostibus diversi, ut nunc sunt, si contra vim et ferrum villam tutari nequirent, diffidencia impelleret Anglicos burgenses relinquere indefensos et ad castrum profugere; ac opidanis in tuto collocatis, uti dum immanis Henrici crudelitas captam villam obruit, victores armati inclementem ferri furorem, qui nulla restringeretur humanitate, ad burgensium cedem et ad eorum fortunarum direptionem exercerent; et villa tam calamitose direpta non facili pugna hostes a castro, ut alias, expellerentur.

[237.] Hoc amplissimum opidum, indissolubili calcis et (s)cementi compage firmum et situ inexpugnabile, clausuram Silvaneti urbis non minorem continens, altisque turribus conspicuum supra silicem durissimam construitur. Et infra hujus castri septum sublimis arx quadrata, illa Bitturis immanior, in excelsum cacumen custodit, turresque quatuor alie paulo minores in arcis angulis fabricate eleganti forma circumstant, atque fosse precipites et muri compacti huic arci robuste munitionem non invalidam superaddunt. Belciaci ubertas, segetum fertilis, equorum pabula et optima hominum alimenta huic regio castro ministrat. Fecunditas Algei intima fluens pinguedine obesas pecudes et redundantes si(n)cere penus propinat. Flumen navigabile fenum, lignum, cateraque promiscue necessaria, et mare delicatos omnium generum pisces et diversam vinorum speciem copioso usu Cadomum transvehit. Aer salubris et conspectus pratorum amenissimus intrinsecum corporibus vigorem et jocundissimam oculis voluptatem conferunt.

CAPITULUM PRIMUM ET VICESIMUM

In hoc capitulo de clemencia regis Karoli et crudelitate regis Henrici,
et eorum diverso bellorum exitu, agitur. (¹)

. . . .

. . . .

CAPITULUM VICESIMUM SECUNDUM

Qualiter et qua deditionis forma, obsidionis acerbitate dux de Sombresset exactus regi Karolo Cadomum tradit. Qualiter comes Dunensis capitaneus, clavibus a connestabulario sibi traditis, castri et ville Cadomi adeptus est possessionem.

[241.] Ad inceptum redeamus. Cum dux de Sombresset diversa et multa dubio animo volutet, admodum terretur vario rerum eventu confusus. Tum sese, uxorem et liberos crebra obsidionis acerbitate fatigatos vehementius arctari sentit. Tum suos commilitones implacabili metu pavefactos, si cum fero hoste certamen ineant, sterni potius quam occidere paratos animadvertit. Tum ubicumque in Karolum regem pugnatum fortunam Anglicis fuisse commemorat adversam. Tum propter inique belli sortis conturbationem,

---

(¹) Nous croyons inutile de reproduire ici le texte de ce chapitre qui, ainsi que l'indique son titre, est un parallèle entre la clémence de Charles VII et la cruauté de Henry V, et n'a aucun rapport direct avec le siège de Caen.

nullum sperat ab Anglia militum subsidium consecuturum; sevis infortunii procellis agitatus, animo labefacto veretur ne ad extremum sua persona, uxoris et liberorum gladio perimantur, aut victi in miseram captivitatem casuri, non mediocrem in predam hostium decidant, si pertinacibus armis in Karoli regis potenciam resistat. Hiis et aliis dux concussus, ut periculis, quibus salus universe familie et fortunarum versatur, impendentibus mature obviet, opulentam Cadomi villam, insigne castrum et turrem magnificam in hanc compositionem adduxit : si postera sancti Johannis Baptiste luce infra primam Julii proxime lapsuram Francorum regem ejusque armorum potenciam campo non expugnaret, hec tria famosa fortalicia Karoli potestati dedet. Istam conditionem deditioni inserit, licet certum haberet tempore sibi non succurrendum, ne per suam ignaviam, verum per subsidii armorum substractionem, ut defectu succurrentium, non suo, tam potentem villam, validum castrum et arcem ornatissimam ab Anglicis perdidisse lese majestatis reus accusaretur. Et ut composit[i]o promisso non frustretur effectu, decem viros ab Anglia, duo milites in Northmania et quatuor burgenses ex Cadomo cretos in vades tradit; eo pacto quo idem dux, lecti consors, sua propago, ceterique Angligene cum suis uxoribus liberisque cedentes illesi, castrensia mobilia, etiam equos, arma, milites, sagittarii arcus, balistas et loculos secum in Angliam vectura curruum et navium sumptibus propriis accommodata transducent. Immanes enim machine et minute, preter colubrinas que dextera deferri possunt, apud Francorum regem belli institutis parte manebunt. Preterea Anglici creditores singula cyrograffa et debita viris ecclesiasticis et burgensibus obnoxiis ut cancellata et soluta absque alicujus exactione cedant.

[242.] Labente igitur Julii prima, ideo quod nullus principum Anglie subsidio affuit, ballivus Cadomi Anglicus in campis allatas ville, castri et turris quadrate Francie connestabulario claves concessit; quas extimplo egregio comiti Dunensi, ut capitaneo et gubernatori ex regis auctoritate creato, tradidit. Idem Arturus in armis rure consistit, ut Anglicos recessuros cogat ad mare rectum iter tenere, ne ad predam in villas campestres evagentur. Dux de Sombresset, heri gubernacula ducatus feroci imperio regens, cunctorum fortunas et hominum arbitria flectit quo funesta dominantis jubet auctoritas; et hodie ab iniquo regimine expulsus ad pagum d'Estrehan, marinum portum nocte dormiturus accessit; et non ut imperanti, sed peregrino, nocturnum hospicium satis benigne postulanti, indigene fores domorum obversas claudunt, ac famelitico carius empturo viaticum distrahere nolunt. Aspere improperant sceleratissimam tuam gentem Anglicam plusquam sexaginta edes amplissimas, spoliis vi ablatis, in hoc pago conflagrasse; ei transfreturo in Angliam pelagi et aeris malignitatem et toti Anglorum generi imprecantur. Difformem domorum parietinam ostendentes inquiunt : « In hoc combustionis loco, quem tui « perditissimi incendiarii tibi comparaverunt, tuorum uxoris [et] liberorum et tuas « cervices reclina, et onustus sarcinulas depone. O quam justum judicium si nephandi « incendii artifices in area combusta qua populare scelus perpetrarunt, ut severa legum « sanctio exuri statuit, celesti fulgore tanti criminis ultore concremarentur! Nec tectorum « nec rerum usus, que tua gens iniqua flammis et rapina diluit, tuis satellitibus et tibi « eorum duci immanitatis subsidium nos decet accommodare. » Haud dux nec barbari inhospitati, quamquam estu et vento maritimis graviter afflicti, nec incenati fame et siti diurna confecti, vi tecta subire et dominis invitis commeatum usurpare audent; ne salvo conductu fracto, exosa corpora in captivitatem et opulenta spolia in predam decidant.

[243.] Comperta enim hostium inedia, quibus populus infensus alimenta ministrare recusat, humanissimus rex Karolus negociatores ad ducem barbarum victualia deferre et hospicia aperiri jubet. O quam anceps tyrannorum imperium et subita clade periturum, ni partum amore subactorum firmo retineatur! Heri dux de Sombresset, summa regis auctoritate vectus, subjectorum fortunis, ut seva libido cupit, ad nutum uteris et ingenti formidine sedulo honoris cultu a Northmanis veneraris; hodie ab imperio iniquo dejectus, commeatum a populo recusatum nec precio nec vi, quo te labore itineris gravatum recrees, tibi comparare potes. Hodie asperrimo imperio populus te ipsum heri regentis solio sublimatum afficit, et ut crudeli incendiario adversam sortem imprecatur. Heri excelsa palacia faleratam tui superbi ducis pompam et mensas splendidis ac variis dapibus onustas vix continere poterant; hodie demissa colonorum casa, ut commeatum et nocturnam quietem discumbiturus sumas, te expulsum recipere dedignatur.

. . . .

[246.] Ab arce sublimi fortuna belli ducem superbum detrudente, mox humilis regis locumtenens comes robustis ducentis sagittariis antecedentibus, heraudis et tubicinibus regis intermediis, et a tergo tribus venustis scutiferis vexilla liliorum auro florentia gerentibus, retroque centum egregiis armis corruscantibus, per turrem quadratam et amplissimum castrum Cadomum magnificus intrat; supra quam et ville portas celestia regis signa honorificentius erigi jussit.

CAPITULUM TERTIUM ET VICESIMUM

Qualiter rex Karolus, splendida principum, procerum et nobilium magnificencia decoratus, Cadomum ingrediens a burgensibus summo honore et a clero summa veneratione, cunctis ingenti leticia exultantibus, receptus est.

[247.] Sexta vero Jullii fluente, rex piissimus splendida principum, procerum et nobilium turba illustratus, ducentis sagittariis et bucinibus regali ornatu armorum insignitis precedentibus, et retro tergum eximiis centum lenceis acutis militantibus, regis vestigia secuturis, ab abbacia de Ardena prope Cadomum equo incedens accessit. Cui egregii burgenses hylari et modesta facie, velut ab infesta servitute erepti, cum Dunensi comite obviam exierunt; et impenso humilime, ut tantum decet regem, cultu reverentie, claves ville ejus facultati presentaverunt, quas grata manu et benigno favore accepit. Et confestim universus clerus, maxima in multitudine, decenti vestimentorum honestate redimitus, ville claustra egressus, canticis et hymnis exultans colendissimam regiam majestatem venerantur, ac ex preciosis auleis et locupletibus tapetis, pannisque vario distinctis colore, vici et compita quibus rex iter agit ornatissimo celi, seu cortine, paratu tenduntur. Ac populus et vulgus mixtum cum parvulis, antea durissima servitute contriti, nunc acceptate libertate freti, in nove jocunditatis voces erumpunt, immensamque Karoli pietatem ab hoste sine sanguinis fluxu et sine preda vulgi rapta ad celum extollunt, et velut celeste Numen et plusquam mortalem summo condignantur honore.

V

THOMAS BASIN :

HISTOIRE DES RÈGNES DE CHARLES VII ET DE LOUIS XI

Édition J. Quicherat, Paris, Société de l'Histoire de France, 1855-1859, 4 vol. in-8° ;
t. Ier, p. 239-242.

LIBER QUARTUS

CAPITULUM XXV

Obsidio Cadomi et ipsius deditio Francorum regi.

Qua obsidione perfecta, nolens rex torpere aut quieti se dare, donec Anglos penitus Normannia expulisset et cœptam victoriam feliciterque prosecutam ad complementum usque et consummationem perduceret, ad obsidendum Cadomum, post urbem Rothomagensem totius Normanniæ insigniorem locum, animum convertit. Accitis itaque de toto regno tam equitum quam peditum militaribus copiis, oppidum ipsum, in quo erat dux Summerseti, cum pluribus Anglicanæ militiæ ducibus et Anglis supra tria millia, præter incolas et cives loci, obsidione grandi cinxit et valida. Fuit in ea obsidione rex ipse Carolus præsens cum Renato, rege Siciliæ, et pluribus aliis principibus sanguinis sui, fuitque ipse hospitatus in monasterio religiosarum Sanctæ Trinitatis, aliquando etiam in monasterio de Ardenna. In burgo autem de Vaucellis castra posuerat ante regis adventum illustris comes Dunensis ; qui etiam, expugnata munitione quadam, quam ante portam, quæ Mileti dicitur, Angli exstruxerant, ipsam vi receptam, fugatis inde hostibus, incendio cremavit in favillamque dedit et cineres. In monasterio vero Sancti Stephani et burgo adjacenti (licet domos omnium pæne suburbanorum, quæ amplissimæ et magnificæ fuerant, præter monasteria et ecclesias, exussissent Angli dum sibi viderent obsidionem imminere), castra locaverat jam dictus comes Richemundiæ, constabularius, habens ex Britonibus et francis sagittariis magnam et validam militiam.

Ita oppidum ex omni parte obsidione vallatum. Mirum vero erat et horrendum inspicere bombardas seu petrarias ingentis magnitudinis, cum aliis minoribus bombardellis pæne innumeris, quibus ad oppidi expugnationem ex omni ferme parte ipsum oppidum cinctum erat ; nam de majoribus viginti quatuor fuisse referuntur, in quarum nonnullarum foraminibus homo sedens facile, cervice erecta, stare potuisset. Quæ licet omnes sitæ et paratæ ad jaciendas petras fuissent, unius tamen solius jactus ita obsessos exterruit, metientes ex modico quale periculum eis impendebat, si pariter mœnia et turres ex omnibus percussæ fuissent, ut statim inducias peterent ad habendum de deditione colloquium et tractatum. Et ille quidem bombardæ jactus, præter ducum

dispositionem, a magistro bombardæ factus fuerat. Erat bombarda sita prope vallum, ex inferiore parte suburbani monasterii Sanctæ Trinitatis, ad directum sive prospectum cujusdam turris, in mœnibus oppidi. Pro munimento in ea turri erant quatuor aut quinque Anglici cum nonnullis fatuis juvenibus de oppido, qui convitiis et probris jugiter Rothomagenses, qui ad custodiam illic locati erant, simul et ministros ipsius bombardæ lacessebant, et nedum verbis, sed etiam crebris jactibus bombardellarum et aliis missilibus, ex ipsis nonnullos interdum vel interficiebant vel vulnerabant. Quibus eorum injuriis et inquietationibus gravi ira atque indignatione permotus ipsius bombardæ magister, stimulantibus etiam Rothomagensibus qui illic aderant, ignem ad machinam præparatum admovit; qui jactu suo turrim illam, in qua stabant illi eorum inquietatores, percutiens, illam ad terram atque contumeliatores ad inferos dejecit. Nec vero illa petra quiescens, sed per oppidum remotius volans, multa ædium tecta dejecit, multos parietes perfodit.

Illo itaque exterriti monstro, qui intus erant Anglorum duces, prudenter animadvertentes quam facile oppidum, licet sane satis industrie ac magnifice vallo, mœnibus, turribus et propugnaculis communitum, expugnari potuisset, si a cæteris machinis pariter muri et turres conquassati fuissent, periculo obviam euntes, inducias, ut diximus, requisierunt. Urgebantur etenim etiam aliunde ; nam ex parte monasterii Sancti Stephani, qui castra ibi locaverant Britones et franci sagittarii, ita per fossos cuniculos et specus subintraneas mœnia suffoderant, ut jam nihil pæne restaret impedimento quominus ad intrinseca oppidi penetrarent. Erant enim ipsi intra muri densitatem in fundamentis hospitati, ita ut jam cum intraneis, cum primum factæ fuerunt induciæ, loquerentur, motioneque unius lapidis foramine facto, ab his qui intus erant potus iisdem præberetur. Igitur duces Anglorum, induciis acceptis, de deditione tractarunt : quam Francorum rex accepit, concessa duci Summerseti et suis omnibus facultate et securitate ad sua abeundi cum bonis quæ haberent, exceptis bombardis et machinis certæ magnitudinis, quas eis deportare non licuit.

Itaque ipsi, accepto itinere per Normanniam et Picardiam, ad oppidum Calesii profecti sunt, Normannia derelicta. Cum eis profecti sunt aliqui nationis Gallicanæ, sed numero pauci, qui pertinacius Anglorum querelæ fautores exstiterunt. Duxerunt etiam ex ipsis nonnulli uxores quas in Gallia acceperant; alii vero scientes se anteriora habere conjugia in Anglia, superductas, non absque plurimo luctu et ejulatu, reliquerunt. Erant autem, qui exierunt, tam virorum quam mulierum circa quatuor millia.

VI

MATHIEU D'ESCOUCHY :

CHRONIQUE

Édition G. du Fresne de Beaucourt, Paris, Société de l'Histoire de France, 1863-1864,
3 vol. in-8º ; t. I., p. 304-315.

CHAPITRE XLV

*Comment le Roy Charles fist mettre le siège devant la ville de Kein, de la rendicion d'icelle,
et comment le duc de Sombresset s'en ala en Engleterre.*

Au commenchement de cest an mil quatre cens cincquante, apprez que le Roy
Charles fu véritablement infourmé de la journée et victore que ses gens avoient eu
contre ses anciens ennemis et adversares à la bataille de Fourmigni, et aussy des bonnes
fortunes que chascun jour lui survenoient, et meisme qu'il estoit bien adverti des tribulacions qui en ce temps estoient ou Royalme d'Engleterre, fut moult joyeux et remercioit
souventes fois nostre seigneur Dieu, son créateur, se conclud de rassambler et remettre
toutes ses gens de guerre ensamble. Et, de pluseurs lieux et places, les fist revenir
deverz lui, sur intencion de parachever et parfaire sa conqueste de Normendie; car bien
percevoit qu'il estoit heure, et que mal possible seroit à ses ennemis de longuement y
mettre résidence, attendu les grans pertes et males fortunes qu'ilz avoient chascun jour.
Sy commenchèrent à venir grant foison gens de divers lieux; et quant il les eust tous
assamblez, se conclud de parachever sadicte conqueste, et qu'il seroit en personne ou
pays, et au plus prez de ses gens, affin que les choses se feissent plus seurement; car il
savoit bien que les Anglois qui estoient eschappez de la bataille de Fourmigny, s'estoient
retrais en pluseurs villes et fortresses ou pays, qui estoient en très grant doubte, car
ilz disoient entre eulx : qu'il sambloit estre mal possible de eulx tenir longuement,
considéré qu'ilz véoient la grant puissance que le Roy Charles avoit de présent, et aussy
qu'ilz ne trouvoient leurs gens si vigreux ne de sy bonne volenté comme ils avoient esté
par avant, et véoient que les communes des villes et du plat pays ne desiroient sy non
de retourner en l'obéissance et gouvernement des Franchois.

Pour laquelle cause conclurrent, nonobstant les choses dessusdictes, de eulx entretenir le plus longuement que faire le porroient. Et sur icelles conclusions, envoierrent
pluseurs messages en Engleterre, tant devers le Roy Henry comme ceulx de son conseil,
seingniffier et faire savoir les grans pertes et affaires qu'ilz avoient eu, à cause de la
bataille de Fourmigny. Et quant ledit Roy d'Engleterre et ceulx de sondit conseil furent
de ce advertis, furent moult desplaisans et courrouchiez, mettant grant doubtes qu'ilz ne
perdissent le surplus de ce qu'ilz avoient en Normendie. Si tint on en Engleterre, sur
ces nouvelles, pluseurs consaux, pour savoir par quelle manière on y porroit mettre

provision, et y envoier aucun secours; mais finablement nul remède n'y pœut estre trouvé, obstant les divisions qui estoient lors en Engleterre, tant entre les nobles comme entre les communaultez. Et de ce fut bien adverti le duc de Sombresset, qui encores se nommoit gouvreneur de Normendie. Lequel se conclud de soy tirer en la ville de Caen; ce qu'il fist, et avec lui les Anglois qui estoient demourez ou pays, et fist fortiffier et remparer la ville et chastel au mieulx qu'il peut, à intencion de le tenir le plus qu'il porroit. Et ce venu à la congnoissance du Roy Charles, se délibéra et conclu de faire mettre le siège devant ladicte ville de Caen; ce qu'il fist, et pour faire l'avant garde, furent commis les comtes de Clerremont et de Dunois, qui ensamble, à grosse compaignie, le ixᵉ jour de juing de cest an, alèrent logier devant une des portes de ladicte ville, nommée la porte d'Argenses, et ung faubours qui s'appellent Vauchelles, où, ainchois qu'ilz eussent prins leurs logis, y eut fait pluseurs escarmuches et beau fais d'armes par entre les parties, c'est assavoir Franchois et Anglois. Car ceulx dedens saillirent sur lesdis comtes et leurs gens, mais depuis se retrairent, et furent rebouttez par puissance d'armes.

Et environ trois jours apprez, le connestable de France, le maressal de Bretaingne, et aveuc Jaques de Luxembourg, Joachin Roault et pluseurs autres en grant nombre de gens de guerre, tant Bretons comme autres, prinrent leur logis au lez delà l'eaue, qui se logèrent en une place nommée le Bourg l'Abbé. Environ ces propres jours, les comtes d'Eu, de Nevers et du Maine, acompaigniez de pluseurs nobles, chevalliers et escuiers en grant nombre, se logèrent en l'Abbeye-aux-Dames, qui estoit assez prez de la ville. Et apprez que le siège fut ainsy assiz d'un costé et d'autre, ou quartier où lesdis comtes de Clermont et de Dunois estoient logiez, firent unes approches bien faictes à merveilles, et au moien d'icelles se logèrent les gens dudit comte, en une nuit, sur le bort des fossez de la ville, à l'endroit d'une bastille que les Anglois avoit fait, laquelle estoit merveilleusement forte. Et pour trouver manière de gaingnier ladicte bastille, furent fais quatre engiens, c'est assavoir deux chas et deux grues, par lesquelz engiens les Franchois pooient approchier leurs ennemis. Et quant iceulx engiens furent bien fais et préparez, on le seigniffia et fist savoir au Roy Charles, qui estoit logié en une ville nommée Argence, à quatre lieues prez d'illec, et que, se son plaisir estoit, lesdis comtes estoient délibérez de assaillir ladicte bastille. Et quant le Roy eut oy ces nouvelles, il leur manda que pas ne feissent ledit assault jusques à ce qu'il y seroit; car son intencion estoit de y vouloir estre en personne. Et le lendemain, se parti de ladicte ville d'Argence et en sa compaignie six mille chevaulx ou environ, [bien en point,] et comme à dix heures du matin, descendy au logis dudit comte de Dunois, où il disna; et incontinent qu'il eust disné, fut ordonné de assallir ladicte bastille par les gens desdis comtes et de leur quartier, sans rens mouvoir des autres quartiers, et aveuc eulx se bouttèrent les seigneurs d'Orval et de Loéhac, et leurs gens, pour ce qu'ilz estoient venus aveuc, en la compaignie du Roy. Auquel assault furent faictes par les parties, tant dedens comme dehors, pluseurs vaillances et grans fais d'armes. Car par les Franchois furent menez lesdis chas et grues jusques par dessus l'arche du pont que les Anglois avoient rompu, et illec combattirent par l'espace de deux heures ou environ, main à main, tant par eaue comme par terre, où il y ot grant nombre de Franchois bléchiez. Sy les convint retraire à ceste fois, tant par ce que la mer devint grande, comme par ce que dit est du grant nombre des Franchois bléchiez, et y en demoura mors certainne quantité. Auquel assault fu prins un Anglois et mené au logis, [auquel on demanda de leur estat,] qui dist qu'il savoit bien qu'il estoit mors de leurs gens audit assault, jusques au nombre de xxv personnes. Et demourèrent lesdis engiens ceste nuit par dessus l'arche du pont, malgré ceulx de dedens, jusques à l'endemain, à la garde desquelz fut bien pourveu,

Et quant le Roy se fut retrait aveuc tous ceulx de ladicte compaingnie, il eut conseil de ceste nuit soy retraire à l'Abbeye-aux-Dames, où il coucha ; et le lendemain, apprez la messe, et que chascun eut but et desjuné, fut ordonné de nouvel regarnir lesdis engiens, et les boutter le plus avant que faire se porroit, à intencion de prendre par puissance ladicte bastille. Et quant tout fu bien préparé, les Franchois se mirrent en armes, et par bel arroy et bonne conduitte, menèrent lesdis engiens jusques auprez du mur, où illec se combattirent vaillamment les ungz contre les autres ; et en la fin fut ladicte bastille gaingniée. Et y demourèrent mors en la place, comme il m'a esté certiffié par Rois et héraulx d'armes, jusques au nombre de cinquante personnes Anglois, et le surplus s'en retournèrent et fuirent en la ville.

Vous avez oy la manière et conduitte que tenoient, en leur quartier, les comtes de Dunois et de Cleremont ; si vous veul ung petit déclairier de la conduitte que tenoit, en son quartier, le connestable de France et ceulx de sa compaingnie. Or est vrai que à sondit quartier furent faictes approces qui se commencèrent dès l'Abbeye, par lesquelles on pooit aler franchement dedens la ville trois lances de longueur ou environ. Et, en peu de nus, du costé desdictes approches, fut battue la muraille de canons, depuis la porte qui va à Baieux jusques à l'endroit de ladicte abbeye, qui est environ de longueur le jet de deux pierres, sans que nulles des bombardes y tirassent, dont on avoit, autour de la ville, vingt deux grosses et six petittes ; et à l'endroit de ladicte abbeye, avoit une tour cornière, sur laquelle tour avoit ung bolwercq de bois et de terre moult fort par dessoubz, contre laquelle avoient les Franchois fait une myne merveilleusement bien faicte et édiffiée, par laquelle, la nuit Saint-Pierre, apprez le Saint-Jehan-Baptiste, fut boutté le feu audit bolwercq.

Et de ce ne se perceurent grant espace de temps apprez ; mais quand s'en furent perceux, doubtèrent que les Franchois ne fussent, par mines, dessoubz eulx. Et à ceste heure, avoit deux Anglois qui faisoient le guet audit bolwercq qui estoient appoiéz contre deux queves, qui illec estoient plainnes de terre ; et par la conduitte qui se faisoit en ladicte mine, en petit d'eure apprez, chey ladicte tour ès fossés ; et demoura ledit bolwerc tout en feu et en flamble. Et aveuc ladicte tour, cheirent lesdis deux Anglois, mais n'eurent garde de mort, dont chascun fut moult esmerveilliez. Et lors, à l'endroit de ladicte mine, leur fut livré ung assault dur et merveilleux, auquel fu tué un chevallier franchoix, nommé le seigneur de Saint-George. Et de la part des Anglois, y en demoura mors en la place jusques au nombre de xv, et sy en eut vi prisonniers.

Et quant ceulx de dedens se virent ainsi assalliz de tous costez, et que le siège y avoit jà esté ung mois ou environ, requirent de avoir trèves une espace de temps, affin que ce pendant ilz peussent avoir aucun bon traictié ; et de ce faisoient sagement ; car bien véoient que de tous costez ils estoient assallis et enclos, meisme du costé vers le chasteau, dont avoient acoustumé faire leurs saillies de cheval sur les sièges, où fut mise provision : car à l'endroit d'ilec furent envoiez une grosse compaingnie de frans-archiers, entre lesquelz estoient ceulx de Noyon, de Laon, Rains, aveuc pluseurs autres en grant nombre. Et aussi, à la vérité, le Roy avoit à ceste heure devant ladicte ville, le nombre de unze milles sept cens hommes de guerre, trez bien paiez ; car toutes ses compaingnies y estoient assambléez.

Et quant on lui eut rapporté les nouvelles que ses ennemis requéroient trèves, liberallement le consenti, et dit qu'il estoit bon de oyr ce qu'ilz vorroient dire, et que on leur baillast trèves une espace de temps ; pourveu que le feu qui estoit dedens ledit bolwerc ne seroit pas estainct, pour tant que à mesure que les boises chéoient et ardoient, elles chéoient sur les Anglois dedens la ville. Les trèves furent accordées, moyennant que, icelles durans, nul n'ozeroit touchier au feu, sur painne de enfraindre icelles trèves. Et à cest heure ung Anglois qui avoit assez prez de lui son manteau, sur lequel chey une boize toute ardant dudit bolvart, mais il ne l'oza oncques oster, ne rescourre, dont il cuida morir de dœuil. Et se le Roy n'eust lors accordé lesdictes trèves, et il eust voulu donner congié de assallir la ville, à la vérité les Franchois l'eussent emporté d'assault, par force d'armes et de vaillance; mais onques le Roy ne le vot consentir, pour éviter le grant éfusion du sang, et le grant mal qui y eut esté fait, car en tous ses fais, il estoit pitoyables et miséricords.

Et ainsy furent les trèves accordées; si ordonna le Roy aucuns depputez, pour communiquer et appoinctier aveuc les assiégez. Et, quant le duc de Sombresset, et pluseurs cappitainnes anglois qui estoient aveuc lui, eulrent veu qu'il n'y avoit nul remède qu'il ne convenist rendre ladicte ville et le chastel en la main du Roy Charles, ou en brief temps estre prins par forche et puissance, qui leur porroit tourner à grant préjudice, et que ceste matère avoient parlé pluseurs fois ensamble, conclurrent de trouver et prendre aucun bon traictié et appoinctement, se avoir le pooient. Et lors se joingnirent aveuc les depputez de par le Roy Charles, par lesquelz, d'un costé et d'autre, furent pourparléez pluseurs choses; et à pluseurs fois on aloit savoir la bonne voulenté du Roy. Finablement, tant fut procédé en ceste materre, que ledit duc de Sombresset appoincta aveuc les députez du Roy Charles de rendre et mettre en ses mains ladicte ville et chastel de Caen, par condicion que lui, sa femme et enffans, et autrez qui s'en vorroient aler aveuc luy, s'en yroient, sauf leurs corps, atout leurs biens mœubles quelzconques, sauf la grosse artillerie qui demourroit au proufit du Roy; et pour la recompensacion des intérestz que le Roy pooit avoir eu à asségier ladicte ville et chastel, ledit de Sombresset paieroit la somme de 111 cens mil escus d'or. Lequel traictié et appoinctement fu assez aggréable au Roy; et en furent chascun des parties contentes.

Et par ceste manière fut ladicte ville et chastel rendue ès mains dudit Roy Charles; sy y fu commis de par luy pour cappitainne le comte de Dunois, et incontinent, soubz bon et seur sauf-conduit, se parti ledit duc de Sombresset, sa femme, ses enffans et ceulx qui aler s'en vorent aveuc luy, sauf ceulx qui demourrèrent pour hostaiges de paier la somme dont dessus est faicte mencion. Et tirèrent, par diverses journées, en la ville de Calais, où ilz furrent petittement receux; car ceulx de la ville disoient qu'il s'estoit mal acquittié de ainsy avoir laissié perdre la ducé de Normendie, et que ce avoit esté par deffaulte de ce qu'il n'avoit pas paié les gens d'armes. Nonobstant tout, il souffry et endura les parolles du pœuple; car autrement ne le pooit faire; et trouva fachon de passer oultre et aler en Engleterre, et tirer devers le Roy Henry. Et lui ilec venus, eut plus à faire que devant, car son corps et ses biens furent arrestez, et lui fu dit qu'il avoit vendu aux Franchois ladicte duchié de Normandie, et que, par ces moyens, le Roy Henry l'avoit perdue; et, aveuc ce, le commun pœupple estoit sy mal content de luy, que à touttes fins voloient que on le fist morir. Et sans doubte, se n'eust esté le conseil du Roy Henry, qui y donna provision, la communaulté l'eut fait morir. Et tellement fut procédé en ceste matère, que il eut audience et fut oy. Sur lesquelles charges et accusacions, il se excuza au mieulx qu'il peut; et remonstra comment, lui estant en Normendie, s'estoit pluseurs fois dilligamment acquittiez de avoir envoié devers le Roy son souverain seigneur et ceulx de son conseil, seigniffier et faire savoir les affairez et tribulacions qu'il avoit à porter pour la deffence du pays, en requérant pluseurs fois avoir ayde et secours, dont riens ne lui en avoit esté fait; et, pendant ces besoingnes, les choses estoient survenues sy soudainement, que nul remède de sa part n'y pooit avoir esté mise, combien que de toutte sa puissance se fut emploié au mieulx qu'il avoit peu :

desquelles responces et excusacions le Roy et son conseil se contentèrent. Néantmoins, pour apaiser le commun, ne fut pas content le conseil de le despéchier à ceste heure. Et en brief temps apprez que ladicte ville de Caen fut ainsi conquise, le Roy Charles ordonna que une partie de son armée s'en yroit mettre le siège devant une place nommée le Faloize, aveuc Damfront et Chierebourg.

VII

MARTIAL DE PARIS dit D'AUVERGNE :

VIGILLES

DE LA

MORT DU FEU ROY CHARLES LE SEPTIESME

à neuf pseaulmes et neuf leçons,

contenans la chronique et les faiz advenuz durant la vie dudit feu roy.

Paris, 1724, 2 vol. in-12 ; t. II, p. 95 à 102.

Comment le connestable mist le siège devant Caen.

Ledit Richemont connestable,
Ayant de francs archiers deux mille,
Tout à pié, en bataille estable,
Mist le siège devant la ville.
Illec les gens de son enseigne
Se logèrent devers Bayeulx,
Près l'Abbaye de Sainct-Estienne,
En faisant aprouches plusieux.
Dunoys, le Conte de Clermont,
Culant, Jalongues mareschal
Les seigneurs d'Ivry et Beaumont,
Montenay et Seigneur d'Orval,
Allèrent de l'autre costé,
Accompaigniez de cinq cens lances
D'archiers, guisarmiers a planté
Et d'autres gens en grans puissances.

Si se logèrent aux faulxbourgs
De Valongnes où tost après
Firent à leur aide et secours
Ung beau pont et passaige exprès
Par lequel tost après passèrent
Les contes d'Eu et de Nevers,
Bueil et autres qui allèrent
En une abbaye là auprès.
Pendant ledit siège de Caen,
Les Roys de France et de Sécille
Si se partirent d'Argenten,
Ayant des gens plus de six mille.
Les ducs de Calabre, Alençon,
Du Mayne, Sainct Pol, Tancarville,
Lorraine et grans gens de façon,
Traynel, Poully et de Blainville ;
Si vindrent à compaignie vive,
Au chemin de Caen hébergier,
Au lieu de Saint Pierre sus Dive,
Où le Roy voult la nuyt logier.
Le lendemain vint à Argences
Et puis aux fauxbourgs de Vaucelles,
Où fit passer ses gens et lances,
Qu'il faisoit beau voir à merveilles.
Le Roy passa par la rivière,
Et sur le pont là appointé,
Puis de là vint en sa barrière,
Es faulxbourgs de là Trinité.
De là vint en une abbaye
Près de Caen, appellée Ardaine
Où il et ses gens et compaignie
Se tindrent toute la sepmaine.
Tout à coup, et du premier sault
Qu'à Caen le siège fut mis,
Le boullevert fut prins d'assault
Dont eurent paour les ennemys.
Ledit boullevert si estoit
A la porte devers Bayeulx,
Où ainsi qu'on le conquestoit
Y eust faitz d'armes merveilleux.
Quand ledit boullevert fut prins,
Les Angloys la porte murèrent
Pour crainte qu'ilz feussent surprins,
Par quoy les Françoys le laissèrent.
Tost après la venue du Roy,
Dunoys si fist ballier l'assault
En telle façon et arroy,
Que les Angloys eurent grant chault.

Tous les boullevers de Vaucelles,
Qui estoient sur la rivière d'Orne
Furent assailliz à merveilles,
Et eurent les Angloys sur corne.
Toutesfoiz ils se défendirent
Bien vaillamment par bas et hault
Mais leurs boullevers si perdirent
Et dura longuement l'assault.
C'estoit belle chose de veoir
Les engins qui estoient là dressez,
Et les mynnes à dire veoir
Dont on alloit dans les fossez.
Ceulx du costé du connestable
La muraille si fort mynèrent,
Et une forte tour grevable,
Que les murs à terre tumbèrent.
Quant les Angloys virent abatre
Leurs murs ainsi soudainement,
Et qu'on estoit prest à combatre,
Ilz requirent appointement.
Et combien qu'en feussent indignes
Veuz les assaulx et grans effors
Néantmoins par grâces bénignes
Le Roy leur fut miséricors.
Et pour garder l'occision
Des hommes, femmes et enfans
Et de tout sang effusion,
Fist tenir la chose en suspens
Et ayant regard aux Eglises,
Et à la désolacion
De tant de gens et aux mains mises
Les print à composicion.
O doulceur, ou estez vous cy?
Que ne faictes vous la cruelle?
Angloys dictes en grant mercy,
Car vous l'eschapparez bien belle.
O! roy piteux et débonnaire
Chascun te loue de ta clémence,
Et qui veult acquérir victoire,
Fault estre piteux sans vengence.

. . . .
. . . .

La ville dessus nommée Caen
Si estoit forte et imprenable
Voyre pour bien tenir ung an
Si l'assault n'eust esté grevable.

La avoit quatre mille Angloys
Dont Ver beaufrère de Suffort
Avoit la charge des harnoys
Et messire Henry Roddesfort.
Et pour conclure le traicté
Le Lieutenant comte Dunoys
Brézé, Bureau, pour le conté
Si furent esleuz des Françoys.
Et de l'autre quartier Etton,
Pour ceulx de la ville de Caen,
Messire Richart Heriton
L'abbé, le Bailly, Decouvren.
La composicion fut telle
Que la ville au roy se rendroit
S'ilz n'avoient à ung jour nouvelle
Et secours, que l'en attendoit.
Parmy que le duc Sobresset,
Les Angloys, femmes et enfans,
Et trestous ceulx de leur verset
S'en partiroient francs de léans,
Qu'ilz retourneroient en leur terre,
Et qu'on leur bailleroit vaisseaulx
Pour les passer en Angleterre
Et porter leurs biens et trousseaulx;
Qu'ilz laisseroient les prisonniers
Qu'ilz tenoient du party Françoys,
Avecques sommes de deniers
Deues aux marchans là et Bourgoys :
Reservée l'artillerie grosse,
Et autres grans pointz et langaiges,
A plain contenuz en la grosse
Et dont ilz baillèrent ostaiges !
Le traictié fait incontinent,
Les clefs si eust le Connestable,
Qui les bailla au Lieutenant
Dunoys pour le roy aggréable.
Ledit Lieutenant Général
Après entra dedans la ville,
Accompaignié du mareschal
Et d'autres seigneurs belle bille.
Deux cens archiers avoit de pié,
Avec les héraulx et trompettes
Qui sonnoient illec en trépié,
En leurs cottes d'armes bien faictes
Si fist mettre sur les portaulx
Les banières du Roy de France,
Que troys escuiers sur chevaulx
Portoient devant en sa présence.

Après lesquelz troys escuiers
A pié avoit cent hommes d'armes,
Habillez d'harnoiz moult chiers
Qui là marchoient en grans termes.
Le sixiesme jour de juillet
Le Roy à Caen fist son entrée,
Accompaignié de gens illec
Et des seigneurs de son armée,
Le Roy de Sécille, Calabre,
D'Alençon, du Mayne, Dunoys,
Clermont, Nevers et gens de Labre
Du noble sang Royal Françoys,
Les contes Sainct Pol, Tancarville
Mareschal, Jalongues, Lohéac,
Le sire de Rieux, Stouteville,
Et Coitivy lors admiral.
Les bourgoys de ladicte ville
Luy vindrent faire révérence,
En belle compaignie utille,
En luy rendant l'obéissance.
Deux Escuiers, deux Chevaliers,
Ung beau Ciel sur le roy portoient,
Puis tabourins et ménestriers
En passant plaisamment jouoient.
Les maisons si estoient tendues
De tappicerie et de soye,
Les enfans crians par les rues,
A haulte voix, Noël, de joye.

. . . .

VIII

JACQUES DU CLERCQ :

MÉMOIRES

Édition Buchon, *Collection des Chroniques*, Paris, 1838, grand in-8º ; p. 20-23.

CHAPITRE XXVII

*Comment les François meirent le siège debvant la ville de Caen
et comme ils gaignèrent ung boullevert.*

Après que la ville de Sainct-Saulveur feut mise ès mains du roy de France, les dessusdicts mareschaulx se partirent d'illecq atout leur compagnie, et chevauchèrent jusques à deulx lieues près de Caen, en ung villaige nommé Cheulx ; et là trouvèrent logiés le connestable de France, le comte de Laval, le seigneur de Lohéach, son frère, mareschal de France, et le mareschal de Bretaigne. Et y trouvèrent aussy messire Jacques de Luxembourg, frère du comte de Sainct-Pol, les seigneurs d'Estouteville et de Malestroict, de Sainct-Sévère et de Bousacq, et plusieurs aultres chevalliers et escuyers ; touts lesquels, le cinquiesme jour de juin, se partirent dudit lieu de Cheulx, et s'en allèrent logier ès faulxbourgs de la ville de Caen, du costel devers Bayeulx, devers l'abbaye de Sainct-Estienne, près la muraille de la ville. Et pareillement se logèrent les comtes de Clermont, de Chastres, et les seigneurs de Mongascon, de Mouy, gouverneur de Beauvoisin ; messire Geoffroy de Couvran, messire Charles de la Fayette, Robert de Flocques, bailly d'Evreulx, et plusieurs aultres chevalliers et escuyers, jusqu'au nombre de quatorze cents lances et de quatre mille et cinq cents archiers, coustelliers et guisarmiers à cheval, et deux mille francs archiers à pied, lesquels ce jour estoient partis de Vernoeul. Et se logèrent ès faulxbourgs de ladicte ville, ce jour mesme, du costel de devers Paris, avec le comte de Dunois, lieutenant général du roy de France, le grand-maistre-d'hostel, le seigneur de Jaloingnes, son frère d'Orval, de Montenay, gouverneur des gens du duc d'Allençon, le sieur d'Ivry, prévost de Paris ; le sieur de Beaumont, son frère, et plusieurs aultres chevalliers et escuyers, jusques au nombre de six cents lances et de deux mille cinq cents archiers, guisarmiers et coustelliers à cheval et deux mille francs archiers à pied, quy s'estoient partis de demy-lieue de là. Par la manière dessus déclarée, feut la ville assiégée de deux costels. La ville ainsy assiégée que dict est, les François, incontinent, feirent faire ung pont au-dessus de la ville pour passer la rivière, pour aller d'ung costel à l'aultre, et secourir l'ung l'aultre sy besoin estoit ; et le quatriesme jour après, passèrent dessus icelluy pont les comtes de Nevers et d'Eu, le seigneur de Beuil, celluy de Montenay, et Joachim Rohault, à grande compagnie de gents de guerre ; lesquels s'en allèrent logier ès faulxbourgs de la ville, du costel de devers la mer, en une abbaye de dames nommée la Trinité ; et dès le premier jour que les François y meirent le siège, incontinent qu'ils y feurent arrivés, assaillirent le boullevert de la porte quy va à Bayeulx ; et illecques y eust faict de beaulx faits d'armes, tant qu'à la fin icelluy boullevert feut prins d'assault ; mais les François le laissèrent despuis, pource qu'il estoit ouvert du costel devers la muraille de la ville ; et semblablement demoura désemparé des Anglois, pource que, incontinent après la prinse d'icelluy boullevert, ils murèrent leur porte.

CHAPITRE XXVIII

Comme le roy de France se partit d'Argentan, et alla au siège debvant Caen, et comme les François assaillirent le boullevert et le prindrent.

La ville de Caen assiégée comme dict est, Charles, roy de France, se partit d'Argentan pour aller tenir siège avecques ses gents, accompagnié du roy de Sécille, du duc de Calabre son fils, des comtes du Maine, de Sainct-Pol et de Tancarville, du vicomte de Lomaigne, de monseigneur Ferry de Loherraine, de Jehan son frère, seigneur de Traynel, chancelier de France, des seigneurs de Blainville et de Pruilly, des baillis de Berry et de Lyon, et de plusieurs aultres chevalliers, escuyers, et de gents d'armes et de traict jusqu'au nombre de six cents lances ; et alla coucher à Saint-Pierre-sur-Dive, et le lendemain à Jaure, et l'aultre jour après alla disner avec touts ceulx de sa compagnie ès faulxbourgs de Vaucelle ; puis se partit incontinent et passa au-dessus de la ville la rivière, par-dessus le pont, à demy-lieue près de là ; et s'en alla logier atout ses gens dedans une abbaye nommée Ardaine, où il feut durant le siège, fors une nuict, en passant par les faulxbourgs, qu'il feut logié ès faulxbourgs en ladicte abbaye de la Trinité. Illecques demeurèrent le roy de Sécille, le duc de Calabre, le duc d'Allençon, le comte de Sainct-Pol, monseigneur Ferry de Loherraine, Jehan son frère, et plusieurs aultres, jusques au nombre de mille archiers à cheval, et de deulx mille francs archiers à pied, dont la pluspart estoient logiés ès villaiges allentour dudict Caen. En une chapelle, entre le chastel et l'abbaye dudict Sainct-Estienne, estoient logiés les seigneurs de Beauvoir et de Bourbonnois, atout trente lances et mille cinq cents francs archiers. Assez tost après la venue du roy, le comte de Dunois feit assaillir les boulleverts de Vaucelle, quy estoient sur la rivière d'Orne, près de la muraille de la ville de Caen, lesquels se tinrent longuement ; mais en la fin feurent prins grande foison d'Anglois. A chascun logis du siége avoit mines jusques dans les fossés de la ville, et par espécial du costel devers le connestable, dont les gents minèrent la tour et la muraille de debvant Sainct-Estienne, tellement que tout cheut et trébucha à terre, en telle manière que les François de dehors pouvoient combattre les Anglois en la ville main à main. Quand les Anglois se veirent ainsy approchiés de toutes parts tout allentour de la ville, doubtants qu'ils ne feussent prins d'assault, requirent de parlamenter pour trouver leur traictié devers le roy.

CHAPITRE XXIX

*Comment ceulx de Caen eurent leur traictié devers le roy, et comme ils luy déliburèrent
les ville et chastel où estoit le comte de Sombreset, lequel, sa femme, ses enfants et touts
ceulx de leur compagnie, feussent Anglois ou aultres, s'en allèrent, leurs corps et leurs
biens saulfs.*

Quand le roy de France sceut que ceux de la ville de Caen requéroient parlamenter
pour trouver leur traictié, icelluy roy, mectant Dieu devant ses yeux, regardant la pitié
que ce seroit de destruire telle ville et de violer et piller les églises de Dieu, pour aussy
eschevir l'effusion de sang de hommes, de femmes et de enfants, quy dedans euissent
peu estre tués, se consentit de parlamenter à eulx; et la ville feut receupte à composition,
jà soit que à la vérité il n'y avoit nulle apparence que, s'il eust pleu au roy que la ville
n'euist été prinse d'assault sans nul remède; et euist eu après le chastel et le donjon,
mais non pas sitost, car iceluy chastel est l'ung des forts de Normandie, garny de haye
et grand boullevert de moult dure pierre, assis sur une roche, laquelle contient aultant
que la ville de Corbeil ou celle de Montferrant; et y a dedans ung donjon très fort, faict
d'une large et haulte tour carrée de la façon de celle de Londres ou du chastel d'Amboise,
et environné tout autour de quatre grosses tours maçonnées depuis le pied des fossés
jusques au hault à l'esgal de la terre, lesquelles tours sont moult haultes; puis est
fermé de fortes murailles et haultes tout autour, selon la quantité des tours dessusdictes.
Dedans iceluy chastel se tenoient le duc de Sombreset, ses femme et enfants, et dedans
la ville messire Robert Vere, frère du comte de Eusfort, messire Henry Reddefort,
messire Expansier, Henry Candre, Guillaume Carne, Henry lord Clogiet, Fouquet
Ethon et plusieurs aultres, lesquels estoient conduiseurs, pour le duc de Sombreset, de
quatre mille Anglois pour la garde de la ville de Caen; lesquels Anglois durant le siége
s'assemblèrent par plusieurs fois et coururent sus aulx François; et ce feirent pareillement
les François sur les Anglois, c'est à savoir, pour le roy de France, le comte de Dunois,
le séneschal de Poitou et plusieurs aultres. Quand les Anglois sceurent que le roy estoit
content de tenir parlament à eulx et ceulx de la ville, sy ordonnèrent, par l'octroy du
roy de France, certain lieu pour parlamenter. Auquel lieu, pour le roy de France, feurent
députés le comte de Dunois, le séneschal de Poitou et messire Jean Bureau, thrésorier
de France; et pour les Anglois, messire Richard Henton, bailly de Caen, Foucques
Ethon et Jehan Gages; et pour ceulx de la ville, Eustasse Canivet, lieutenant du bailly,
et l'abbé de Sainct-Estienne de Caen; lesquels ensemble assemblés parlamentèrent tant
que, le lendemain du jour de sainct Jehan-Baptiste, feut le traictié faict par la manière
que s'ensuit; c'est à savoir : que les dessusdicts Anglois promeirent de mectre les ville,
chastel et donjon en la main et obéissance du roy de France en dedans le premier jour
de juillet, au cas que le roy de France et sa puissance ne seroient combattus des Anglois;
et moyennant ce, le duc de Sombreset, sa femme, ses enfants et touts les aultres Anglois
qui s'en vouldroient aller s'en iroient, eulx, leurs femmes et enfants, chevaulx, harnois et
aultres biens meubles; et avecques ce, pour les porter et mener, on leur bailleroit
vaisseaulx et charroy pour les passer en Angleterre et non ailleurs, à leurs despens, à telle
condition que les Anglois délibureroient touts leurs prisonniers. Sy deliburreroient
et laisseroient touts scellés, et sy quicteroient touts ceulx de la ville, tant gens d'église,
marchands bourgeois et autres, quy leur debvoient, sans rien leur en faire payer, et
sans encoires que pour ce ils leur ostassent rien du leur, quand ils se partiroient de

la ville ; et avecques ce laisseroient toute artillerie grosse et menue, réservés arcqs et arbalestres et coulevrines en main. Et pour entretenir les choses dessusdictes sans faillir, bailleroient les Anglois pour hostaiges, douze Anglois d'Angleterre, deulx chevalliers de Normandie, et quatre bourgeois de la ville de Caen. Et le premier jour de juillet en suivant, mil quatre cents cinquante, rendirent les ville, chastel et donjon de Caen, pource qu'ils ne feurent point secourus. Et en apporta les clefs aux champs pour le dessusdict donjon le dessus nommé bailly, et les meit ès mains du connestable de France, en présence du comte de Dunois, lieutenant général du roy de France, auquel incontinent les livra icelluy connestable, comme le capitaine et gouverneur d'icelle ville et chastel pour le roy de France. Et demeura le connestable aux champs pour faire vuider les Anglois et leur faire tenir chemin droict à Caen ; et au plutost après le comte de Dunois, accompagnié du mareschal de France, seigneur de Jalloingnes, debvant luy deulx cents archiers à pied, et entre deulx les héraulx et trompettes du roy de France, après luy joignant trois escuyers d'escurie, portants les bannières du roy de France, et derrière cent hommes d'armes à pied, entra par le donjon à pied dedans la ville et chastel, et feit mectre les bannières du roy sur le donjon et sur les portes d'icelle ville.

CHAPITRE XXX

Comment le roy de France se partit de l'abbaye d'Ardaine et entra en la ville de Caen.

Le sixiesme jour de juillet, l'an mil quatre cents cinquante, se partit le roy de France de l'abbaye d'Ardaine pour entrer en la ville de Caen ; et monta à cheval accompagnié du roy de Sécille, du duc de Calabre, son fils, du duc d'Allençon, des comtes du Maine, de Clermont, de Dunois, de Nevers, de Sainct-Pol et de Tancarville ; des seigneurs de Roy, de Coetivy, admiral de France ; des mareschaulx de France et de Bretaigne, et de plusieurs aultres grands seigneurs, chevalliers, escuyers, très grandement et richement habillés et vestus ; et chevaulcha jusques auprès de la ville, atout deulx cents archiers devant luy, avecques ses héraulx et trompettes, et derrière luy cent lances. Et là vindrent au-debvant de luy, hors de la ville, avecques le comte de Dunois, les bourgeois de la ville, avecques grande multitude de gents ; lesquels, après qu'ils eurent faict la révérence au roy, luy présentèrent les clefs de la ville de Caen, et il les receut bénignement. Après vindrent les gens d'église revestus, à grandes processions, ainsy qu'il est accoustumé de faire ; puis entra le roy en ladicte cité de Caen ; et portèrent le ciel sur luy quatre gentilshommes, chevaliers et escuyers, demourants en icelle ville. Les rues où le roy passoit estoient tendues et couvertes à ciel bravement, et y avoit foison de peuple criant Noël.

IX

LE CONTINUATEUR DE MONSTRELET

La *Chronique d'Enguerrand de Monstrelet*, dont le succès fût considérable au XVᵉ siècle (cf. Molinier, *op. cit.*, t. IV, n° 3940), a été publiée bien des fois, y compris le *tiers livre*. Nous en donnons ici le passage qui relate le siège de Caen, d'après les ms. français 2678-2679 de la Bibliothèque Nationale (fr. 2679, fol. 332 vᵒ - 334 vᵒ).

. . . .

Comment le siège fut mis devant Caen. Comment le roy de France y vint et le roy de Sécille et le duc de Calabre, son filz, à grosse armée, puis dist comment les Anglois, après ce qu'ilz eurent esté fort bastus d'engins, rendirent la ville et le chasteau de Caen.

CHAPITRE XXXI

Le vᵉ jour de juing, audit an, se deslogea ledit connestable et sa compagnie dudit lieu de Ceus, et s'en allèrent logier ès fauxbourgs de ladite ville de Caen, du costé de devers Bayeulx, dedans l'abaye de Saint Estienne, près la muraille d'icelle ville. Et ce jour mesmes se partist de Betail *(sic)* le conte de Clèremont, le conte de Castres et plusieurs autres seigneurs, chevalliers et escuiers qui se vindrent tous logier avec ledit connestable ou dict lieu de Saint Estienne, et estoient en nombre, avec lesdits deux seigneurs, XII cens lances et quatre mille cinq cens archiers, guisarmiers et coustilliers et deux cens frans archiers à pied. Et le conte de Dunoys, lieutenant général du Roy, se deslogea de demye lieue près de ladite ville de Caen et se vint logier ès fauxbourgs de Vuaucelles, du costé de devers Paris, à grant compaignie de nobles hommes, gens d'armes et archiers jusques de huyt cens lances et deux mille cinq cens archiers, guisarmiers et coustilliers à cheval et deux mille frans archiers. Ainsi fust ladite ville assiégée des deux costez. Puis feirent faire diligemment ung pont au dessus de ladite ville, pour passer la rivière d'un costé et d'aultre, par dessus lequel pont passèrent, au IIIIᵉ jour après, les contes de Nevers et d'Eu, à grant compaignie de gens d'armes et de traicte, lesquelz s'en allèrent logier ès fauxbourgs de ladite ville, du costé de devers la mer, en une abbaye de dames nommé la Trinité, et, sitost que les dits Françoys furent illec arrivés, fut assailly le bolvert estant illec, lequel fut moult vaillamment défendu et y eust de moult belles armes faictes tant d'une part que d'aultre, et néantmoyns enfin fut prins d'assault par les Françoys, lesquelz le laissèrent depuis, pour ce qu'il estoit ouvert du costé de devers la muraille d'icelle ville. Et semblablement demoura désemparé pour la muraille et fut habandonné par les Anglois pour ce qu'ilz en feirent murer leur porte.

Pour venir audit siège se partit le roy de France de la ville d'Argentein, en sa compagnie : le roy de Sécille, le duc de Calabre son filz, le duc d'Alençon, les contes du Maine, de Sainct Pol et de Tanquarville et plusieurs autres chevalliers, escuiers, gens d'armes et de traict, jusques au nombre de six cens lances et les archiers ; et alla coucher à Saint-Pierre-sur-Yve, le lendemain à Argenten et le tiers jour vint disner ausdictz fauxbourgs de Vaucelles, puis se partist incontinent et passa la rivière par dessus ledit pont et s'en alla logier en une abbaye nommée d'Ardenne, où il fut durant ledit siège, fors une nuyt qu'il fut logié en passant en ladicte abbaye de la Trinité où demourèrent le roy de Sécille, le duc de Calabre son filz et les autres seigneurs qui estoient venu, à tout mille lances avec le roy, deux mille archiers à cheval, mille guisarmiers et coustilliers à cheval, et deux cens frans archiers à pié, dont la plus part estoient logiez ès villaiges d'environ. Tantost après la venue du roy furent faictes grans diligences de fossier autour de ladicte ville et faisoit un chascun grand devoir en droit soy. Et commença le conte de Dunoys premièrement à faire assaillir les boullevers de Vaucelles qui estoient sus ladicte rivière d'Orne, lesquels se tindrent longuement et y fut combatu et défendu très vaillamment d'ung costé et d'aultre. Mais enfin, après plusieurs beaux faictz d'armes, furent lesdictz boullevers prins par les Francoys et y furent mors, prins et navrés grant foison des Anglois qui moult esbayèrent leurs compaignons. En chascun logis dudit siège estoient mines jusques dedans les fossez de la ville, et par espécial du costé de devers le connestable ; ses gens d'armes minèrent, du costé de devers Saint Estienne tellement que tout cheu et trébucha à terre et pouvoient combattre les Françoys et Angloys, main à main, par ce lieu. Quant lesdictz Angloys se veirent ainsi agressez et approchiez de toutes pars, doubtans qu'ilz ne fussent prins d'assault, demandèrent et requirent à avoir traictié. A quoy le Roy de France, meu de pitié et compassion, à l'exemple de nostre Seigneur qui ne demanda pas la mort des pescheurs, mais lui souffist qu'ilz se convertissent, en mectant Dieu devant luy, considérant aussi la grant pitié et dommaige que ce eust esté de destruire une telle ville, de violer et pillier les églises, femmes et filles despuceller, considérant aussi l'effusion de sang humain qui eust peu estre faicte dedens la ville, se consentist et octroya que ladite ville fut prinse par composition. Et en vérité elle estoit prenable d'assault veu les ouvertures et romptures qui jà estoient faictes en ladite ville et ès murailles, et, quant au regard du chasteau et donjon, lesdictz Anglois le pouvoient bien tenir par longue espace de temps s'ilz eussent eu couraige de ce faire, combien que enfin, veu la chevallerie et grant compaignie qui devant eulx estoit, il leur eust fallu rendre. Et pour monstrer qu'il estoit tenable à ceulx qui n'y ont point esté, vray est que ledit chasteau est un des plus fors chasteau de Normandie, garni de haulx et grans boullevers de moult dure pierre et assiz sur un roc, lequel contient par estimacion autant que la ville de Corbueil, et y a dedens un très fort donjon d'une large et haulte tour quarrée, entretenue tout autour de quatre grosses tours massives, depuis le pied du fossé jusques en hault, à l'égal de la terre, lesquelles sont moult hautes ; et est fermé de haulte muraille et forte tout autour selon la qualité desdictes tours et de grans et parfons fossez, et tout assis sur roc. Dedens ledit chasteau, se tenoit le duc de Sombresset, sa femme et ses enfans, et en ladicte ville estoit logié messire Robert Ver, frère du conte de Suffort, messire Henry Radefort et plusieurs autres, lesquelz estoient conduiseurs, pour le duc de Sombresset, de quatre mille Angloys estans dedens ladicte ville pour la garde d'icelle. Pour entrer doncques en la matière de la composicion, s'assemblèrent et conversèrent plusieurs foiz lesdits Anglois et Françoys, c'est assavoir : pour le roy de France, ledit conte de Dunoys, le séneschal de Poictou, sire Jehan Bureau, trésorier de France. Pour les Anglois, missire Richard Hérison, bailly de Caen, Robert Parges et aulcuns autres ; et pour ladicte ville, Eustace Canivet, lieutenant dudit bailly et l'abbé de Saint Estienne, lesquelz parlementèrent et alléguèrent plusieurs choses en fortiffiant chascun son faict. Et, après plusieurs parolles dictes entre eulx, composèrent le lendemain de la feste Saint Jehan Baptiste, et promirent lesdictz Angloys mectre ladicte ville et chasteau et dongon ès mains et obéissance du roy de France dedens le premier jour de juillet ensuyvant, ou cas qu'ils ne combattroient le roy et sa puissance dedens ledit jour, parmy ce que ledit duc de Sombresset, sa femme, ses enfans et les aultres Angloys qui s'en vouldroient en aller, s'en iroient eulx, leurs biens, femmes et enfans et emporteroient tous leurs biens meubles, et aussy s'en iroient leurs corps, chevaulx et harnoys saufz. Et, pour emporter leurs dictz biens, on leur bailleroit vaisseaulx et charroy et ce qu'il seroit de nécessité pour passer en Angleterre et non ailleurs à leurs despens et non aultrement; pourveu toutesfoiz que yceulx Angloys rendroient tous prisonniers et tous scellez et quicteroient tous ceulx de ladicte ville, tant gens d'église, bourgeois et autres qui leur devoient ou povoient devoir aulcune chose, et sans que pour ce, au départir, ils prensissent riens du leur, et avec ce qu'ilz laisseroient toute artillerie grosse et menue, réservé arcs, arbalestres et couleuvrines à main. Pour lequel appoinctement tenir, ils baillèrent pour hostaiges douze Angloys d'Angleterre, deux chevalliers de Normandie et quatre bourgeois de ladicte ville. Et, pour ce qu'ilz ne furent secourus en aulcune manière, lesdits Angloys rendirent, le premier jour de juillet ladicte ville, chasteau et dongon. Et porta les clefs aux champs par icelluy dongon, le bailly dessus nommé, et les mist en la main du connétable de France, en la présence dudict conte de Dunoys, lieutenant général, auquel il les livra incontinent, comme au cappitaine et gouverneur d'icelle ville et chasteau pour le Roy de France, et demoura ledict cappitaine aux champs, pour faire tenir le chemin desditz Angloys droit à Estrehan. Et tantost après leur département, le conte de Dunoys accompaigné du mareschal de Jalongnes, devant lui cens archiers de pied et les trompettes et héraulx du Roy et trois escuyers d'escuyeries, portant les banières du Roy et derrière icelles cens hommes d'armes à pied, entra par ledit dongon dedens ycelle ville et chasteau et fit mectre lesdites banières sur ledit dongon et portes.

Cy dist comment le roy de France entra à Caen où il feut noblement receu, puis dit comment les Anglois rendirent Falloise au roy, [comment] il ordonna cappitaine Poton de Saintereilles, puis dit comment Daufront (sic) fut mis en obeissance.

CHAPITRE XXXII

Le sixiesme jour de juillet, se partist le roy de France de l'abbaye d'Ardenne pour entrer en sa ville de Caen, et estoient en sa compaignie tous les seigneurs qui avoient esté au siège, excepté son lieutenant et le seigneur de Jalongnes, qui jà estoient dedens la ville. Lesquelz estoient tous grandement et richement habillez. Et ainsy vint jusques près de ladite ville, deux cens archiers devant lui, ses héraulx et trompettes, et derrière lui cent lances. Et vindrent au devant de luy hors de la ville, le conte de Dunoys, qui amena les bourgeois en grant multitude de gens, lesquelz, après qu'ilz eurent faicte la révérence au Roy, lui présentèrent les clefz; il les reçeut très bénignement. Après ce vindrent les gens d'église, revestus à procession, ainsi qu'il est de coustume en tel cas de faire, puis entra en ladicte ville. Et y avoit quatre gentilzhommes portant un ciel sur luy, et estoient toutes les rues par où il passoit, tendues et couvertes à ciel grandement, èsquelles rues, avoit grant foison peuple criant Noël. Et ainsi chevaucha le roy jusques devant la grant église Sainct-Pierre, descendit à la porte pour faire son oroison, laquelle faite, il s'en alla logier, en la maison d'un bourgeois de la ville, en laquelle il demoura certaine espace de temps, son lieutenant et conseil avec luy, pour mettre offices, police et gouvernement en ladicte ville; et vindrent à la prinse dudit Caen devers le roy, le seigneur de Croy, messire Jehan de Croy, son frère, et le seigneur d'Arsy, lesquelz estoient envoyez de par le duc de Bourgongne, pour traicter du mariage de la fille du Roy et de Monseigneur Charles, filz dudit duc, et pour plusieurs grosses choses dont ilz estoient chargiez de par le duc.

Ledit sixiesme jour fut mis le siège devant Falloise. . . . .

X

JEAN DE BUEIL :

LE JOUVENCEL

Édition Camille Favre et Léon Lecestre, Paris, Société de l'Histoire de France, 1887-1889, 2 vol. in-8°; t. II, p. 148-153.

CHAPITRE XXIV

. . . . . . Vray fut qu'il [Somerset] eust composition par le moyen du chastel et du pont de Rouen, qui estoient bien fors, avecques certaines autres places et se retira en la Basse-Normandie, en la ville de Caen. Puis le roy de France assiégea Harefleur, Honnefleur, Bayeux et toutes les menues places d'environ; et le assiégea dedans Caen et le mist en telle neccessité qu'il fallust qu'il rendist la ville et qu'il s'en allast hors du royaume. Et aprez le Roy acheva de conquérir toute la duchié de Normandie légièrement; car il n'y eust plus riens qui y peust resister. Et, s'il fust sailly aux champs dès le commencement au devant du Roy de France, il avoit bien puissance de lui donner la bataille; et, s'il eust peu résister contre lui, le payz n'eust osé dire mot. Ainsi il eust sauvé et gardé son payz. Et s'il eust esté desconfit en bataille, au moings l'eust-il perdu plus honnestement qu'il ne fist et n'eust pas eu pire qu'il eust. Encore je vous dy que, si une nacion estrange possède ung payz, ilz ne doibvent point laissier mengier les ungs aprez les aultres.

Or retournons au duc Baudoin et à son affaire, lequel fist maintes belles et grandes saillies; et y eust durant le siège plusieurs grandes escarmouches et belles armes faictes d'ung costé et d'autre. Mais le duc Baudoin n'avoit amy dehors ne homme qui grevast ne guerroyast ses ennemiz; aussi se doubtoit de ceulx de la ville de Cap, qu'ilz ne lui feussent pas bien seurs; et je croy qu'il n'avoit pas tort. Il eust devant luy trois sièges et chascun siège estoit fossayé tellement qu'on povoit aller de l'ung à l'autre par fossez, sans que ceulx de la place en veissent ne sceussent riens; devant chascun siège avoit ung groz guet moult bien fortifié contre la ville, tellement que ceulx de la ville ne le povoient grever. Entre les trois sièges, avoit ung champ moult bel et grant, là où toute la puissance des trois sièges se venoit mettre, quant il leur venoit effroy ou qu'on crioit à l'arme. Et si estoit ce champ si bien prins qu'il estoit en lieu où ceux de la ville ne le povoient batre de leur artillerie, et là où ilz povoient secourrir leurs guetz, se ceulx de la ville feussent sailliz sur eulx; aussi leur artillerie demouroit à la seureté de ce champ. Ainsi ce champ fut bien esleu et bien choisi; mais on ne peult pas partout trouver place qui soit si à propotz. Et, en ce cas, quant les lieux se y adonnent, il fault retirer o soy en son champ son guet et son artillerie et là attendre tout ce qui peut venir, tant ceulx de dedans la ville que le secours de dehors; et, pour ce, le doit-on choisir le plus avantaigeux qu'on peut et le fortifier au mieulx qu'on peut.

Or vous ay-je dit la manière comment le duc Baudoin fut assiégé. La manière comment il fut guerroyé, fut qu'il fut batu par trois lieux bien merveilleusement et lui furent ordonnez trois assaulx. En la ville de Cap avoit ung moult bon chastel et fort et grant. Et, quant vint que l'assault deust venir, ses gens se voulloient tousjours retirer au chastel, tant qu'il eust voullu que son chastel eust été de plume; car il veoit que par son chastel il estoit perdu. Or ne povoit-il habandonner la ville; car, s'il l'eust habandonnée, il n'eust pas logié tout son peuple dedans le chastel ne n'y eust sceu ne peu vivre, et eust fallu qu'il feust cheu de tous poins en la subjection de ses ennemyz. Ainsi trouva en son conseil qu'il lui valloit mieulx rendre la ville et le chastel tout ensemble. Et fist traictié et composicion et s'en alla hors du payz, comme fist le duc de Sombresset. Et, en peu de temps aprez, le payz fut tout conquiz et n'y eust plus de résistence. Le Roy luy fist bailler son sauf conduit, et puis le fist venir devers luy; et il lui fist la révérance. Et le Roy le reçeust moult honnourablement et lui dist : « Beau « cousin, vous vous estes bien deffendu et n'a pas tenu à vous que je n'aye mal fait « mes besongnes. » Et le duc lui respondist : « Monseigneur, j'estoye tenu de vous y « donner encore plus d'empeschement, se j'eusse peu; mais la force vous est demourée; « et aussi ung duc ne pourroit contre ung roy. » — « Dea ! beau cousin, dist le Roy, « vous aviez ung roy à vostre ayde. » — « Il est vray, Monseigneur, dit le duc; mais « Dieu a voullu qu'il en soit allé ainsi » — « Vrayement, dist le Roy, à dire la vérité, « vous avez esté mal secouru. Or ça, beau cousin, advisez que avez à besongner; car je « vous veuil bien faire plaisir. » — « Grant mercy, Monseigneur, dit le duc. S'il vous « plaist, vous nous en envoyrez et nous baillerez gens pour nous conduire seurement; « car nous ne vous faisons que ennuy et charge; et aussi nous avons un grant désir « d'estre devers nostre maistre pour savoir quel recueil il nous fera. »

Ainsi le Roy ordonna ung bien notable chevalier chief pour leur conduicte et beaucoup d'autres gens de bien en sa compaignie, lequel les conduisist et mena seurement jusques ad ce que le duc lui donnast congié. Au despartir, le Roy voulut faire présens au duc et lui donner dons; mais le duc s'excusa et fist dire au Roy que, quant il les prendroit, ce seroit à sa charge; et suplia moult humblement au Roy qu'il n'en feust point mal content; et quant il auroit à besongner autre part que à l'encontre de son Roy, qu'il le serviroit plus voullentiers que prince du monde pour la debonnaireté qu'il avoit trouvée en lui. Et, sur ce, print congié du Roy et s'en ala, et le chevalier que le Roy lui avoit baillé, en sa compaignie. Et, quant le chevalier s'en voulut venir, le duc lui voulut faire dons; mais le chevalier s'excusa et dist qu'il lui avoit fait trop peu de service pour prendre guerredon de lui. Puis le duc lui fist envoyer par la duchesse ung très bel dyamant, et le chevalier le prist pour l'amour de la dame. Et prist congié du duc et de la duchesse et moult la mercya de son dyamant ; et le duc et la duchesse le remercierent moult des peines qu'il avoit prises pour eulx, et pareillement tous les gentilzhommes qui estoient venuz en sa compaignie ; et lui pria le duc qu'il le recommandast bien au Roy et pareillement fist la duchesse.

Ainsi s'en partist le chevalier, lui et sa compaignie, et chevauchèrent tant qu'ilz vindrent devers le Roy leur maistre et firent les recommandations du duc et de la duchesse, et remercya le Roy du dyamant que la duchesse lui avoit envoyé. Et le Roy lui demanda de leur estat. Et le chevalier lui en fist très bon rapport et loua fort le duc en disant qu'il estoit ung saige seigneur et très notable. Et le Roy luy respondist que tel l'avoit-il trouvé. . . . .

XI

GRAFTON'S CHRONICLE

Londres, 1809, 2 vol. gr. in-4⁰ ; vol. I, p. 635-636.

Caen besieged by the French men.
The citie of Caen yelded to the french.

After this victorie [*Formigny*] obtayned, the French king hearing that the Duke of Somerset was in the towne of Caen, thought that he had nothing done, if he permitted the Duke, still to tarie in Normandy, which by newe ayde and freshe succours might turne the wheele of Fortune into a contrary part, and peradventure recover all that hath bene lost, or put the realme of Fraunce in a jeoperdie : wherefore like a wise prince, entending to prevent thinges, imminent and at hande, assembled an armie royall, and in his awne person, having in his campe Reyner, called king of Sicile, father to the Quene of Englande, the Dukes of Calaber and Alaunson, the Erles of Cleremont, Richemonde, Mayne, Dumoys, Sent Polle, and Dampmartyne, beside many noble Barons and valyaunt knightes, when all things were readie, as oportunitie of time served : He caused the towne to be environed on every side, assigning to his Capitaynes severall places of the towne to be assauted, and there to prove their manhood. The Erle of Dumoys, with more losse then gaine entered into a bulwarke, and was beaten back. The Englishe men within the towne kept silence, as though they knewe not of their enimies approchyng, but every man kept his loupe, and every Capitayne well overloked his warde. The French men with querels, morispikes, slynges, and other engines, beganne to assault the walles : but of the Englishe men within, some shot fiercely with long bowes, other cast dartes, and rolled downe great stones and barres of Yron : other cast downe Iavelyns, fyrebrands, hote leade, and blockes with pitch and brimstone, lyke burning fyre flaming : so that neyther courage lacked in the assault, nor manhood, nor pollicie in the defence : for on the embattlements of the walles were set great rolles of timber, so moving and unstedfast, that neyther scaling ladder could catche any holde, nor no person that should clime up, could set any sur footyng. The French king perceyving that this assault little or naught prevayled him, sent for all his great ordinaunce to Paris, determining never to departe, till he had conquered the towne, eyther with sworde or famine. When the ordinaunce was brought, he daylie shot at the walles, and did some hurt : but to the Castell, which stood on a rock, and in it a dongeon unhable to be beaten downe, he did no harme at all. In this towne was the Duke of Somerset, his wife and children, but he was not Capitaine, for the Duke of Yorke owner of the towne, by the kings gift, had appointed there his Capitaine generall, Sir Davy Halle, and of the Castell, Sir Robert Veer, and of the Dongeon, syr Henry Radford. Daylie the shot was great, but more terrible then hurtfull. Saving one day, a stone shot into the towne, fell betwene the Duches of Somerset, and her children, which being amased with this chaunce, prayed on her knees her husband, to have mercy and compassion of his small infants, and that they might be delyvered out of the towne in savegarde. The Duke more piteous then hardie, moved with the dolour of his wyfe, and love of his children, assembled the Capitaines and Magistrates of the towne, declaryng to them, the power and puyssaunce of the French king, and their debilitie and weakenesse, perswading them rather to yeeld and render upon honest conditions, then obstinately to resist and foolishely to perishe. Sir Davy Halle, Capitayne of the towne, aunswered to him, saiyng : my Lorde, althoughe you be the kings Lieutenaunt generall, within thys countrie and dominion, and may by force of your aucthoritie, deliver, sell or geve, any of the kings townes, to suche persons, eyther friends or enemies, as shall please you : yet I am sure that you cut your leather to large, to intreate or speake of the rendering of thys towne, apperteynyng to my Lorde and mayster, Rychard Duke of Yorke, which thereof hath geven me both the charge and custody, with other of my trusty friends and felowes, and which with the helpe of almightie God, I shall well defende, both agaynst the Frenche king and all hys puyssaunce, till the Duke my master come to succour me, for of men, money and municions, I trust I have sufficient. Why sayd the Duke, am not I here the kings Deputie, representing his person, and may commaunde all thinges according to my discretion ? Yea sayde the Capitaine, so that you geve away no mans right but his, whose authoritie you have for the same : as for this towne, I assure you, without my Lordes assent, you shall neyther render nor yeelde, by my consent or agreement. The Duke was sore moved with thys saying, and so departed, and after sent for the rulers of the towne, and the poorest people of the same, declaring to them, that their lyves and goodes were in the french kings hands, and if they loked not shortly to their savegarde, of death they were sure, and of mercie farre uncertaine : exhorting them to follow his loving monicion, rather then the hardened hart, of their to hardie Capitaine. The people of the towne thus perswaded (whose harts were rather French then English) beganne to rise against syr Davy, boldely affirming, that if he tooke no composition within three dayes, they would open the gates, and let in the French king : and of this opinion were all the common souldiours. What should the poore Hare saye, when she is environned with a hundred houndes, or the silly Larke crie, when she is in the middle of a hundred Hawks, but take pacience, and seeke a way to escape ? so this Capitaine perceyving, that neyther his wordes served, nor his truth towarde his Master prevayled, bad the Duke of Somerset doe what he list, for he would in no wise be named in the composition. Then the Duke partly to please the townes men, but more desirous to please the Duches his wyfe, made an agreement with the french king, that he would render the towne, so that he and all his, might departe in savegarde with all their goodes and substaunce : which offer, the French king gladly accepted and allowed, knowing that by force, he might lenger have longed for the strong towne, then to have possessed the same so sone. After this conclusion taken, Syr Davy Hall, with divers others of his trustie friendes departed to Chierburge, and from thence sayled into Ireland to the Duke of Yorke, making relacion to him of all these doings : which thing kindled so great a rancour in his harte and stomack, that he never left persecuting of the Duke of Somerset, till he had brought him to his fatall point, and extreme confusion.

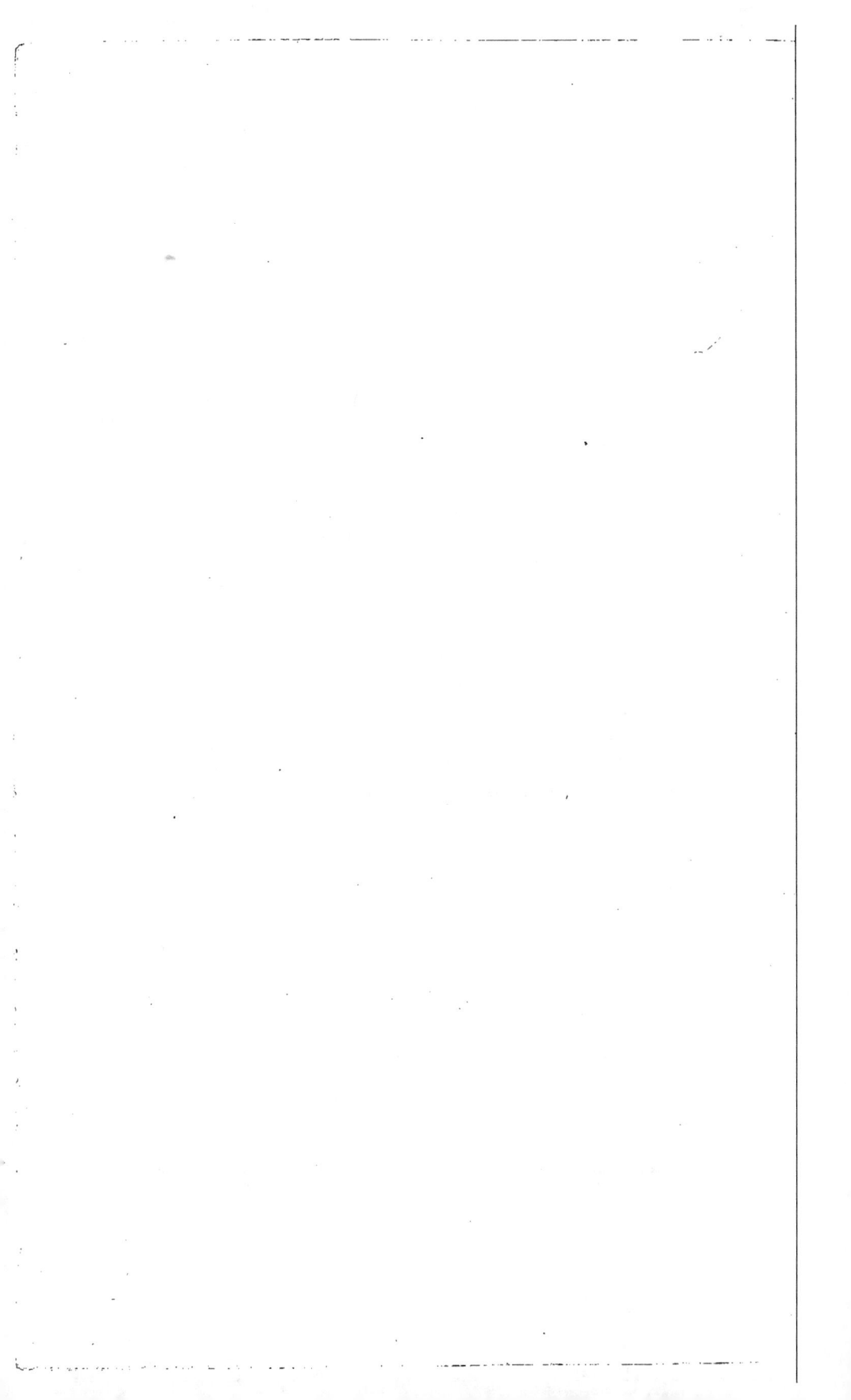

PIÈCES ADMINISTRATIVES

Les textes qui constituent cette deuxième série de nos pièces justificatives, proviennent surtout des archives de la Chambre des Comptes. Disséminés au XVIIIe siècle, et dès auparavant, dans des circonstances plus ou moins connues (¹), ils se retrouvent aujourd'hui parmi les collections de la Bibliothèque Nationale. D'analogues ont disparu par milliers ou sont conservés dans de nombreux dépôts publics et privés. En publiant ceux que nous avons pu recueillir, nous ne saurions donc prétendre épuiser les sources d'ordre administratif qui peuvent renseigner sur les péripéties de l'attaque et de la défense de Caen en 1450. Il s'en faut, sans nul doute, de beaucoup.

Quant aux dépôts Caennais, ils ne nous ont fourni que peu de chose. Le chartrier de l'Hôtel de Ville souffrit grandement de la négligence des greffiers (ou de leurs héritiers personnels) antérieurement au XVIIIe siècle. La gestion de l'avant-dernier archiviste municipal, qu'illustra, si l'on peut ainsi dire, l'incendie du 25 novembre 1891, a entraîné le détournement ou la destruction, entre autres, de la plupart des documents intéressant le XVe siècle qui avaient miraculeusement survécu.

Aux Archives départementales du Calvados, on sait que les pièces de l'administration publique ne remontent guère plus haut que le XVIe siècle.

(¹) Cf. L. Delisle : *Le Cabinet des manuscrits de la Bibliothèque Nationale*, Paris, 1868-1881, 4 vol. in-4°, t. I, p. 551 ; A. Bruel : *Archives nationales. Répertoire numérique des Archives de la Chambre des Comptes de Paris*, série P, Paris, 1896, in-4°, p. II, etc.

XII

1433-1436

Comptes des dépenses faites pour les réparations et l'entretien du château de Caen.

(Parchemin non scellé. — Bibliothèque Nationale, franç. 26065, n° 3762.)

Parties d'oeuvres et réparacions, voitures et charoys, faiz pour et au prouffit du roy nostre sire en la viconté de Caen, tant en son chastel et donjon dudit lieu de Caen, que en autres lieux de ladicte viconté, par vertu des lettres patentes du roy nostre dit seigneur, données à Rouen, le xxme jour de février, l'an mil ccccxxxii, vérifiées et expédiées par messieurs les trésoriers généraulx gouverneurs des finances de Normandie et païz de conquestes, et par leurs lettres et mandemens donnez le viiie jour de mars prouchain ensuivant oudit an, adrechans à monsieur le bailly de Caen, touchant, entre autres choses, les oeuvres dudit chastel, et mesmes par le conseil et adviz des advocat, procureur et maistre des oeuvres du roy nostredit seigneur oudit bailliage, selon le contenu ès dictes lettres royaux et mandement, lesquelles oeuvres estoient très nécessaires à faire et ont esté hastivement faictes, pour doubte que greigneur inconvénent ne s'en ensuit, et paiez par Girart d'Esquay, escuier, viconte de Caen, des deniers de sa recepte, par vertu des lettres royaulx et mandement desditz trésoriers et aussi par les lettres et mandemens de mondit seigneur le bailly de Caen et son lieutenant, qui lors estoit, aux personnes par les quictances et ainsi que cy aprèz est desclairié.

Et premièrement :

A Esméril Du Buisson, féron, demourant à Caen en la paroisse Saint-Sauveur, la somme de xlvii s. vi d., qui deubz lui estoient pour les parties qui ensuivent, c'est assavoir : pour vi m. de clou à latte, par lui baillez et livrez au pris de vii s. i d. chacun millier, valent xlii s. vi d. Item, pour deux couplez de fer mis au pillori de Caen, et ledit clou mis en la couverture de iiii tourelles du chastel de Caen, montent ces deux parties ladicte somme de xlvii s. vi d. t., à lui payez par ledit viconte, ainsi qu'il appert par quictance dudit Esmery, passée devant Jehan Desmares, tabellion de Caen, l'an mil ccccxxxiii, le xxe jour de décembre, vérifiée et certiffiée devant ledit tabellion, par Jehan Frankelin, maistre des oeuvres du roy nostre sire ou bailliage de Caen ; pour ce . . . . xlvii s. vi d. t.

A Raoul Lair, marchant de caux, la somme de iiii^xx x l. t. à lui paiez par ledit viconte, par vertu du mandement de noble messire Guillaume Breton, chevalier, bailli de Caen, le xxvie jour d'avril mil ccccxxxiii aprèz Pasques, pour la vente de xxx tonneaulx de caux, par lui renduz et livrez oudit chastel de Caen, pour les besongnes et affaires d'icelluy chastel, le xxiiie jour de juing l'an iiiie xxxii, qui, au pris de LX s. t. le tonnel, valent ladite somme de iiii^{xx} x l. t., ainsi qu'il appert par ledit mandement et quictance dudit marchant, faicte devant Jehan Richart (¹), tabellion de Caen, le xxviie jour de may mil ccccxxxv, vérifiée et certiffiée par Jehan Martin, substitut ou commis dudit maistre des oeuvres; pour ce . . . . iiii^{xx} x l. t.

Audit Raoul Lair, la somme de vi^{xx} xviii l. t. qui deubz lui estoient pour xlvi tonneaulx de caux baillez et livrez audit chastel de Caen, ès moys de mars et avril, l'an mil iiiie xxxiii, pour les oeuvres et affaires d'icellui chastel, qui, au pris de LX s. t. chascun tonnel, valent ladicte somme de vi^{xx} xviii l. t., à lui paiez par vertu du mandement dudit bailly, donné le derrenier jour d'avril oudit an mil ccccxxxiii, ainsi qu'il appert par icelluy mandement et quictance dudit Lair, faicte devant Jehan Richart, tabellion de Caen, le ixe jour de may mil ccccxxxvi, certiffiée par ledit substitut du maistre des oeuvres; pour ce . . . . vi^{xx} xviii l. t.

A Raoul Corbel et Jehan Estienne, pour eulx et faisans fors de leurs aultres compaignons charetiers, la somme de xxi l. t. qui deue lui estoit pour avoir mené et chargié depuis la carrière jusques au pont Frileux dudit lieu de Caen, le nombre de vii^{xx} charretées de pierre, pour les repparacions d'icellui pont, depuis le premier jour de mars mil ccccxxxiii, jusques au derrenier jour d'avril mil ccccxxxiiii prouchain ensuivant, [qui], au pris de iii s. t. pour chacune charretée, valent ladite somme de xxi l. t. à lui poiez par vertu du mandement dudit bailli, donné le derrenier jour d'avril oudit an mil ccccxxxiiii, ainsi qu'il appert par icellui mandement et quictance desdits Corbel et Estienne, faicte le xxiie jour de may mil ccccxxxv, certiffiée par ledit substitut du maistre des oeuvres; pour ce . . . . xxi l. t.

A Thomas Le Blanc, voiturier, pour lui et soy faisant fort pour ses aultres compaignons charetiers, la somme de xxxvii l. x s. t., pour leur peine et salaire d'avoir admené des boys de Cingloys ou chastel de Caen, le nombre de lxxv charretées de boys pour les oeuvres et réparacions d'icelluy, ou moys de mars, l'an mil ccccxxxiii, qui, à x s. t. pour chacune charretée, valent ladite somme de xxxvii l. x s., à luy poiez par mandement dudit bailly, donné le premier jour de may oudit an iiiie xxx iiii, ainsi qu'il appert par ledit mandement et quictance desditz voituriers, faicte le

---

(¹) M. P. Carel (*op. cit.*, p. 322) cite Jean Richart, comme étant tabellion à Caen en 1424.

xviiie jour de may mil ccccxxxv, certiffiée par ledit substitut du maistre des oeuvres; pour ce . . . . xxxvii l. x s. t.

A Thomas Le Blanc, voiturier, pour lui et soi faisant fort pour ses autres compaignons, la somme de xxvii l. x s. t. pour avoir amené et chargié des bois de Cingloys et du Thuit au chastel de Caen, ou moys de septembre mil ccccxxxiii, le nombre de lv charretées de boiz à merrien, pour les oeuvres et réparacions d'icellui chastel, qui, au pris de x s. t. pour chacune charettée, valent ladicte somme de xxvii l. x s. t., à lui poiez par vertu du mandement dudit bailly donné le premier jour d'avril oudit an, comme il appert par ledit mandement et quictance faicte le xxie jour d'avril mil ccccxxxv, certiffiée devant ledit tabellion, par icellui substitut du maistre des oeuvres; pour ce . . . . xxvii l. x s. t.

A Robin Du Hamel, charpentier, pour luy et soy faisant fort pour ses autres compaignons charpentiers, la somme de xxvi l. xiii s. iiii d. t. qui deubz leur estoient pour avoir besongné de leur mestier, tant à estayer les hostelz de maistre Jehan de Hermanville (¹) estant ou chastel de Caen et en plusieurs autres lieux d'icellui chastel où mestier estoit, que en la réparacion du pont Frileux dudit lieu de Caen, où ilz ont vaqué par l'espace de cent jours d'un homme ouvrier, qui, au pris de iiii s. ii d. pour jour, vallent la somme de xxi l. xiii s. iiii d. t. et pour xxx journées d'un varlet aprentis, au pris de iii s. iiii d. pour jour, valent c s. t. Montent toutes lesdites sommes, ladicte somme de xxvi l. xiii s. iiii d. à lui poiez par vertu du mandement dudit bailli, donné le xviiie jour de juing mil ccccxxxiii, comme il appert par icellui mandement et quictance dudict carpentier, faicte le xxixe jour de may mil ccccxxxvi, certiffiée comme dessus; pour ce . . . . xxv l. xvi s. viii d. (²)

A Colin Cauvin, couvreur, soy establissant et faisant fort pour ses autres compaignons couvreurs, la somme de xxvi l. xiii s. iiii d., qui deue leur estoit pour leur peine et salloire d'avoir couvert et réparé de leur mestier ledit chastel en plusieurs lieux où mestier estoit, ès moys de mars et avril ccccxxxii et may ccccxxxiii, tant sur l'ostel du roy nostre sire que sur l'ostel où fut la geolle [et] en plusieurs autres lieux, où ilz ont vaqué par l'espasse de cent journées de ung homme ouvrier, qui, au pris de iiii s. iiii d. t. pour jour, vallent ladicte somme de xxi l. xiii s. iiii d. Item, pour xxx journées d'un varlet aprentis, au pris de iii s. iiii d. pour jour, vallent la somme de c s. t. Montent toutes lesdites

---

(¹) Hermanville, canton de Douvres, arr. de Caen (Calvados).

(²) La somme de xxvi l. xiii s. iiii d. t. est biffée dans le ms. et remplacée par celle de xxv l. xvi s. viii d.

sommes, la somme de xxvi l. xiii s. iiii d. t., à lui paiez par
vertu du mandement dudit bailly, donné le xxiiie jour dudit
moys de may, mil ccccxxxiii, comme il appert par icellui
mandement et quictance dudit Cauvin, faicte le vie jour de
juing mil ccccxxxv, certiffié devant ledit tabellion par icellui
substitut du maître des oeuvres ; pour ce . . . .   xxv l. xvi s. viii d. (¹)

A Pierres Langloiz, demourant à Caen, la somme de cv l. t.
qui deue lui estoit pour le nombre[de]viie charrettées de pierre,
par luy venduz et livrez ou chastel de Caen, pour les oeuvres
et réparacions d'icelui chastel, ès moys de mars et avril
ccccxxxii, may et juing iiiiexxxiii, qui, au pris de iii s. t.
chacune charretée, valent ladite somme de cv l. t. à lui paiez
par ledit viconte par mandement dudit bailly donné le
xxviiie jour de juing ccccxxxiiii, si comme[il appert]par icellui
mandement et quittance d'icellui voiturier, faicte le xiie jour
de juillet mil ccccxxxv, vériffiée et certiffiée devant ledit
tabellion par icellui substitut du maistre des oeuvres ; pour ce   cv l. t.

A Jehan Estienne et Raoulin Corbel, voituriers, pour eulx
et eulx faisans fors pour leurs autres compaignons voituriers,
la somme de xl l. t. qui deue leur estoit pour leur peine et
salaire et de leurs harnoiz et chevaulx, d'avoir mené depuis
la barbacane du chastel de Caen jusques dedens icelui chastel,
iiiie. iiiixx charrettées de pierre pour les oeuvres et réparacions
dudit chastel, au pris de ii s. t. chacune charrettée. Valent
ladite somme de xl l. t. à luy poiez par vertu du mandement
dudit bailly donné le xxviiie jour de juillet mil ccccxxxiii, si
comme appert par ledit mandement et quictance des voituriers, faicte le xie jour de juing mil ccccxxxv, certiffiée devant
ledit tabellion, par icellui substitut ; pour ce . . . .   xl l. t. (²)

Ausdit Jehan Estienne et Corbel, pour eulx et eulx faisans
fors pour leurs compaignons charetiers, la somme de
xxiiii l. t., pour avoir mené des caiz de Caen dedens le chastel
dudit lieu, le nombre de xiixx bennellées de sablon, pour les
oeuvres d'icellui chastel, au pris de iii s. t. chacune bennelée.
Valent ladite somme de xxiiii l. t. à lui poiez par mandement
dudit bailly, donné le derrain jour de juillet ccccxxxiii, si
comme il appert par ledit mandement et quictance desdits
charretiers faicte le xxe jour d'avril mil ccccxxxv, certiffiée
devant Jehan Richart, tabellion de Caen, par ledit substitut du
maistre des oeuvres ; pour ce . . . .   xxiiii l. t. (³)

A Guieffroy Pouchin, maçon. soit establissant et faisant
fort pour ses autres compaignons maçons, viixx xiii l. iii s. iiii d.

(¹) La somme de xxvi l. xiii s. iiii d. est biffée dans le ms. et remplacée par celle de
xxv l. xvi s. viii d.

(²) Ce chiffre est inexact ; 480 charrettées à 2 sols chacune font 48 l. t.

(³) Ce chiffre est inexact ; 240 charrettées à 3 sols chacune font 36 l. t.

qui deubz leur estoit pour le nombre de vi^c lx journées d'un homme ouvrier, qui ont besongné de leur mestier ou chastel de Caen ès oeuvres et réparacions d'icellui, ès moys de mars et avril iiiie xxxii, may, juing et juillet ccccxxxiii derrenier passé, qui, au pris de iiii s. ii d. t. pour jour, vallent ladite somme de vi^{xx} xvii l. t. Item, pour c journées d'un varlet aprentis, qui, au pris de iii s. iiii d. t. pour jour, vallent la somme de xvi l. iii s. iiii d., montant pour tout ladite somme de vii^{xx} xiii l. iii s. iiii d. à lui paiez par mandement dudit bailly, donné le xxixe jour de juillet oudit an ccccxxxiii, comme il appert par ledit mandement et quictance dudit Guieffroy faicte le xxviie jour d'avril, mil ccccxxxv, certiffiée et vériffiée devant ledit tabellion, par ledit Jehan Martin, substitut du maistre des oeuvres; pour ce . . . . vii^{xx} xiii l. iii s. iiii d.

A Richard Piépelu, marinel, xi l. t. qui deubz lui estoient, pour avoir amené et livré, sur les cays de Caen, le nombre de xi muis de sablon, pour les oeuvres et réparacions du chastel de Caen, ès moys de juillet et aoust iiiie xxxiii derrenier passé, qui, au pris de xx s. t. chacun muy, vallent ladicte somme de xi l., à lui paiez par mandement dudit bailly, donné le xvie jour d'aoust oudit an iiiie xxxiii, comme [il appert] par le mandement et quittance dudict Richart faicte le derrain jour d'avril mil ccccxxxv, certiffiée devant ledit tabellion, par icellui Jehan Martin; pour ce . . . . xi l. t.

A Jehan du Pers, couvreur de maisons, soy establissant et faisant fort pour ses autres compaignons couvreurs, la somme de xxvii l. vi s. viii d. pour leur peine et salaire d'avoir besongné de leur dit mestier de couvreur ès moys de mars et avril ccccxxxii et ou moys de may ccccxxxiii derrain passé, sur les haultes salles du dunjon de Caen, par l'espasse de vi^{xx} jours d'un ouvrier, au pris de iiii s. ii d. t. pour jour, vallent la somme de xxiiii l. Item, pour un varlet aprentis pour xx jours, au pris de iii s. iiii d. pour jour, vallent la somme de lvi s. viii d. Montent ladite somme de xxvii l. vi s. viii d. à lui payez par mandement dudit bailly donné le xiiiie jour de may mil ccccxxxii, comme il appert par ledit mandement et quictance dudit du Pers faicte le xxviiie jour d'avril mil ccccxxxv, certiffiée comme dessus; pour ce . . xxvii l. vi s. viii d. (¹)

A Raoulin Corbel et Jehan Estienne, voituriers, eulx establissans et faisans fors pour leurs autres compaignons charetiers, la somme de xiiii l. t. qui deue leur estoit, pour avoir mené et chargé dudit lieu, pour les oeuvres et réparations d'iceulx lieux, le nombre de xxiii muiys de sablon, où ilz ont vaqué et besongné par vii^{xx} voyages d'un benel au pris

---

(¹) Ce total devrait être de 28 l. 6 s. 8 d., et non de 27 l. 6 s. 8 d., comme il est indiqué par suite d'une erreur de calcul; les 120 journées à 4 s. 2 d. font 25 l. t., et non 24.

de iii s. t. pour chacun voyage. Vallent ladite somme de
xiiii l. t. à lui paiez par ledit viconte par mandement dudit
bailly donné le xvi⁰ jour de juillet mil ccccxxxiii, comme
[il appert] par ledit mandement et quittance desdictz voituriers
faict le xxiii⁰ jour d'avril mil ccccxxxv, certiffiiée et vérifiée
comme dessus ; pour ce . . . . xiiii l. t. (¹)

A Jehan Vimont, voiturier à Caen, la somme de
xxii l. x s. t., qui deue lui estoit pour sa peine et salaire,
pour avoir fait, depuis la Saint-Michiel ccccxxx *(sic)* jusques
à Pasques ccccxxxiii ensuivant, le nombre de cent cinquante
voyages de son chariot, tant à aporter bois à merrien ou
chastel de Caen, que pour porter vins, cydres et autres
garnisons pour ledit chastel, par plusieurs journées, qui est
pour chacun voyage, iii s. t. Valent ladite somme de
xxii l. x s. t. à lui poiez par vertu du mandement dudit bailly,
donné le xxviii⁰ jour d'avril mil ccccxxxiii, comme il appert
par ledit mandement et quictance dudit voicturier, faicte le
xxii⁰ jour d'avril ccccxxxv, certifiée comme dessus ; pour ce   xxii l. x s. t.

A Richart Piépelu, pour luy et soy faisant fort de Robin
Mordant, son compagnon, marinaulx, la somme de xxiii l. t.
qui deue lui estoit, pour avoir amené et livré sur les cays de
Caen, le nombre de xxiii muys de sablon pour les oeuvres
du chastel dudit lieu de Caen, ès moys de may, juing,
juillet iiii⁰xxxiii, qui, au pris de xx s. t. chacun muys
valent ladite somme de xxiii l., à lui paiez par mandement
dudit bailly, donné le derrain jour de juillet mil ccccxxxiii,
comme il appert par ledit mandement et quittance dudit
Richart, faicte le xxvi⁰ jour d'avril mil ccccxxxv, certiffiée
comme dessus ; pour ce . . . . xxiii l. t.

A Raoul Lair, marchant de caux, demeurant à Bretteville,
la somme de cxiii l. xv s. t. qui deue luy estoit pour le nombre
de xxxviii tonneaulx de caux, par luy venduz et livrez ou
chastel de Caen, ès moys de may, juing, juillet ccccxxxiii,
pour les oeuvres et réparations d'icelluy chastel, à lui paiez
par mandement dudit bailly, donné le xxviii⁰ jour de juillet
mil ccccxxxiii, comme il appert par ledit mandement et
quictance dudit Raoul, faicte le xxiiii⁰ jour d'avril m. ccccxxxv,
certiffiée comme dessus ; pour ce . . . . cxiii l. xv s. t.

Et toustesfois, èsdits mandement et quictance est contenu
le nombre de cinquante cinq tonneaulx de caux qui vauldroient
viii^xx v l. t. au pris de lx s. t. chascun tonnel selon ledit
mandement.

A Thomas Le Blanc, Jehan Estienne et Raoul Corbel,
voituriers, eulx establissans et faisans fors pour leurs autres

---

(¹) Ce chiffre est inexact ; 140 charretées à 3 s., font 21 l., et non 14.

compaignons charretiers, la somme de LXXVII l. t. x s. t. pour leur peine et salaire d'avoir mené et livré au chastel de Caen, des boys de Cingloiz et du Thuit, ès moys de may et avril CCCCXXXIII, le nombre de VII^{xx} xv charètes de boiz à merrien, pour les oeuvres et réparacions d'iceluy chastel, à eulx poiez par mandement dudit bailly donné le derrain jour d'avril mil CCCCXXXIII, comme il appert par ledict mandement et la quictance des dessusdicts, faicte le XXVIe jour d'avril CCCCXXXV, certiffiée comme dessus; pour ce . . . . LXXVII l. x. s. t.

A Pierres Langloiz, de Saint Michiel de Vauceulles, LX s. t. qui deubz lui estoient pour xx piez de tables, mis et emploiez en l'une des tourelles du danjon devers le piz du belle du chastel de Caen, comme il appert par quittance dudit Langloiz faicte le IIIIe jour de février mil CCCCXXXIII, certiffiée par Jehan Franquelin, dessus nommé, maistre des oeuvres du roy nostre sire, oudit bailliage de Caen; pour ce . . . . . . LX s. t.

A Julien Le Sor, bourgeois de Caen et marchant de plomb, la somme de XVI l. XV s. t. VII d. ob. t. qui deue lui estoit, pour les parties qui ensuivent : c'est assavoir, pour CCIIII^{xx} XI l. I quarteron de plomb en table, de lui prins et achetté, chacune livre XII d., valent XIV l. XI s. I d. ob. t., icellui plomb mis et employé ès tourelles du danjon du chastel de Caen. Item, pour XXXVIII l. et demie de plomb en table mis ès gouttières dudit danjon devers le Moulin au Roy, audit pris de XII d. t. chacune livre, valent XXXVIII s. VI d. t. Item, IIII livres de potin à XVIII d. la livre, valent VI s. t. ; les IIII livres de potin, mises en la soudeure de plomb d'icelles tourelles. Valent toutes ces parties XVI l. XV s. VII d. ob. t., à lui paiez par ledit viconte, si comme il appert par quittance dudit Sor, faicte le XXe jour de décembre l'an mil CCCCXXXIII, certiffiée par ledit maistre des oeuvres; pour ce . . . . XVI l. XV s. VII d. ob. t.

A Drouet du Bost, Jehan Adam et Jehan du Pont, carreurs de pierre ardoise, IIII^{xx} X l. pour le nombre de XLV milliers ardoises par eulx bailliée et livrée au chastel de Caen, pour les oeuvres et réparacions d'icellui, au moys de mars IIII^cXXXII et moys d'avril et may CCCCXXXIII, qui, au pris de XL s. t. pour chascun millier, valent ladite somme de IIII^{xx} X l. t., à eulx poiez par ledit viconte, par mandement dudit bailly donné le premier jour de juing mil CCCCXXXIII, comme il appert par ledit mandement et quittance des dessus ditz faicte le XVIe jour de juing mil CCCC trente cinq, certiffiée par ledit Jehan Martin, substitut du maistre des oeuvres; pour ce . . . . IIII^{xx} X l. t.

A Jehan Vymont et Robin Hardy, voituriers, XV l. t. pour leur peine et salaire, d'avoir fait, entre la Saint Michiel CCCCXXXII et la Saint Michiel CCCCXXXIII, le nombre de C voyages de leurs charrioz et apporté ou chastel de Caen, ès halles et en plusieurs autres lieux, en ladite ville, par plusieurs journées, vins, cydres, boiz à merrien et plusieurs autres choses pour la garnison et réparacion dudit chastel et desdites halles et autres lieux, qui, au pris de III s. pour chascun voyage, valent ladite somme de XV l. t., à eulx paiez par ledit viconte, par mandement dudit bailly donné le IIIᵉ jour d'octobre dessusdit, comme [il appert] par ledit mandement et quictance desdits voicturiers faicte le XXIIᵉ jour d'avril mil CCCCXXXV, certiffiée par Jehan Martin, substitut dudit maistre des oeuvres; pour ce. . . . . XV l. t.

A Raoul Lair, pour lui et ses compaignons voicturiers, VIIˣˣ X l. t., pour leur peine et salaire d'avoir admené ou chastel de Caen, par la contrainte et ordonnance de justice, ès mois d'aoust et septembre CCCCXXXIII, le nombre de IIIᶜ charrettées de boiz à merrien, pour les réparacions d'icellui chastel, qui, au pris de X s. t. pour chacune charettée, valent ladite somme de VIIˣˣ l. X s. t., à lui paié par mandement dudit bailly donné le IIIIᵉ jour d'octobre CCCCXXXIII, et quictance dudit Raoul Lair, pour lui et ou nom que dessus, faicte le IIIIᵉ jour de janvier prouchain ensuivant oudit an, certiffiée par ledit Jehan Martin; pour ce . . . . VIIˣˣX l. t.

A Pierre Prière, bourgeois de Rouen, la somme de CXVII s. t. à lui deubz et qui paiez lui ont esté pour la vendue, bail et livre de XVI milliers de clou à late, venduz et livrez ou chastel de Caen, comme il appert par quittance que l'on dit estre demourée, avec les autres escriptures dudit viconte, en la Chambre des Comptes du roy, nostre sire, à Rouen. CXVII s. t.

Montent ces parties ensemble :

la somme de XIIᶜLXI l. XI s. IX d. ob. t.

XIIᶜLIX l. XVIII s. V d. ob. t. (¹).

(¹) Cette dernière somme a été rajoutée au-dessus de l'autre d'une encre plus pâle. Elle seule correspond au total des sommes énoncées pour chaque paragraphe.

XIII

1433, 10 juin, Caen.

Quittance donnée par Jean Adam, de Billy, à Girard d'Esquay, vicomte de Caen, de 60 s. t. pour la fourniture, au prix de 30 s. le mille, de deux mille ardoises destinées aux bâtiments du château de Caen.

(Parchemin sans sceau. — Bibliothèque Nationale, pièces originales, vol. 1071, dossier 24764, Esquay, n° 23.)

Jehan Adam, de Billy, marchant de pierre ardoise, confesse avoir eu et receu de noble homme Girart d'Esquay, viconte de Caen, la somme de sexante soulz tournois qui deubz lui estoient pour deux milliers de pierre ardoise qui mise a esté ou chastel de Caen pour le roy nostre sire, pour la garnison d'icellui, pour chascun millier xxx s. t.; vallent ladite somme de LX s. t., de laquelle ledit Adam se tint pour bien poié et content et en quicta le roy nostredit sire, ledit viconte et tous autrez. Ad ce présens Rogier Gaaing, juré ès oeuvres du roy nostredit sire ou bailliage de Caen, qui certiffia ce que dit estre vray. Fait devant Jehan Desmaires ([1]), tabellion à Caen, le x° jour de juing mil iiii°xxxiii.

J. Desmaires.

XIV

1433, 24 juin, Caen.

Quittance donnée par Thomas La Housse et Guillaume Langlois, bûcherons de la paroisse de Fresney-le-Puceux, tant en leur nom qu'en celui de leurs compagnons, à Girard d'Esquay, vicomte de Caen, de 30 s. t., pour avoir coupé et abattu dans la forêt de Cinglais, du bois destiné aux réparations du château de Caen.

(Parchemin sans sceau. — Bibliothèque Nationale, pièces originales, vol. 1071, dossier 24764, Esquay, n° 24.)

Thomas La Housse et Guillaume Langloiz, abateurs de boiz, de Fresnay le Pucheux, lesquelz, pour eulx et pour leurs autrez compaignons, confessent avoir eu et receu de noble homme Girart d'Esquay, escuier, viconte de Caen, la somme de trente

---

([1]) M. Pierre Carel (*op. cit.*, p. 323), cite Jean Desmares, comme ayant été tabellion à Caen, en 1432.

soulz tournois qui deubz leur estoient, pour leur paine, despens et salaire d'avoir couppé et abatu ceste sepmaine, ès boiz de Cinguellaiz, certaine cantité de boiz à merrain pour admener ou chastel de Caen pour la réparation d'icellui, où ilz ont vacqué par l'espace de neuf jours, pour chascun jour III s. IIII d. t.; vallent ladicte somme de XXX s. t., de laquelle lesditz Housse et Langloiz, pour eulx et èsdits noms, se tindrent pour bien poiés et contens et en quictèrent le roy nostre sire, ledit viconte et tous autres. Ad ce présent Rogier Gaaing, juré ès oeuvre du roy nostre sire ou bailliage de Caen, qui certiffia ce que dit estre vray. Fait devant Jehan Le Briant (¹), tabellion, soubz Jehan Desmaires, tabellion à Caen, le XXIIII° jour de juing, l'an mil IIII°XXXIII.

J. LE BRIANT.

XV

1435 (N. S.), 11 février.

Mandement des trésoriers des finances de Normandie au vicomte de Caen de mettre en adjudication la construction d'un mur de maçonnerie, allant de la porte de la Cohue à la porte au Berger, dont le devis est joint.

(Deux pièces, parchemin, sans sceau. — Bibliothèque Nationale, franç. 26059, nᵒˢ 2453 et 2454.)

Les trésoriers et généraulx gouverneurs des finances du roy nostre sire en Normendie au viconte de Caen ou à son lieutenant, salut. Pour ce que il est nécessité de faire à toute haste et dilligence possible ung mur ou oeuvre de maçonnerye en dedens du chastel de Caen contenu et desclairé plus à plain eu devys sur ce fait cy atachié soubz l'un de noz signés, vous mandons et commectons que incontinent vous fachiés cryer et publier ledit devys par deux jours de dymenche et à ung jour de marchié, audit lieu de Caen, et toute ladite oeuvre adjugez le second desdits dymenche au derrain rabesseur, et le pris à quoy elle sera rabeissié et mise, paiés et délivrés des deniers de la recepte de ladite viconté à cellui ou ceulx à qui ladite besoigne sera adjugée. Et par raportant ces présentes avecques quittance suffisante de ce que paié en aurés, vous sera alloué en voz comptes et rabatu de vostre recepte sans difficulté par tout où il appartendra. Donné à Caen, le unziesme jour de février, l'an mil quatre cens trente et quatre.

DANNES.

(¹) M. P. Carel (*op. cit.*, p. 322), indique Jean Le Briant, comme ayant été tabellion à Caen, en 1428.

Cy ensuit le devis d'un mur qui est ordonné estre fait eu chastel de Caen, par dedens le jardin Campion, à l'endroit de la Cohue, depuis le degrey de la porte jucques à la tour qui joint à la muraille de la Porte-au-Bergier, qui se peult bien monter trente toises de long, deux toises de hault et une toise d'espesse, ou plus hault, se on voit que bon soit, et les dites trente toises se montent en tout [à] LX toises. Pour faire ladite besoigne, tant pour marches, esselier et bloq, tout rendu en place, pour chascune toise . . . . C s. t.

Item, pour caux et sablon rendu en place, pour chascune toise. . . IIII l. t.

Pour paine service et despens, faire les widenges, quérir les fondemens jucques au ferme, ainsi que la chose le requiert, pour chascune toise . . . . VI l. t.

XVI

1435 (N. S.), 14 avril .

Quittance donnée par Estienne Le Mescreu, hourdeur, tant en son nom qu'en celui de Gillot Tahurel et de Robin Valée, ses compagnons, à Girard d'Esquay, vicomte de Caen, de la somme de 26 s. 8 d. t. à lui payée par Guillaume Rouxel (¹), lieutenant général dudit vicomte, pour divers travaux faits au château de Caen.

(Parchemin sans sceau. — Bibliothèque Nationale, franç. 26059, n⁰ 2502.)

Estienne Le Mescreu, du mestier de hourdeur, demourant à Saint Pierre de Caen, lequel, pour lui et en son nom et ès noms et establi pour Gillot Thahurel et Robin Valée, dudit mestier, ses compaignons, participans avecques lui en ce qui ensuit, confesse avoir eu et receu de honnorable homme Girard d'Escay, escuier, vicomte de Caen, par la main de Guillaume Rouxel, son lieutenant général, la somme de vingt six soulz huit deniers tournois qui deubz estoient à lui et à sesditz compaignons, pour leur peine, salaire et despens de huit journées d'un homme hourdeur qu'ilz ont besoigné pour le roy nostre sire, en son chastel de Caen, à trousser et faire tout neuf de pallet et de terre ung sollier, en l'ostel qui fut Bertran Campion, et avoir clos et hourdé à terre et pallet le gable de la maison du parleeur d'emprès le danjon et mesmement avoir blanchy avec caux l'escryptoire de monsieur le bailly de Caen, oudit chastel; pour chascun jour, III s. IIII d. Valent lesdits huit jours audit pris, icelle somme de

---

(¹) Nous trouvons G. Rouxel, mentionné comme lieutenant-général du vicomte de Caen, à la date du 9 juin 1432 (V. Hunger, *op. cit.*, fasc. II, p. 77). M. P. Carel (*op. cit.*, p. 302) l'indique comme ayant rempli cette même fonction en 1431 et 1433; mais, en 1432, Michel Levesque fut également lieutenant-général du vicomte.

xxvi s. viii d. t. dont il se tint à bien poié et en quicta le roy nostre sire, lesditz viconte, son lieutenant et tous aultres. A ce présent Jehan Martin, substitut de Jehan Frankelain, maistre des oeuvres du roy nostre dit seigneur, qui certiffia ladite besoigne estre vraie. Fait l'an mil iiiᶜxxxiiii, le xiiiiᵉ jour d'avril avant Pasques.

J. DESMAIRES.

XVII

1435, 25 mai.

Quittance donnée par Robin Maillart, charpentier, tant en son nom qu'en celui de Cardin Ernouf et d'un nommé Vincent, à Guillaume Rouxel, lieutenant-général du vicomte de Caen, de la somme de 29 s. 2 d. t. à lui payée pour divers travaux de charpente faits au château de Caen.

(Parchemin sans sceau. — Bibliothèque Nationale, franç. 26059, nᵒ 2533.)

Robin Maillart, carpentier, demourant à Caen, confesse avoir eu et receu de Guillaume Roussel, commis au gouvernement et exercice de la justice et recepte de la viconté de Caen, la somme de vingt neuf soulz deux deniers tournois qui deubz estoient tant à lui Cardin Ernouf que à un nommé Vincent, leur compaignon, tous semblablement carpentiers, et pour lesquelz il s'establit et fist fort, pour leur peine, sallaire et despens de sept journées d'un homme carpentier qu'ilz ont besoigné de leurdit mestier, par le commandement de monsieur le bailli de Caen, à mettre ung sommier et ung fillet et giette tout de nouvel en une chambre de l'ostel ou de présent demoure mondit sieur le bailli ou chastel de Caen, icelle besoigne faicte en ceste sepmaine présente, pour chacun jour iiii s. ii d. ; valent lesdits vii jours, audit pris, ladite somme de xxix s. ii d., dont il se tint pour bien poié et en quicta le roy nostre dit seigneur, ledit Roussel et tous aultres. A ce présent Jehan Martin, substitut de Jehan Franquelain, maistre des oeuvres du roy nostredit seigneur ou baillage de Caen, qui certiffia ce que dit estre vray. Fait l'an mil iiiiᶜ trente cinq, le xxvᵉ jour de may.

J. RICHART (¹).

_____

(¹) M. P. Carel ne signale pas ce J. Richart sur sa liste des tabellions de Caen (Carel, *op. cit.,* p. 321-325).

XVIII

1435, 17 juin.

Quittance donnée par vingt-trois voituriers à Girard d'Esquay, jadis vicomte de Caen, de la somme de 20 l. t., pour avoir transporté de la forêt de Cinglais au château de Caen, soixante charretées de bois de trente à quarante pieds de long, destiné aux réparations et à la fortification dudit château.

(Parchemin sans sceau. — Bibliothèque Nationale, franç. 26059, n° 2553.)

L'an mil IIIIe trente cinq, le XVIIe jour de juing, devant Jehan Richart, clerc tabellion juré pour le roy nostre sire eu siège de Caen, furent présens Jehan Le Fief, Renouf Vinaigre, Estienne Quenivet, messire Michiel de la Court, Robin Moisson, Cardot du Bois, Guillaume Gilles, Jehan Quevrel, Jehan Caillart, Perrot Desloges, Jean Benest, Thomas Vense, Robin Le Sueur, Jehan Regnault, Pierres Essart, Philippot Hamon, Robin Normen, Sendrin Lenepveu, Richard Laugiers, Raoul Duchellier, Regnault Duchellier, Estienne Revel et Thomas Langois, voicturiers, lesquieulx congneurent et confessèrent avoir eu et receu de noble homme Girard d'Esquay, nagaires viconte de Caen, la somme de vingt livres tournois pour leur paine, sallaire et despens d'avoir chargié ès boys de Cinguelais, à quatre lieues loaing du chastel de Caen, le nombre de soixante chartées de gros bois de XXX à XL piés de long ou environ, pour boulleverder, et icellui bois aporté audit chastel pour le roy nostre sire, par le commandement et ordonnance des gens et officiers dudit seigneur, pour la fortifficacion, provision et garnison dudit chastel, chacune chartée au pris de six soulz huit deniers tournois; vallent ladite somme de XX l. t., de laquelle somme ils se tindrent pour bien contens et paiés et en quictèrent le roy nostredit seigneur, lesdits d'Esquay et Rouxel(¹) ès noms que dessus et tous autres. A ce présent Jehan Malessent, garde desdites garnisons et provisions, qui tesmoigna ledit nombre de bois avoir esté aporté et fait aporter oudit chastel par ledit Rouxel oudit nom. Fait l'an et jour dessus dits.

J. RICHART.

(¹) Guillaume Rouxel n'a pas été nommé précédemment dans cette pièce. C'est le commis dont il est question dans la pièce XVII.

XIX

1438, 7 juillet.

Quittance donnée par Pierre Richier et Alain Bisson, charpentiers, à Jean Randulf, vicomte de Caen, de la somme de 70 s. 10 d. t. à eux payée par Jean Bunel, commis à l'exercice et gouvernement de ladite vicomté, pour divers travaux de charpente faits au château.

(Parchemin sans sceau. — Bibliothèque Nationale, franç. 26064, n° 3513.)

Devant moy Guillaume de Vernay(¹), tabellion à Caen, l'an mil ccccxxxviii, le vii° jour de juillet, furent présens Pierre Richier et Alain Bisson, carpentiers, demourans à Caen, qui confessèrent avoir eu et receu de honnourable homme Jehan Randulf, viconte de Caen, par la main de Jehan Bunel, commis à l'exercice et gouvernement de ladicte viconté, la somme de soixante diz soulz dix deniers tournois qui deubz leur estoient pour le nombre de xvii jours entiers d'un homme ouvrier dudit mestier, qu'ilz besoingnèrent pour le roy nostre sire à avoir fait le rapareil d'une elle en appentiz par où l'en entre en la grosse tour du danjon du chastel de Caen, qui avoit esté abatue des pierres de la grant salle du danjon qui par fortune de vent estoient chaètes dessus, et en laquelle elle ilz ont fait deux pos tous neufz, ung porte main o le hagé et y coullé et mis des quevrons tous neufz entre les vieux, pour chacun jour iiii s. ii d. Valent ladicte somme de lxx s. x d. t., dont ils se tinsrent a bien poiés et en quictèrent le roy nostre sire, lesditz viconte et Bunel. Fait l'an et jour dessusdiz, à ce presens Jehan Frankelen, maistre des oeuvres du roy nostre dit sire ou baillage de Caen, qui certiffia ce que dit estre vray, escript comme dessus.

G. de Vernay.

_____

(¹) M. Pierre Carel (*op. cit.*, p. 321 et suiv.), n'a pas fait mention de Guillaume de Vernay dans sa liste des tabellions de Caen.

XX

1438, 31 août.

Quittance donnée par Jean Le Cavellier, serrurier, à Jean Randulf, vicomte de Caen, de la somme de 19 l. 18 s. 6 d. t., pour diverses fournitures et divers travaux de serrurerie faits au château de Caen.

(Parchemin sans sceau. — Bibliothèque Nationale, pièces originales 2433, dossier 54643, Randulf, n° 2.)

L'an mil ccccxxxviii, le derrain jour d'aoust, devant moy, Guillaume de Vernay, tabellion à Caen, fut présent Jehan Le Cavellier, sarurier, demourant à Caen, lequel confessa avoir eu et receu de honnourable homme et saige Jehan Randulf, viconte de Caen, la somme de dix neuf livres dix huit solz six deniers tournois qui deubz lui estoyent pour avoit fait à sa forge, de son fer et charbon et à ses journées et despens, les parties qui ensuivent : c'est assavoir, pour avoir baillié six grandes serreures et icelles avoir mises et assizes en troiz cheps, l'un au chastel de Caen et les deux autres en la gaulle dudit lieu de Caen. Item, une autre serreure à bosche, avec un touroul, à l'uys de la chappelle du danjon dudit chastel. Item, deux autres serreures à bosche, garnies de deux groz touroulz mises et assises en deux huis de nouvel faiz en ladite geolle, font neuf serreures, qui, au prix de xv s. t. pour chacune serreure, l'une portant l'autre, valent vi l. xv. s. t. Item, avoir reffait deux grans pans d'irengne de cinq piez de ley et six piez de hault et iceulx avoir remis et assis contre le mur de la grande salle dudit danjon devers le belle, à l'endroit de deux grandes fenestres qui de nouvel ont été repparées et pour pendre les fenestres de boiz à icelles fenestres, ainsi rappareilliées, avoir fait huit gons, huit pentures, quatre touroulz et quatre crampons, et de ce marchié fait avec ledit serreurier, par le prix de ix l. x s. t. Item, avoir fait cinq gros bougons de fer pour les deux cheps de ladite geolle, pesans xxxiii l. à xviii d. la livre, valent xlix s. vi d. Item, pour les deux neufz huis de ladite geolle, dont dessus est faicte mention, avoir fait deux gons, deux pentures et deux coupplez avec deux touroulz pesans xvi l. audit prix de xviii d. la livre, vallent vingt quatre solz. Vallent ces parties ensemble ladite somme de xix l. xviii s. vi d., de laquelle ledit Cavellier se tint pour content et en quicta le roy nostre sire, ledit viconte et tous autres. Présent à ce Jehan Frankelin, maistre des oeuvres du roy nostre sire eu bailliage de Caen, qui certiffia les choses dessusdites estre vrayes. Fait comme dessus. (Approuvé x s. et xviii s.)

G. DE VERNAY.

XXI

1442 (N. S.), 31 mars.

Quittance donnée par Guillaume Potage, forgeron, à Jean Randulf, vicomte de Caen, de la somme de 4 l. t. pour divers travaux faits au puits du baile du château de Caen.

(Parchemin scellé sur simple queue, sceau manquant. — Bibliothèque Nationale, pièces originales, vol. 2433, dossier 54643, Randulf, n° 4.)

L'an mil cccc quarante ung, le derrenier jour de mars, avant Pasques, devant moi, Jehan Le Bryant, tabellion du roy nostre sire à Caen, fut présent Guillaume Potage, forgeur, lequel confessa avoir eu et receu de honnourable homme et saige Jehan Randulf, viconte de Caen, la somme de quatre livres tournois qui deubz luy estoit pour avoir fait de son dit mestier, pour le puis du belle du chastel de Caen, deux gougons, une nylle, deux bendes, le tout de fer, desquelles deux bendes le rouest est lyé. Item, pour la grant roë, cinquantes bandes de fer, dont les joinctz d'icelles sont liez, le tout pesant LXIIII livres de fer, à XV deniers pour chacune livre rendu prest; vallent ladite somme de IIII livres dont il se tint pour content et en quicta le roy nostredit sire, ledit viconte et tous autres. Ad ce présent Jehan Frankelin dit Temple, maistre des oeuvres du roy nostredit sire eu baillage de Caen, qui certiffia les choses dessusdites estre vrayes. Pour tesmoing desquelles choses il a cy mis son séel dont il use oudit office.

J. LE BRIANT.

XXII

1442, 16 avril.

Quittance donnée par Robin Moulin, tant en son nom qu'en celui de Robin Bougis et de Thomas Viel, marchands de tuf, demeurant à Secqueville-en-Bessin ([1]), à Jean Randulf, vicomte de Caen, de la somme de 4 l. 10 s. t. pour cinq charretées de tuf livrées au château de Caen, à Jean Franquelin dit Temple, maître des œuvres du roi au bailliage de Caen.

(Parchemin scellé sur simple queue, sceau manquant. — Bibliothèque Nationale, pièces originales, vol. 2433, dossier 54643, Randulf, n° 7.)

L'an mil cccc quarante deux, le xvie jour d'avril avant Pasques, devant moy, Jehan Le Briant, tabellion à Caen, fut présent Robin Moulin, lequel, soy establissant et faisant fort pour Robin Bougis et Thomas Viel, de Sèqueville en Bessin, marchans de tuf, qui confessa avoir eu et receu de honnourable homme et sage Jehan Randulf, escuier, viconte de Caen, la somme de quatre livres dix solz tournois à eulx deubz pour le nombre de cinq charetées de tuf par eulx vendues, baillées et livrées au chastel de Caen, à Jehan Frankelen dit Temple, maistre des oeuvres du roy nostre sire ou baillage de Caen, icellui tuf emploié à repparer trois chemynées oudit chastel, l'une en l'ostel où nagaires demouroit Guillaume Browm ou belle, et les autres en l'ostel où demeure ung nommé Semarth, prez la porte devers la ville, au prix de xviii s. t. chacune charecte; vallent ladite somme de iiii l. x s. t., de laquelle ledit Moulin, eudit nom, se tint pour bien paié et content et en quicta le roy nostredit sire, ledit viconte et tous autres. A ce présent ledit maistre des oeuvres qui certiffia les choses dessusdites estre vraies et qui de ce se tint à saisi et content pour le roy nostredit sire et pour tesmoing de ce a scellées ces présentes de son seel, fait comme dessus.

J. Le Briant.

([1]) Canton de Creully, arrondissement de Caen (Calvados).

XXIII

1443 (N. S.), 24 janvier.

Quittance donnée par Richart Vaultier, maçon, bourgeois de Caen, à Jean Randulf, vicomte dudit lieu de la somme de 792 l. t. à lui due pour divers travaux de maçonnerie.

(Parchemin scellé sur simple queue, sceau manquant. — Bibliothèque Nationale, pièces originales, vol. 2433, dossier Randulf, n° 5.)

Devant moy Guillaume Caudebec (¹), tabellion pour le roy nostre sire en la ville et banlieue de Caen, l'an de grâce mil quatre cens quarante deux, le xxiiii° jour de janvier, fut présent en sa personne, maistre Richart Vaultier, maçon, bourgois de Caen, demourant en la paroisse Saint-Jehan de ladicte ville de Caen, lequel confessa avoir eu et receu de honnourable homme pourveu et sage Jehan Randulf, escuier, viconte de Caen, la somme de sept cens quatre vings douze livres tournois, qui deubz lui estoient pour cause de l'oeuvre et besoingne par lui faicte en la tasche de machonnerie au roy nostredit sire, appartenant eu lieu et pour le nombre d'icelle machonnerie faicte et desclairiée ou roulle de parchemin parmi lequel ceste présente quictance est annexée. De laquelle somme de vii° iiii^xx xii l. t. ledit maistre Richart Vaultier se tint pour bien poié et content et en quicta le roy nostre sire, mondit seigneur le viconte et tous aultres, en promettant que de ladite somme jamès riens n'en sera demandé sur l'obligation de tous ses biens et heritages présens et advenir. Ad ce présent Jehan Frankelen dit Temple, maistre des oeuvres du roy nostredit sire eu bailliage de Caen, qui certiffia icelle oeuvre et besoingne de machonnerie descleriée et nombrée oudit roulle estre vraye, ainsi qu'il contient et icelle estre bien, deument et convenablement faicte, et lequel, pour tesmoing de ce, a seellée ceste presente de son seel, dont il use oudit office, cy mis l'an et jour dessus diz.

G. CAUDEBEC.

(¹) Indiqué comme tabellion à Caen, dès l'année 1423 (P. Carel, *op. cit.*, p. 322).

XXIV

1444 (N. S.), 17 mars.

Quittance donnée par Jean Franquelin dit Temple, maître des œuvres du roi au bailliage de Caen, à Jean Randulf, vicomte dudit lieu, de la somme de 100 l. t. pour divers travaux faits au chateau, sur l'ordre d'André Ogard, chevalier, capitaine de Caen.

(Parchemin scellé sur simple queue d'un sceau portant un écu chargé d'une fleur de lis, accompagné de trois têtes de lion : [I]EHA[N FRĀN]QUE[LIN]. — Bibliothèque Nationale, pièces originales, vol. 1237, dossier 27684, n° 2, Franquelin.)

Devant moi, Guillaume Caudebec, tabellion du roi nostre sire à Caen, le xviie jour de mars, l'an mil cccc quarante trois, fut présent Jehan Franquelen dit Temple, maistre des oeuvres du roy nostre sire ou bailliage de Caen, lequel confessa avoir eu et receu de honnourable homme et saige Jehan Randulf, escuier, viconte de Caen, la somme de cent livres tournois à luy deubz tant pour avoir fait ou fait faire et parfaire une maison ou chastel de Caen, devant l'ostel qui fut Bertran Campion, en laquelle demeure de présent ledit Temple, et pour la façon de deux hayes d'espines et de poux de quesne, l'un vers la garenne, derrière le danjon dudit chastel, et l'autre devers le Val-Guewe, de six piés de loing du mur, sur la douve du fossé, pour peines d'ouvriers, espines, que pour avoir trouvé fèvres à faire feu par nuit sur les murs dudit chastel pour le guet et garde d'icelluy, jusques à la valeur de lx s. t. pour l'année passée, icelles choses faictes par l'ordonnance de noble et puissant seigneur, messire Andry Ougard, chevalier, conseiller du roy nostre sire et cappitaine de Caen, de laquelle somme de cent livres tournois, ledit maistre des oeuvres se tint pour bien paié et content et en quicta le roy nostre sire, ledit viconte et tous autres et en promist acquitter ledit viconte vers tous. Pour tesmoing desquelles choses, ledit maistre a mis à ceste quictance son séel dont il use oudit office, l'an et jour dessus dit ; icelluy paiement fait par la main de Georget de Maynières, clerc du viconte.

G. CAUDEBEC.

XXV

1444 (N. S.), 11 avril.

Quittance donnée par Guillaume Le Tonnelier et Perrin Viart, huchiers, agissant tant en leur nom qu'en celui de leurs compagnons, à Jean Randulf, vicomte de Caen, de la somme de 19 l. 11 s. 8 d. t. pour la fourniture de certains meubles, faite en raison de la venue du duc d'York, et pour divers travaux exécutés au château de Caen.

(Parchemin scellé sur simple queue du sceau décrit à la pièce XXIV. — Bibliothèque Nationale, pièces originales, vol. 1237, dossier 27684, n° 3, Franquelin.)

L'an mil cccc quarante trois avant Pasques, le XIe jour d'avril, devant nous, Jehan Le Bryant, tabellion du roy nostre sire à Caen, furent présens Guillaume Le Tonnelier et Perrin Viart, huchiers, lesquelz, tant pour eulx comme eulx establissans et faisans fort pour leurs autres compaignons dudit mestier, confessèrent avoir eu et receu de honnourable homme et saige Jehan Randulf, escuier, vicote de Caen, la somme de dix neuf livres unze solz huit deniers tournois, pour leur peine, journées, sallaire et despens d'avoir fait leur dit mestier, au chastel de Caen, pour cause de la venue de très hault et puissant prince monseigneur le duc de York, lieutenant général et gouverneur de France et Normandie, et, par son commandement et ordonnances, plusieurs euvres et repparacions dont les parties ensuivent, c'est assavoir : pour avoir fait quatre drécheurs tous neufz, l'un pour la chambre de mondit seigneur le duc de York et l'autre pour la grande salle du roy nostre sire et l'autre, en l'ostel qui fut Bertran Campion, pour le logeis du trésorier de monseigneur le duc, et l'autre, mis en l'ostel des estuves, pour la trésorerie de madame de York. Item, avoir fait les sièges dedens les latrines, dont l'un est pour la chambre de mondit seigneur et l'autre prez la porte dudit pallais. Item, avoir rappareillié ung drécheur dedens la petite salle dudit pallais. Item, avoir fait en la chambre de madame de York, une chaère servante en unes latrines estantes en ladite chambre. Item, avoir fait les fustz de huit chasseis de bois qui sont couvers de toille terbentine, mis et assis ès chambres de l'ostel dudit pallais. Item, avoir fait deux tables toutes neufves et les trestres à icelles appartenans, c'est assavoir l'une pour monseigneur et l'autre pour madame. Item, avoir fait une autre table et deux trestres dedens le compteur, près de la grande chambre de bas. Item, avoir rappareillié l'uis d'icelle chambre et avoir mis ung ais neuf. Item, avoir fait douze fourmes ou environ pour la petite salle et pour les chambres dudit pallais et aussy avoir fait trois tables pour la garde robbe de mondit seigneur et de madame. Item, avoir fait une fenestre à la petite gallerie neufve. Item, avoir fait six fenestres dedens les chambres qui sont au bout de la petite salle de hault et avoir rappareillié ung huis emprès la porte du pallais pour les latrines de hault et aussy avoir faict ung huis et ung hée pour vecellier commun. Item, avoir faict ung grant coffre tout neuf, pour la penneterie de mondit seigneur. Item, avoir fait ung huis et ung hée tous neufz pour mectre à l'entrée de la grande salle. Item, avoir fait une trappe dessus une petite boiteure qui est en la petite salle. Item, avoir fait un huis et deux fenestres dedens la sausserie. Item, avoir mis un grant huis pour l'uis de la cuisine, devers la salle, avecques ung guichet pour le parquet d'emprez. Item, avoir fait ung autre huis neuf, pour le laidier, dont dessus est faicte mencion. Avoir fait une table en la chambre de monseigneur le chamberlenc de mondit seigneur le duc. Item, avoir fait un grand caalit de parement pour la grande chambre du pallais. Item, avoir fait une table et deux paire de trestres, avecques une fenestre pour la trésorerie de madame, et au logeis du trésorier de mondit seigneur, avoir fait ung caalit neuf. Esquelles besongnes faisant, lesditz huchiers ont vaqué par quatrevingtz quatorze jours d'ung homme ouvrier dudit mestier, au prix de IIII s. II d. t. par jour; vallent ladite somme de XIX l. XI s. VIII d. t., de laquelle lesdits Tonnelier et Viart, tant pour eulx que ès noms que dessus, se tindrent pour contens et en quictèrent le roy nostre dit seigneur, ledit viconte et tous autres. Ad ce présent, Jehan Frankelin dit Temple, maistre des euvres du roy nostre sire eu baillage de Caen, qui certiffia les choses dessus dites estre vrayes. Pour tesmoing desquelles il a séellée ceste présente quictance du séel dont il use eudit office, l'an et jour dessus ditz.

J. Le Briant.

XXVI

1445 (N. S.), 23 mars.

Quittance donnée par Jean Le Cauchois et Alain Buisson, charpentiers, tant en leur nom qu'en celui de leurs compagnons, à Thomas de Loraille, vicomte de Caen, de la somme de 21 l. 2 s. 11 d. t. à eux payés par Georget de Maynières, clerc dudit vicomte, pour divers travaux de charpente exécutés au château sur les ordres de Thomas Flaming, chevalier, lieutenant de la ville et du château et de Thomas de Loraille.

(Parchemin scellé sur simple queue, sceau manquant. — Bibliothèque Nationale, franç. 26073, nº 5175.)

L'an mil quatre cens quarante quatre, le XXIIIᵉ jour de mars, devant moy, Jehan Le Briant, tabellion à Caen, furent présens Jehan le Cauchois et Alain Buisson, carpentiers, pour eulx et faisans fors et establissans pour leurs compaingnons, lesquelz, pour avoir besoingné de leurdit mestier au chastel de Caen, depuis le XXVIIᵉ jour de novembre derrain passé, c'est assavoir : à rappareiller de carpenterie neufve une maison tournée en ruyne estant dessus le four du danjon, devers la garenne qui coeuvre une partie du degré montant sur les murs d'entour ledit danjon, contenante quarante quatre piez de long, XVIII piez de ley et le costé XIIII piez de hault ; faire le costé et l'un bout de ladite maison tout de neuf de ladite hauteur, comme besoing estoit ; faire en icelle maison une huisserie, quatre fenestres à jour, quatre sommiers avec la liéson et les crevons qui y appartiennent et plancher le sollier d'icelle tout de boiz tant neuf que de viel et y avoir fait sest montans, fillières, sablières, souschevrons et les liésons, comme il appartient, laquelle maison, au regard d'icelles réparacions sur icelle encommencées, n'est pas encore parfaicte ne rendue preste; item, avoir planché tout de neuf le pont dormant devant le boulleverq de devers la ville, contenant XXXII piez de long et XIIII piez de ley ou environ, et y avoir faez huches et postz neulz, comme il estoit besoing; item, avoir planché tout de neuf, de planches de III doie d'espoisse, ung autre pont dormant assiz sur les murs du belle, auprès de la porte de devers la ville, contenant XVIII piez de long et quatre piez et demy de ley et avoir mis et assiz deux sommiers, une luiche et deux postz neuf et iceulx pontz avoir rendus prestz des choses dessusdites, au regard de la peine de leurdit mestier, le tout fait par l'ordonnance de messire Thomas Flavyng, chevalier, lieutenant des ville et chastel de Caen, et du viconte dudit lieu, comme repparacions ordinaires et nécessaires estre faictes en icellui chastel, et y avoir vaqué par l'espace de C et ung jour et demy d'un homme ouvrier dudit mestier, au prix de quatre soulz II d. t. pour jour; valent la somme de XXI l. II s. XI deniers tournois, qu'ilz confessèrent avoir receuz de honnourable homme Thomas de Louraille, escuier, viconte de Caen, comptant par la main de Georget de Maynières, clerc dudit viconte, dont ilz pour eulz et faisans fors, comme dit est, se tindrent pour bien paiez et contens et en quictèrent le roy nostre sire, ledit viconte et tous aultres. Ad ce présens Jehan Frankelen dit Temple, maistre des oeuvres du roy nostredit seigneur ou baillage de Caen, qui certiffia la besoingne dessusdite avoir esté deuement faicte esdites besoingnes, jouxte ce que dessus est dit, et qui, pour tesmoing de ce, a séellé ces présentes du séel dont il use oudit office, l'an et jour dessusdiz.

J. LEBRIANT.

XXVII

1445 (N. S.), 23 mars.

Quittance donnée par Alain Bisson, charpentier, demeurant à Saint-Pierre de Caen, tant en son nom qu'en celui de Maciot Acart, Guillaume Mabire, Jehan Vaultier et Guillaume Langlois, charpentiers, à Thomas de Loraille, viconte de Caen, de la somme de 4 l. 3 s. 4 d. t., pour avoir abattu dans la forêt de Cinglais et préparé trente six charettes de bois destinées au château de Caen, ladite somme payée par Georget de Maynières, clerc dudit viconte.

(Parchemin scellé sur simple queue, sceau manquant. — Bibliothèque Nationale, franç. 26073, n° 5173.)

L'an de grâce mil CCCC quarante quatre, le XXIIIe jours de mars, devant moy, Guillaume Caudebec, tabellion à Caen, fut présent Alain Bisson, carpentier, demourant à Saint-Pierre de Caen, lequel ès noms de Maciot Acart, Guillaume

Mabire, Jehan Vaultier et Guillaume Langlois, aussi carpentiers et, soy establissant, et faisant fort pour iceulx, confessa avoir eu et receu de honnourable homme Thomas de Louraille, escuier, viconte de Caen, la somme de quatre livres trois solz quatre deniers tournois, qui deubz leur estoient pour le nombre de vingt journées d'un homme carpentier, commenchans le xxiiiie jour de novembre derrenier passé qu'ilz ont vacqué à jour ouvrable ensuite l'un de l'autre, ès bois de Cinguelaiz, à abatre, esbochier et mectre prest de charger en carecte, le nombre de trente six charectes de bois de quesne à merrain, lors chargées et admenées ou chastel de Caen pour emploier ès réparacions d'icellui. De laquelle somme, qui est à iiii s. iii d. t. pour jour, ledit Alain, ès dis noms, se tint pour bien paié et content et en quicta et promist à acquicter le roy nostre sire, ledit viconte et tous autres, icellui paiement fait par la main de Georget de Maynières, clerc de mondit seigneur le viconte. A ce présent Jehan Frankelen dit Temple, maistre des oeuvres du roy nostredit seigneur ou bailliage de Caen, qui certiffia le nombre desdites journées avoir esté bien et deuement faictes pour ladite cause eu temps dessusdit et qui, pour tesmoing de ce, a séellé ceste présente de son séel dont il use eudit office l'an et jour dessusdit.

G. Caudebec.

XXVIII

1445 (N. S.), 24 mars.

Quittance donnée par Jean Barbe et Cardin Folie, manouvriers, tant en leur nom qu'en celui de Pierre Cadet, aussi manouvrier, à Thomas de Loraille, vicomte de Caen, de la somme de 23 s. 4 d. t. à eux payés par Georget de Maynières, clerc dudit vicomte, pour divers travaux faits au château.

(Parchemin scellé sur simple queue, sceau manquant. — Bibliothèque Nationale, franç. 26073, n° 5176.)

L'an de grâce mil quatre cens quarante quatre, le xxiiiie jour de mars, devant moi, Guillaume Caudebec, tabellion à Caen, furent présens Jehan Barbe et Cardin Folie, manouvriers de bras, demourant à Caen, lesquieulx, pour eulx et ès noms de Pierres Cadet, aussi manouvrier et establiz pour icellui, confessèrent avoir receu de honnourable homme, Thomas de Louraille, escuier, viconte de Caen, par la main de Georget de Maynières, son clerc, la somme de vingt trois solz quatre deniers tournois, qui deubz leur estoient pour sept jours d'un homme manouvrier, commençans le xviiie jour de février derrain passé et fais par chacun jour ouvrable ensuite l'un de l'autre, à curer le pis du danjon du chastel de Caen, à wider les terres estant sur le pont dormant, sur claies devant le boullevert de nouvel fait devers la ville, à lever lesdites claies et à aidier à amener le merrien, le boiz dollé, de présent estant sur ledit pont, mis pour seurté de neuf pour la ruyne de la première assiette, qui vallent, à III s. IIII d. t. pour jour, lesdis XXIII s. IIII d. t., dont ilz se tindrent pour bien paiez et contens et en quictèrent le roy nostre sire, ledit viconte et tous autres, à ce présent Jehan Frankelen dit Temple, maistre des oeuvres du roy nostre sire ou bailliage de Caen, qui certiffia le nombre desdites journées avoir esté bien et deuement faites, pour ladite cause eu temps dessusdit, et qui, pour tesmoing de ce, a séellé ceste présente de son séel dont il use eudit office, l'an et jour dessusdits.

G. CAUDEBEC.

XXIX

1445 (N. S.), 24 mars.

Quittance donnée par Raoulin Maleterre, tonnelier, et Jean Savary, maréchal, de la paroisse de Saint-Pierre de Caen, à Thomas de Loraille, viconte de Caen, de la somme de 4 l. 3 s. 6 d. t., à eux payés par Georget de Maynières, clerc dudit viconte, pour la fourniture et la réparation de seaux destinés aux trois puits situés dans le château.

(Parchemin scellé sur simple queue, sceau manquant. — Bibliothèque Nationale, franç. 26073, nº 5177.)

L'an de grâce mil CCCCXLIIII, le XXIIII⁸ jours de mars, devant moy, Guillaume Caudebec, tabellion pour le roy nostre sire, à Caen, furent présens Raoulin Maleterre, tonnelier, et Jehan Savary, mareschal, demourant en la paroisse Saint-Pierre de Caen, lesquieulx confessèrent avoir eu et receu de honnorable homme Thomas de Louraille, escuier, viconte de Caen, la somme de quatre livres trois soulz six deniers tournois qui deubz leur estoient, c'est assavoir : audit tonnelier XXXII s. VI d. pour la façon de sept seaulx de bois de quesne par lui fais, quatre de son bois et le demourant du bois du roy nostredit sire, pour tirer eaue ès trois pis du chastel de Caen, l'un eu danjon, l'autre eu belle d'icellui chastel et le tiers en l'ostel qui fut Bertran Campion, enclos eudit belle, pour la façon de chascun seel III s. : valent XXI s., et pour le bois desdits quatre seaulx par lui quéri, XII s. VI d.; et audit Savary, L s. pour sa peine d'avoir resoudé et rappareillié les liens de fer anciens des aultres seaulx précédens, y avoir fait de son fer, tout de neuf, la fereure et liage de l'un d'iceulx seaulx aprécié à XXIII s. IX d., et le sourplus pour ledit rappareil et liage du tout, dont iceulx tonnellier et mareschal se tindrent pour bien poiés et contens et en quictèrent le roy nostre sire, ledit viconte et tous aultres; ledit poiement à eulx fait par la main de Georget de Maynières, clerc de mondit sieur le viconte, ad ce présent Jehan Frankelen dit Temple, maistre des œuvres du roy nostredit sire eu bailliage de Caen, qui certiffia ce que dit estre vray et icelle besoingne par eulx avoir esté bien et loiaument faicte et livrée et qui, pour tesmoing de ce, a séellé ceste présente quictance de son séel dont il use en sondit office, en l'an et jour dessusdis.

G. CAUDEBEC.

XXX

1445, 14 juillet, Caen.

Vidimus, sous le sceau de la vicomté de Caen, d'un mandement de Henry VI, roi de France et d'Angleterre, au bailli de Caen, donné à Argentan le 10 juillet précédent, autorisant la levée sur les habitants des ville et faubourgs de Caen, d'une aide de 2.400 livres t. pour l'aménagement du cours de l'Orne.

(Parchemin scellé sur simple queue, sceau manquant. — Bibliothèque Nationale, franç. 26073, n° 5266.)

A tous ceulx qui ces présentes lettres verront ou orront, Nicolas Bourgois, garde du séel des obligations de la vicomté de Caen, salut. Savoir faisons que aujourd'uy, x111e jour de juillet, l'an mil cccc quarante cinq, par Jehan Le Briant, clerc, tabellion juré en la vicomté de Caen, nous a esté tesmougné avoir veu, visité et diligamment regardé unes lettres du roy nostre sire, séellées à simple queue et cire jaune, desquelles la teneur ensuit : Henry, par la grâce de Dieu, roy de France et d'Angleterre, au bailli de Caen ou à son lieutenant, salut. Receu avons l'umble supplicacion de nos bien amez les bourgeois manans et habitans en notre ville de Caen, contenant comme par noz autres lettres et pour le bien publique d'icelle ville et des habitans en la vicomté dudit lieu de Caen, nous leur eussions donné congié et licence de faire curer et nectoyer le cours de la rivière d'Oulne en telle manière que les vaisseaulx montans et avallans peussent estre conduitz prouffitablement et que la marchandise peust arriver seurement, et, pour ce faire, avoir aide pour le temps et terme de trois ans continuelz et ensuivans commenchant le premier jour du moys de may derrain passé, c'est assavoir par chacun desdits trois ans et ès moys de juing et juillet, scavoir est de chacune paroisse de la vicomté de Caen et aux despens des demourans ès dites paroisses, le fort portant le foible, d'ung tumberel et de deux personnes pour le conduit, gouvernement et emploicte d'icellui, pourveu que à ce se consentist la plus grande et saine partie des manans et habitans de ladite vicomté de Caen, ainsi que nos dites autres lettres plus à plain le contiennent. Par vertu desquelles aient esté appelées et fait venir en grant nombre des gens des paroisses de ladite ville et de chacune des sergenteries de ladite vicomté par devant vous, c'est assavoir : des sergenteries d'Argences, Trouart, Varaville, la Banlieue, Villiers, Cheux, Evrecy, Préaulx, Oyestrehan, Bernières et Creully, et mesmement des gens de chacune des paroisses desdites sergenteries déléguez et envoyez pour ladite cause, ausquelz, en la présence de vous, de vostre lieutenant général, de nostre viconte de Caen et de son lieutenant et de nostre procureur oudit bailliage, a esté remonstré la nécessité qu'il estoit de curer et nectoyer ladite rivière d'Oulne, pour le bien de la chose publique, tuition et deffence d'icelle ville et de tout le pais, et aussi pour le fait de la marchandise et que, si de brief n'y estoit pourveu, ladite rivière seroit ainsi comme du tout anichillée, en les advertissant, en tant que à eulx povoit toucher, que ilz se voulsissent consentir que provision fust en ce mise et que ilz accordassent faire l'aide contenue en nosdites autres lettres, adfin qu'on s'emploiast en la besoingne et que l'oeuvre se peult parfaire. Lesquelles gens d'icelle ville ou parroisses et sergenteries en nombre convenable, congnoissant le grand bien qui peult advenir de la chose et le besoing qu'il estoit de ce faire, mesmes pour eschiver les dommaiges inestimables qui en pourroient ensuir ou préjudice de la chose publique, consentirent, furent et ont esté d'acord d'eulx emploier par toutes voyes possibles en leur regard à ce que ladite rivière peust estre mise en estat. Mais, pour considéracion des grans charges, nécessités et fortunes qu'ilz ont eu et portent chacun jour en diverses manières, disrent qu'il ne leur estoit pas possible à entendre à l'entière perfection d'icelle besongne et aide et, par especial, à la charge de pourvoir de tumbereaulx et nombre de personnes, selon ce que nosdites autres lettres le portent, pour ce que ce leur seroit à trop grant despence et charge de deniers, réquérans que ilz feussent quittes pour contribuer et faire aide d'aucune somme de deniers qui seroit advisé qu'ilz pourroient porter sus chacune paroisse, le fort portant le foible, quelle chose ait esté acordé, advisée et délibérée par entr'eulx, c'est assavoir que les paroisses desdites sergenteries, feussent et seroient tenues quictes de toutes choses à la cause dessusdite, par paiant chacune paroisse, le fort portant le foible, la somme de douze livres tournois, à paier à quatre paiements égaulx, assis et cueillis en la fourme et nombre de levées octroyées pour plus aisiéement supporter la chose et à mendres frais; et à ce se sont submis et ainsi accordé de faire desquelles paroisses ainsi qu'il a esté advisé, montant à paier, chacune comme dit est, ladite somme de douze livres tournois, deux mil quatre cens livres tournois, laquelle somme de deux mil quatre cens livres tournois lesdits suppliants n'osent entreprendre de faire cueillir et lever sans nostre congié, licence et auctorité, réquérans humblement nostre gracieuse provision. Pour ce est-il que nous, les choses dessusdites considérées, voullans l'accomplissement et perfection d'icelle rivière estre faicte, mesmement que c'est le très grand et évident prouffit de toute nostre duchié de Normandie, des marchans qui converssent et habitent en nostre dite ville et de la chose publique, consentons et sommes d'acord, s'il est ainsi que devant vous l'acord, consentement et appoinctement ait esté fait par la manière dessusdite et desclairée, que ladite somme de deux mil quatre cens livres tournois, soit assise et cueillie et levée sur les manans et habitans, ainsi et en la fourme et manière que dit est, à quatre paiemens, c'est assavoir : à chacun paiement six cens livres tournois, avec leurs octroys présens ou advenir, ainsi et selon ce que aurés advisé ou adviserés. En quoy entendons estre contribuables et assis les manans et habitans de la ville et forsbourgs dudit lieu de Caen, et mandons aux esleus sur le fait de noz aides à Caen que ladite somme, auxditz quatre paiemens, ilz assient justement et également sus chacune d'icelles paroisses, ville et forsbourg de Caen, le fort portant le fieble, tout ainsi que par vous mandé et ordonné le faire, en la faisant recevoir par Guillaume Le Roy, receveur de noz octroys audit lieu de Caen, lequel en sera tenu bailler les deniers comptans à Jehan de Semilly, bourgeois d'icellui lieu, receveur des deniers et revenus de ladite ville et commis à ce faire, en prenant la quictance dudit Semilly, par laquelle, rapportant seullement, il en demourra quitte et deschargié, et aussi ledit Semilly sera tenu de ce rendre compte pardevant vous auxdits supplians, ainsi qu'il appartiendra et que accoustumé est des aides et revenus de ladite ville. De tout ce que dessus est dict vous donnons pouvoir et auctorité et de contraindre et faire ou faire

faire toutes manières de contrainctes, à cause de ce que dit est, par toutes voyes deues et raisonnables, mandons et commandons à tous noz justiciers, officiers et subgietz à vous, ès choses dessusdictes et ès circonstances et deppendences estre obey. Donné à Argenthen, soubz nostre séel ordonné en l'absence du grant, le dixiesme jour de juillet, l'an de grâce mil cccc quarante cinq et de nostre règne le xxiiie, ainsi signé par le conseil : Mairessely. Et nous, en tesmoing de ce, à la relation dudit tabellion, avons mis à ces présentes, le séel desdites obligacions. Ce fut fait l'an et jour premiers dessusdis.

J. LE BRIANT.

XXXI

1449, 19 août.

Certificat délivré par Richard Harington, bailli de Caen, constatant que par contrainte et de sa propre autorité, il a pris sur la recette de Jean de Bailleul, clerc de Pierre Baille, receveur général de Normandie, une somme de 600 l. t. destinée au paiement et entretien des gens de guerre destinés à renforcer la garnison de la ville.

(Parchemin scellé sur simple queue, écu penché, écartelé : au 1 d'une frette chargée d'un lambel à trois pendants, au 2 et 3 de trois lions passants, au 4 d'une frette, timbré d'un heaume à lambrequins cimé d'une tête de lion. — Bibliothèque Nationale, pièces originales, vol. 1483, dossier 33576, Harington, pièce n° 8.)

Sachent tous que nous Richard Harington, chevalier, bailli de Caen, certiffions par ces présentes, que nous par contrainte et de nostre autorité avons prins et osté de fait, des mains et pocession de Jehan de Bailleux, clerc de Pierre Baille, receveur général de Normandie, des deniers du roy nostre sire, par luy receux en cestedite ville, la somme de six cens livres tournois, pour icelle convertir et emploier ou paiement et entretènement de certaines gens de guerre, que, pour la seurté, tuicion et deffence d'icelle ville, y avons de nouvel fait venir et retenu oultre et pardessus les aultres gens de guerre des retenues de messire Andrieu Oldgard, chevalier, cappitaine de ladite ville et de nous, et ce avons fait contre le gré et volenté dudit de Bailleux. En tesmoing desquelles choses nous avons signé cesdites présentes de nostre saing manuel et scellé du séel de noz armes, le xixe jour d'aoust, l'an de grâce mil cccc quarante neuf.

Ric. HARYNGTON.

XXXII

1449, november 21.

Mandate for the transmission of certain stores to Caen.

(Stevenson : *Letters and papers*, I, p. 501.)

Henry, by the grace of God king of Englande and of Fraunce, and lorde of Irlande, to oure trusty and welbeloved squyer, Gilbert Parr, keper of oure artillerie within oure Toure of London, greting.

We wolle and charge you that anoon aftir the sight of thees ye deliver unto oure trusty and welbelovede squyere, Robert Whitingham, or his depute in his name, for the defens and sauf keping of oure towne of Caen, within oure duchie of Normandie, m¹. long-bowes, m¹. m¹. shefe of arowes, xx gros of strenges, ii pipes of gunpowdre, ii pipes of saltpetre, a pipe of brimstone, vi tonnetighte of irene, a barelle of steel, ii barelle of osemunde, xii barelle of picche, xii barelle of tere, a pipe of caltraps. Item ii gunners and a cunnyng carpentere of the ordenance. And we wol that thees oure lettres be unto you herin sufficiant warant and discharge, and that by the same ye have due allowance in youre accomptes.

Yevene, etc; West Londone, the xxi. day of Novembre, the yere, etc... xxviii. De mandato regis, per advisamentum consilii.

T. Kent.

XXXIII

1450 (N. S.), february.

Mandate for the despatch of munitions for the defence of Caen.

(Stevenson : *Letters and papers*, I, p. 513.)

Be ther maade a warrant undre Prive Sealle to the tresorere and chaumberlein of theschequier, commaunding them to delivere, or to do be delivered, for the defense, seure and sauve garde of Caene, to Robert Whitingham, cappitaine therof, or to Johne Cauners, squier, his deputee in this partie, m. li. of gonne poudre,

m. li. of salpetre, vi. c. bowes and vi. gross stringes and xxviii li. in moneye, for thexpenses and costes of cofres, shipping, housing, charging, discharging and also cariage of alle the thinges abovesaide to Caene.

(¹) Item be ther maade an othre warrant to Gilbart Par, keper of oure artillarie, to deliver for the defence, seure and sauf garde of the above saide Caene, to the saide Robert Whitingham, or to Johne Cauniers, m¹. sheef of arowes and v. c. li. of brymstone.

In palacio suo Westmonasterii, iiii Februarii, anno etc. xxviii° *tex*, per avisamentum dominorum spiritualium et temporalium mandavit fieri warranta sub privato sigillo secundum quod superius petitur.

T. Kent.

Inde recepit, videlicet per manus

Johannis Nycolle.	. . .	xli. li. xvi. s. iiii. d.
Thomæ Haukyne.	. . .	xxii. li. v. s. iiii. d.
Johannis Kirkeby.	. . .	xxv. marc,

pro gunpoudre et salpetre ab eis emptis.

Item recepit per manus Ricardi Riche.

For oure towne and castelle of Caene.

XXXIV

1450, 22 mai, Bayeux.

Mandement de Dunois à Guillaume de Bigars, capitaine de Pontaudemer, et au vicomte dudit lieu, d'avoir à rassembler, dans le ressort de la vicomté, pour le recouvrement des places fortes occupées par les Anglais, des ouvriers de divers corps de métier et de les réunir à Lisieux, le 28 mai 1450.

(Parchemin scellé sur simple queue, sceau manquant. — Bibliothèque Nationale, franç. 26079, n° 6208.)

Jehan, Bastard d'Orléans, conte de Dunois et de Longueville, grant chambellan de France, lieutenant général du roy sur le fait de la guerre, à nostre bien amé Guillaume de Bigars, escuier et au vicomte du Pontaudemer ou à son lieutenant, salut. Pour ce que, pour le recouvrement des villes et places encores par les Angloiz détenues et occuppées en ce pais de Normendie, devant lesquelles à ceste cause on espare de

---

(¹) On the dorse of the warrant.

mectre et tenir siège prochainement, est nécessaire d'avoir et recouvrer grant quantité de charpentiers, soyeurs de long, tailleurs de pierre et maçons, pionniers, mineurs et autres manouvriers pour iceulx emploier ès approches et autres ouvraiges que faire conviendra èsdits sièges, fournir et paier aux despens des habitans ès vicontez où ilz seront prins, nous vous mandons et enjoignons expressément de par le roy que incontinent vous faictes assembler de ladite viconté le nombre et quantité de treize charpentiers, deux soyeurs de long, cinq maçons et tailleurs de pierre et cent pionniers, mineurs et autres manouvriers garniz, c'est assavoir : chacun charpentier de haiche, tarière, une sye ; deux soyeurs une longue sye ; chacun maçon ou tailleur de gros martel, et de martel à picquet trenchant ; et chacun pionnier, mineur ou autre manouvrier, de houe ou pic et de une pelle, ou besche ferrée ; et iceulx, en vostre compaignie ou de ung commis de vous viconte avecques trois sergens pour les conduire et gouverner, paiez pour les quatres derreniers jours de ce mois de may, au pris chacun charpentier, soyeur de long, tailleur ou maçon, de cinq solz tournois, chacun pionnier ou mineur de iii s. ii d. t. et chacun autre manouvrier de iii s. iiii d. et chacun sergent de vii s. vi d. t. par chascun jour, faictes rendre ou venir par devers nous ou cestuy qui pour ce faire sera par nous commis en la ville de Lisieux, jeudi prochainement venant qui sera le xxviii⁰ jour de cedit moys; pour le paiement desquelz, pour lesdits quatre jours et pour le mois de juing entièrement, qui sont en tout xxxiiii journées, au pris dessusdit, et pour les autres fraiz raisonnable que pour ce faire conviendra, appelez avecques vous ou vos commis à ce les esleuz sur le faict des aides, advocat et procureur du roi en ladite viconté, faictes ou par vosdits commis faictes faire, assiette sur tous les habitans en icelle, le fort portant le foible, sans en excepter aucuns, fors ceux qui ès tailles et aides mises sus par le roy, sont par luy exceptez et réservez, et lesquelz habitans vous ferez contraindre réalment et de faict et comme pour les propres debtes du roy à vous paier promptement et sans aucun délay, ou à vosditz commis, le taux et impost qui sur eulx à ceste cause sera mis sus, pour les deniers qui en ystront estre par vous viconte ou vostredit commis distribuez par chacun jour ausdits ouvriers manouvriers et sergens, ainsi qu'ils ouvreront et serviront, et par rapportant ces présentes avec quittance sur ce souffisant et certifficacion du contrerolleur de l'artillerie des journées qu'ilz auront vacqué et servy, tout ce que ainsi aura par vous esté paié sera alloué en voz comptes, déduit et rabatu de votre recepte par les gens des comptes du roy ausquelz nous requerons que ainsi le facent sans difficulté. Et avec ce, voulons et vous mandons que vous faictes ou faictes faire commandement exprès et sur certaines paines à toutes manières de gens que verrès estre à faire, que, ausdit jour, soient prestz et garniz de vivres chacun ce qui pourra savoir ou finer pour d'illec estre par vous portez ou menez au prochain siège que on actent à mectre. De ce faire vous donnons pouvoir, mandons et commandons, de par le roy à tous ses justiciers, officiers, vassaulx et subgietz que à vous et à vosditz commis, en ce faisant, obeissent et entendent diligemment et vous prestent, baillent et donnent conseil, confort, aide et prisons, se mestier en avez et par vous requis en sont. Donné à Bayeux, le xxii⁰ jour de may, l'an mil cccc cinquante.

Par monseigneur le conte lieutenant général,

M. Leduc.

XXXV

1450, 31 mai, Lisieux.

Procuration donnée par Guy de la Roche, écuyer, concessionnaire d'une tâche de pionnerie à faire aux fossés de Lisieux, entre la porte de Paris et la grosse tour du coin Mauny, à Robert Piel, pour l'accomplissement de cette tâche au lieu et place dudit de la Roche devant se rendre au siège de Caen.

(Parchemin scellé sur simple queue : 2 écus accolés avec une crosse passant derrière : le premier portant deux clés en sautoir cantonnées de quatre étoiles, le deuxième un chevron accompagé de trois têtes de lion couronnées + S. . . . . DE LISIEUX. — Bibliothèque Nationale, franç. 22469, n⁰ 59.)

L'an de grâce mil CCCC et cinquante, le pénultieme jour de may, devant nous, Jehan Vipart, sous-séneschal de Lisieux, fut présent Guy de la Roche, escuier, auquel certaine tâche de pionnerie encommencée à faire ès fossez de la ville dudit Lisieux, entre la porte de Paris et la grosse tour du coing Maunys, avoit naguères esté passée et adjugée au pris de dix huit livres tournois la perque jouxte et recours au deviz de l'oeuvre et adjudicacion sur ce faiz et passé, lequel, pour ce qu'il disoit que nécessairement lui convenoit aller au siège devant la ville de Caen, par quoy bonnement ne povoit vaquer à ladite tache, fist et ordonna son procureur et entremetier Robert Piel, dudit lieu de Lisieux, pour icelle tâche conduire et parfaire, y mectre et tenir tous les ouvriers qu'il verra convenir, leur bailler et délivrer oustilz à ce nécessaires, prendre et recevoir de Jean Eschalart, recepveur des aides pour la fortiffication de ladite ville, tous les deniers qui pour ladite tâche, sont et pourront estre deubz, en faire et passer audit recepveur, toutes et telles quittances, comme au cas appartendroit, lesquelles quitances il voult et accorda estre d'autel force et vertu comme se il mesme les faisoit et passoit, et de ce que receu aura faire les paiemens aux ouvriers ainsi qu'ilz feront la besoingne, soit par aleu ou à journée, ainsi qu'il verra bon estre, promectant ledit de la Roche avoir et tenir agréable tout ce qui par ledit Piel sera fait et passé et besoingné touchant ladite tâche, sur l'obligation de tous ses biens. Donné à Lisieux, soubz le petit séel aux causes de ladite soussénes- chaucie en l'an et jour dessus dis.

P. MESNIL.

XXXVI

1450, [june.]

Instructions on the attempted Relief of the Duke of Somerset besieged by the French within Caen.

(Stevenson : *Letters and papers*, II, p. [595-597].)

Here folowen othyr articles of advertyssmentys and instruccions for the werre and for the deffence and safegard of the royaume of Fraunce and ducdom of Normandye the time that the seyd noble prince Emond, duc of Somerset, was made [by] the kyng the lieutenant generalle for Fraunce and Normandye, and was yn grete jubardye of his person and yn doubt of losyng of alle that contree. Whiche articles were made by the seyd Sir Johne Falstolf, knyght, under correccyon, beyng then of the kyngys grete councelle yn England ; what provysyon and ordenaunce were most necessarye to be conduyt and had for suche a chevetyne as most be deputed and assigned yn alle goodely haste to goo wyth a new armee ynto Normandie for to releyffe and socour the forseyd kyngys lieutenant generalle, beyng beseged at Caen by Charlys the VII ; the kyngys grete adversarye. And yt semyth that yn deffaut of the seyd advertisment were not kept, Sir Thomas Kyrielle, knyght, the kyngys lieutenant made for the felde, was destrussed at the infortune jurney of Formynye in Normandie or he came to the kyngys lieutenant general, as was advised, by dyvvyson and controversie of hys petycapteyns negligently tarying yn Normandie 'at her landyng, and sped him not wyth hys armee to goo spedlye to the seyd Emond duc, the kyngys lieutenant generalle. And so was the losse off all Normandye the XXVIII yere of kyng Herey VI.

In advertisyng you, my lordis, obeïeng your commaundement, yt is thoughte, under youre noble correccion, that it is first necessarie that this armie, whiche is first now appointed, be in alle haste possible ordeyned to goo forthe withe the nombre of peple thei have endentid for, and withe as many moo that have be ordeined to goo after to the nombre of III m. fighters at the leeste, in the mene tyme that the grete armie and puissaunce may be made redie for the felde, and this in alle haste possible without any delaie. The captaynes that thus shalle first goo, to have in comaundement that after here landing there to be gouverned as shalle be thoughte most necessary by the kingis licutenant and gouvernour there, thei to obbeïe his ordinaunce as he wolle reule or assigne hem to be demened as may be moost advaileable be the saide lieutenauntes grete wisdome at the avice of the kingis grete counceile there.

Item, in cas it fortuned, (as God defend !) the saide captaines were lettid be the grete puissaunce of thennemies, or otherwise, that thei myghte not come to the saide lieutenaunt as thei wolde, that then thei to see to the purveaunce for the sauffegarde of Cane, Harflew, Hounflue, and other placis, which as may abide the comyng of the saide grete puissaunce; thei in the mene tyme to emploie hem and doo there power for the saufgarde of thoo placis and contries there where it shalbe thoughte most nedefulle.

Item, as for the grete puissaunce that shalle come after and kepe the felde to the socoure and saufgarde of the londe, yt is thoughte that for the saide grete puissaunce must be intretid be the kingis highnese a chevetaine of noble and grete astate, havyng knoulege and experience of the werres; withe hym to be ordeined in companye notable lordis and capitaines, withe soche a noble puissance as may be abille to kepe the felde and to resiste the myghte and power of the kingis adversaries; the said chevetaine chargyng his lordis and captaines to see that here souldeours be trulie plaide of here wagis, soo that they have no cause to compleine, robbe, nor pille the kingis liege peple there.

Item, that the said chieveteyne have two lordes for to be his constable and marshal of his hooste, welle ensured knightis, that afore this tyme have had grete knoulege and experience in the werris, to gouverne his hooste in executing of the lawes of armes and soche ordenaunces as shalbe thoughte most necessarie be the saide chievetcine.

Item, that the saide cheveteyne ordene, before his departinge oute of Englande, to be stuffed of ordynaunces for the felde, as in alle maner thingis that longithe to the werre; that is to say, speres, bowes, arowes, axes, malles, gonnes, ridbaudekins, and alle other stuffe necessarie; so that no thing that may long to hym or his ooste be to seke when he is comyne in to parties.

Item, that the admiralles of Englonde and Fraunce gyffe in commaundement and streitlie see that the see be kepte, and the portes in especialle, bi a sufficient navie of shippes, in soche wise as the soudeours may have sure conveieng at alle tymes, aswelle for passage and comeyng over as for conveiaunce of vitaile; the saide navie to be ordeined aswelle at the portis on the other side the see, as Hounflue, Harflue, Crotay, Chirboroughe, and soche other as at any portis on this side the see, bothe as for the resseyvyng of the capteins that now be ordeined to goo and for the nombre that shalle goo after, as for the saide chieveteine and his hooste when thei be radie.

Item, and in especialle, be the kingis highnes it be provided, sene, and ordeined that atwixt the forsaide chevetaine and the saide lieutenant be none debate nor envy, but in unite and one accorde; not holding any oppinions that one myghte contrarie anothere, as in making any appointement, ordinaunce, or provision, other enterprises, otherwise then of one wille and essent; thei to have this in comaundement and streitlie charged be the king uppon theire ligeaunce.

XXXVII

1450, juin, Caen.

Lettre de rémission en faveur de Jacob de Couloigne, archer au service du sire d'Orvoignes, écuyer, homme d'armes de la compagnie de Pierre de Brézé, qui, dans une rixe, avait tué un de ses compagnons.

(Parchemin non scellé. — Archives Nationales, JJ. 180, n° 139, f⁰ˢ 64 v⁰ et 65 r⁰.)

Charles, par la grâce de Dieu, roy de France, savoir faisons à tous présens et avenir nous avoir receue l'umble supplicacion de Jacob de Couloigne, homme de guerre en estat d'archier, serviteur de nostre bien amé escuier d'Orvoignes, homme d'armes de la charge de nostre amé et féal chevalier, conseillier et chambellan, Pierre de Breszé, comte de Maulévrier, contenant que, trois sepmaines a ou environ, la compaignie de nostredit conseillier et chambellan estant logée à Argences, en nostre pais de Normandie, à quatre lieues près de Caen ou environ, en laquelle estoient ledit suppliant et son dit maistre, il se party par le commandement d'icelui son maistre, pour aller en fourrage aux champs, quérir fourrage et quérir provende à ses chevaulx qui mouroient de faim audit lieu d'Argences; lequel suppliant arriva en une maison où il trouva ung autre compaignon de guerre, duquel il ne scet le nom, qui mectoit du blé en ung sac, et commença à vouloir faire comme lui ou au moins à enquérir et serchier en ladite maison en disant audit compaignon de guerre qu'il salua d'arrivée, qu'il vouldroit bien avoir trouvé du blé comme lui pour porter aux chevaulx de sondit maistre, lequel compaignon lui dist qu'il ne fourrageroit point; et ledit suppliant respondy que si feroit et s'il en trouvoit qu'il en aroit et emporteroit; lequel compaignon commença à bouter le suppliant hors de ladicte maison, et ledit suppliant à le rebouter, et, en ce faisant, tira icellui compaignon son espée sur ledit suppliant, lequel, quand il le vit ladicte espée ainsi tirée, print ung baston en lui disant qu'il le feroit bien reculer à tout son espée, et, en ce faisant, ledit compaignon se partit d'ilecques et ala quérir ung sien compaignon qui estoit oudit hostel ou bien près d'icellui. Et vindrent ensemble, contre ledit suppliant, leurs espées tirées, et commença le compaignon derrenier venu à dire audit suppliant : Pourquoy avez vous frappé mon compaignon ? Et le dit suppliant lui respondit qu'il ne l'avoit point frappé; le firent yssir hors dudit hostel, lequel en yssant, leur dist qu'il leur rendroit bien la courtoisie qu'il leur *(sic)* avoit fait. Et chaudement, print son arc et ses flèches et s'en vint vers eulx et leur demanda pourquoy ilz l'avoient ainsi oultraigé et fist semblant de leur tirer. Et ilz se mirent l'un derrière l'autre en approuchant tousjours vers ledit suppliant, lequel, ce voyant, leur dist que se ilz approuchoient plus de lui, qu'il leur tireroit à bon essient et pour ce qu'ilz ne volurent cesser, mais se approuchoient toujours dudit suppliant, lequel, doubtant qu'ilz lui feissent desplaisir du corps, leur tira une flesche de laquelle il en assigna ung parmy le corps. Et, après ce, l'autre compaignon qui ne fut point frappé de ladite flèche, vint audit suppliant son espée tirée, lequel suppliant marcha droit à lui et saisy lui et son espée, et commença icellui suppliant à appeler à son aide ung sien compaignon qui estoit venu avecques lui, lequel tantost y vint et, aussitost que le compaignon dudit suppliant fut arrivé, ils s'entre laissèrent. Lequel suppliant monta lors sur son cheval et s'en ala sans autre débat ou question avoir entre eulx. Duquel cop on dit ledit feu compaignon ainsi frappé, dont aucunement ne scet le nom, comme dit est, estre, par mauvais gouvernement ou autrement, quatre ou cinq jours après, alé de vie à trespassement. Pour occasion duquel cas ainsi advenu, ledit suppliant, qui en est très desplaisant et courroucié et lequel ne fut oncques actaint ne convaincu d'aucun autre villain cas, blasme ou reprouche, s'est absenté de nostre dit service et du païs, esquelz jamais ne se oseroit retourner, se noz grâce et miséricorde ne lui estoient sur ce imparties, si comme il dit humblement requérant icelles. Pourquoy nous, eu concidéracion aux choses dessus dites, voulans miséricorde préférer à rigueur de justice oudit suppliant, ou cas dessusdit, avons remis, quicté et pardonné, remectons, quittons et pardonnons de grâce, plaine puissance et auctorité royal, par ces présentes, le fait et cas dessusdit, avecques toute peine, amende et offense corporelle, criminelle et civille, bans, appeaulx et deffaulx quelzconques en quoy, à l'occasion de ce, il pourroit estre encouru envers nous et justice. Et l'avons restitué et restituons à sa bonne fame et renommée, à nostredit service au pais et à ses biens non confisquez, satisfaction faicte à partie civillement tant seullement, se faicte n'est et sur ce imposons silence perpétuel à notre procureur. Si donnons en mandement, par ces mesmes présentes, aux bailliz de Caen, de Coustantin et d'Evreux, et à tous noz autres justiciers, ou à leurs lieuxtenans, présens et avenir et à chacun d'eulz, si comme à lui appartendra, que de noz présens grâce, quictance, remission et pardon, facent, seuffrent et laissent ledit suppliant joïr et user plainement et paisiblement sans lui faire mectre ou donner, ne souffrir estre faict, mis ou donné, ores ne pour le temps avenir, aucun destourbier ou empeschement en corps ne en biens en aucune manière au contraire. Et se son corps ou aucuns de sesdits biens sont ou estoient pour ce prins, saisiz, arrestez ou empeschez, les lui mectez ou faictes mectre sans délay à plaine délivrance. Et afin que ce soit chose ferme et estable à tousjours, nous avons fait mectre nostre séel à ces présentes, sauf en autres choses notre droit et l'autruy en toutes. Donné en nostre siége devant Caen, ou mois de juing l'an de grâce mil cccc et cinquante et de nostre règne le xxviiie. Par le roy, à la relacion du grand conseil.

GIRAUDEAU.

Visa. Contentor. CHALIGAUT.

XXXVIII

1450, 10 juin.

Assiette faite en la vicomté de Condé-sur-Noireau de la somme de 55 l. 16 s. 8 d.
pour le paiement d'ouvriers employés au siège de Caen.

(Parchemin scellé sur simple queue, sceau manquant. — Bibliothèque Nationale, franç. 26079, n° 6214.)

Assiète faite en la viconté de Condé sur Noireaue de la somme de quarante huit lyvres troys soulz quatre deniers tournois, avecques la somme de sept livres trèze soulz quatre deniers tournois pour les fraiz, pour estre icelle somme mise et employée eu payement et soudoy de deux maçons tailleurs de quarel, deux pionniers et troys manouvriers ordonnés par les gens du roy nostre sire estre envoyés au siège de présent tenu devant la ville de Caen par le roy nostredit seigneur pour le recouvrement de ladite ville, affin pour servir iceux maçons, pionniers et manouvriers audit siége ès choses nécessaires, le nombre de xxxiiii journées, c'est assavoir à chacun maçon, au prix de v s. t. pour jour et chacun pionnier à iiii s. ii d. pour jour et chacun manouvrier iii s. iiii d. t. pour jour; montent toutes lesdites parties, pour lesdits xxxiiii jours, [à] ladite somme de xlviii l. iii s. iiii d. t. avecques les frais desdites vii l. xiii s. iiii d. t. oultre de la somme dessusdite xlviii l. iii s. iiii d. t. pour le principal et vii l. xiii s. iiii deniers t. Assiète a été faite par vertu du mandement de hault et puissant seigneur, Artur, filz de duc de Bretaigne, conte de Richemont, seigneur de Partenay et connestable de France, par Gieffroy Germain, viconte dudit lieu de Condé, en la présence de Pierres Louvet, procureur illec, Michiel Poret, avocat et conseiller, les sergens de la dite viconté et plusieurs autres gens nottables, le x° jour de juing, l'an mil iiii° cinquante, ainxi qu'il ensuit par les parties :

Et premièrement :

Les paroissiens de Condé (¹)	x l.	
Les paroissiens de Saint-Pierre-du-Regart (²).		l. s.
L'aleçon d'Athiis (³)	vi l.	
Les paroissiens de Sainte-Honorine (⁴) . .	iiii l.	
L'aleçon de Berjou (⁵).		l. s.

(¹) Calvados, arrondissement de Vire.
(²) Orne, canton d'Athis.
(³) Orne, arrondissement de Domfront.
(⁴) Sainte-Honorine-la-Chardonne, canton d'Athis, Orne.
(⁵) Orne, canton d'Athis.

L'aleçon de Bréel (¹)	X s.
Les paroissiens de Merey (²).	LX s.
L'aleçon de Proucy (³)	L s.
L'aleçon de Cahaignes (⁴).	CVI s. VIII d.
Les paroissiens de Ballarey (⁵)	XX s.
Les paroissiens de Landes (⁶).	IIII l. III s. IIII d.
Les paroissiens d'Aunoy et Baucqué (⁷) . .	VI l.
Les paroissiens des Croisilles (⁸)	CVI s. VIII d.
Les paroissiens des Moutiers (⁹)	LX s.

Somme : LV l. XVI s. VIII d. t.

Gre. G.   M. PORET.

Les Pins (¹⁰), les alleçons de Cuilly (¹¹), Gouviz (¹²), Cauvaincourt (¹³), Santeaulx (¹⁴) : néant, pour ce qu'il n'y a rien demourant à présent et sont inhabités.

XXXIX

1450, juin, Caen.

Lettre de rémission en faveur de Macé Ogier de Granville.

(Parchemin non scellé. — Archives Nationales, JJ. 180, nº 123, fº 56 rº et vº.)

Charles. par la grâce de Dieu, roy de France, savoir faisons à tous présens et avenir nous avoir receue l'umble supplicacion de Macé Ogier, aagié de quarante cinq ans ou environ, chargié de femme et d'enffans demourant en nostre ville de Granville,

(¹) Bréel, Orne, canton d'Athis.
(²) Saint-Denis-de-Mérey, Calvados, canton de Thury.
(³) Proussy, Calvados, canton de Condé-sur-Noireau.
(⁴) Cahan, Orne, canton d'Athis.
(⁵) Balleroy, Calvados, arrondissement de Bayeux.
(⁶) Landes, Calvados, canton de Villers-Bocage.
(⁷) Aunay-sur-Odon, canton de Vire, Calvados — Bauquay, canton d'Aunay.
(⁸) Calvados, canton de Thury-Harcourt.
(⁹) Les Moutiers-en-Cinglais, Calvados, canton de Bretteville-sur-Laize.
(¹⁰) Espins, Calvados, canton de Thury-Harcourt.
(¹¹) Culley-le-Patry, Calvados, canton de Thury-Harcourt.
(¹²) Gouvix, Calvados, canton de Bretteville-sur-Laize.
(¹³) Cauvicourt, *Ibidem*.
(¹⁴) Cintheaux, *Ibidem*.

contenant que, le jour de Saint-Barnabé, xi⁰ de ce mois de juing, ledit suppliant et Vincent Arnoul, varlet de guerre demourant audit Grantville, se mirent à chemin avecques ung charretier et menoient certains vivres et marchandises au siège que tenions devant Caen, pour l'advitaillement des gens de guerre et autres estans en icellui, et, quant ilz furent à Saint-Denis-le-Gast (¹), ilz trouvèrent en leur chemin ung trouppel de bestes à laines, et, par fain, pour leur soupper, prindrent ung mouton dudit trouppel, en espérance de le paier, et en baillèrent la peau et la courée à une bonne femme laquelle disoit icellui mouton estre sien. Et, ce fait, en portant ledit mouton, advisèrent un bonhomme ancien qui estoit en ung cloz près d'ilecques, lequel ilz appellèrent pour porter ledit mouton, lequel bonhomme, qui se nomma Jehan Morisse dit Chambrois, approucha d'eulx et ala bien le giet d'une pierre ; et en allant ledit Vincent, par esbatement, demanda audit Morice se il avoit point été à l'ébatre à la ryole qui est oudit pais et auquel lieu avoit paravant esté fait certain exploit de guerre entre noz gens et les Anglois, et, incontinant ces parolles dictes, paravant qu'il eust alé deux ou trois pas, ledit bonhomme cheut adens par maladie ou fèblesse, de son hault à terre, sans ce qu'ilz lui feissent aucun mal ne le batissent aucunement. A quoy survindrent la femme et la fille dudit Morice qui se prindrent à crier que c'estoit mal fait de vouloir chargier ledit bonhomme pour ce qu'il estoit vieil et maladif et n'avoit point de force. Après lesquelles parolles lesdits Ogier et Vincent s'aprouchèrent dudit Morice pour savoir comment il se portoit et le remuèrent et retournèrent sans lui mal faire et lui cuidans aidier. Et comme ilz virent qu'il faisoit manière d'avoir le hault mal, ilz le levèrent en lui demandant de son estat et [ce] qu'il avoit ; et en ce faisant, ilz congneurent que ledit Chambrois ne gectoit plus ne vent ne alaine. Ilz s'eslongnèrent de lui et lors sa femme et sa fille prindrent à crier haro à l'encontre d'eulz pour occasion duquel cas... *etc*. [*Suit la formule ordinaire des lettres de rémission*]..... Donné en nostre siège devant Caen, ou mois de juing l'an de grâce mil cccc et cinquante et de nostre règne le xxviii⁰. Ainsi signé. Par le roy, à la relacion du conseil : De La Loère.

(¹) Manche, arrondissement de Coutances, canton de Gavray.

XL

1450, 24 juin, Caen.

*Copie authentique d'un vidimus, délivré le 29 novembre 1480, par May de Houllefort (¹),
bailli de Caen, du traité de reddition de la ville et du château de Caen à Charles VII.*

(Copie sur papier. — Archives Nationales, K. 68, n° 45.)

Copie de certain vidimus fait soubz le grand séel aux causes du bailliage de Caen,
séellé en cire vert sur double queue par moy, Estienne Robin, secrétaire de madame
la duchesse d'Orléans et clerc de sa Chambre des comptes, veu, leu, tenu et diligemment
regardé de mot à mot, duquel la teneur s'ensuit :

A tous ceulx qui ces présentes lettres verront, May de Houllefort, escuier,
seigneur de Hamars et de Vienne, conseiller, chambellan du roy, nostre sire, son
bailli de Caen, et conservateur des droiz, privilèges, franchises, libertés et choses
appartenant à la dicte ville de Caen, salut.

Savoir faisons que, aujourd'hui, xxixe jour de novembre, l'an mil iiii^c quatre-vingts,
nous avons veu, tenu, leu mot après mot et diligeamment regardé en la maison
commune de la dicte ville de Caen, ou livre escript en parchemin, ouquel sont contenues
et enregistrées par ordonnance de justice les faitz et choses appartenant à la dicte
ville (²), le traicté et appoinctement fait par le feu roy Charles, que Dieu absoulle,
avecques feu monseigneur le duc de Sommerset pour la redducion des ville et chastel
du dict Caen, selon les articles, saines et entières, desquelles la teneur ensuit :

Traictié et appoinctement fait par le roy avecques monseigneur le duc de
Somerset pour la redducion des ville et chastel de Caen.

Premièrement mon dit seigneur le duc baillera et délivrera réaument et de fait ès
mains du roy ou de ses commis les ditz ville et chastel de Caen dedens le premier
jour de juillet prouchain venant, à heure de medy, ou cas toutesvoies que dedens
icelui jour les gens du roy par puissance ne seroient levés et mis hors du logis par
eulx prins au lieu de Vauceulles devant les dites villes.

Item, pour ce faire et accomplir baillera mondit seigneur le duc, dix huit hostages ;
c'est assavoir douze des gens de guerre et six de ceulx des ditz ville [et chastel] de Caen,
lesqueulx, les dites choses faictes et acomplies, seront délivrez franchement et quictes.

Item, en faisant et acomplissant les choses dessus dites, le roy sera content que mon
dit seigneur le duc, madame sa femme, ses enffans et toutes autres manières de gens,
de quelque estat, nacion ou condicion qu'ils soient, s'en puissent aller ou bon leur
semblera ou royaulme d'Angleterre ou ailleurs en leur party, excepté à Faloize et
Dampfront, avecque tous leurs chevaulx, hernois, trousses, ars, arbelestes et autre
artillerie dont homme se peult aider au coul, biens, lettres, obligacions, papiers,
mémoires et toutes escriptures, quelles qu'elles soient et choses quelxconques à eulx

---

(¹) Bailli de Caen, une première fois en 1467 et une seconde fois de 1469 à 1482 (P. Carel, *op. cit.*, p. 256).
(²) Le *Matrologe* de la ville (Arch. municip. de Caen AA. 1, AA. 2), dont on sait le mauvais état actuel.

appartenant, soit par eaue, ou par terre, à pié ou à cheval. Et pour ce faire leur seront bailliez bons, sœurs et loyaulx saufz-conduitz jusques à tel nombre que mestier sera, durant le terme de trois mois, avecques navire, charroy, chevaulx à somme et gens pour les conduire, pour mener et emporter leurs dits biens et choses dessus dites à leurs despens raisonnablement, et aussi conduit, se mestier est, sans ce que aucun arrest, destourbier ou empeschement leur soit fait, mis, ou donné pour quelconque cause que ce soit, en fournissant et accomplissant les choses dessus dites.

Item, et s'il advenoit par mutacion de temps et fortune que, ledit temps durant, aucuns des dites gens, leur navire ou autres choses ne peussent passer et aller audit royaulme d'Angleterre, que leurs dits saufz-conduitz leur soient prolongués par le bailli de Caen ou autre demourant ès villes de Harfleu, Honnefleu ou Dieppe, aiant ce povoir suffisant du roy.

Item, et pour ce qu'il y a plusieurs ès ditz villes et chastel de Caen blessez et mallades et femmes en gésine, qui bonnement dedens ledit temps ne s'en pourroient aller, le roy sera content que à ceulx et celles de telle essence et autres, qui, après la redducion d'icelles villes et chastel, voudront demourer en icelles villes ou ès forsbourgz, soit baillié bon et sœur sauf-conduit pour eulx en aller et amener leurs ditz biens, ainsi que dessus est dit, durant ung mois après leur convalescence.

Item, que s'auscuns des dessus dits vendoient ou vouloient vendre aucuns de leurs dits biens, chevaulx, hernois et autres choses, ou iceulx eschangier à autres choses quelxconques, faire le pourroient à telles personnes que bon leur semblera, et les deniers ou autres choses emporter sceurement.

Item, et aussi demourront tous prisonniers estans ès ditz ville et chastel francz et quictes de toutes les foy et promesses qu'ilz ont envers les Anglois. Et pareillement rendront les dits Anglois tous les scellés qu'ilz ont du party du roy quictes.

Item, et pendant ledit temps de la dite réducion des ditz ville et chastel et jusques au jour d'icelle reducion les gens du roy ne aucuns d'iceulx ne entreront par force en aucune des ditz ville et chastel sans le congié de mon dit seigneur le duc.

Item, et que pendant le temps de ladite réducion mon dit seigneur le duc pourra envoier ses héraulx et poursuivants en Angleterre pour le fait de leur secours, navire et autres choses à eulx nécessaires.

Item, le roy sera content recepvoir en sa bonne grâce tous les habitans des dites villes de Caen, tant gens d'église, nobles, bourgois que autres quelxconques demourans et résidans en icelle, et, en tant que mestier seroit, leur donner abolicion et les restituer à leur bonne fame et renommée, et seront restituez en leurs biens, héritages et possessions quelxconques, où qu'ilz soient, en tant que touche les dits héritages ; et les tendra en leurs franchises et libertez et en leurs privillèges dont ilz ont anciennement acoustumé de joir et mesmement au temps de la descente du feu roy d'Angleterre derrain trespassé.

Item, et sera le roy content que les dessus dits se puissent faire paier de leurs debtes mobiliaires et arrérages quelxconques à eulx loyaulment deues, réserve des debtes et arrérages qui pourroient avoir esté receues par les officiers du roy avant la dite réducion.

Toutes lesquelles choses et chacune d'icelles, de point en point et d'article en article, nous, Jehan, conte de Dunois et de Longueville, lieutenant général du roy sur le fait de sa guerre, promettons par la foy et serment de notre corps faire avoir agréables au roy et en baillier ses lettres à mon dit seigneur le duc, dedens le jour

6

de demain, en baillant et délivrant par mon dit seigneur le duc le sourplus des hostages qui restent à bailler du nombre dessus dit; en baillant aussi par mon dit seigneur le duc [promesse] de tenir, attendre et acomplir ce que dessus est dit de point en point et tout sans fraulde, barat ne mal engin.

En tesmoing de ce avons signées ces présentes de nostre main, le xxiiij° jour de juing l'an mil iiij° cinquante.

En tesmoing desquelles choses ces présentes ont esté signées de Jehan Hébert, clerc et notaire pour les affaires communes de ladicte ville, et séellées du grand séel au causes du dict bailliage, en l'an et jour dessus premiers ditz.

Ainsi signé : Hébert.

XLI

1450, juin, abbaye d'Ardenne.

Lettres d'abolition accordées par Charles VII aux bourgeois de Caen.

(Expédition originale en parchemin scellé sur cordelettes, sceau manquant.
Archives municipales de Caen, A A. 5.)

Charles, par la grâce de Dieu, roy de France, savoir faisons à tous présens et avenir comme puis naguaires nous eussions fait mectre le siège devant nos ville et chastel de Caen lors détenuz et occupez par noz anciens ennemis et adversaires les Anglois, auquel siège soions venuz en notre propre personne et iceulx ville et chastel aions, grâces à Notre Seigneur, miz et redduiz en notre obéissance, en faisant laquelle redduction avons humblement esté suppliez et requis de donner et octroyer absolucion générale aux gens d'église, nobles, bourgois, manans et habitans desdictes ville et chastel et des fauxbourgs et viconté dudit Caen qui en iceulx vouldroient demourer, et la prendre et remectre en notre bonne grâce, nous, bénignement inclinans à ladite supplicacion et requeste, voulant préférer miséricorde à rigueur de justice et que nosdiz subgiez desdites ville, chastel, fauxbourgs et viconté puissent vivre et demourer en repoz et tranquilité soubz nous, à ladicte ville et audiz gens d'église, nobles, bourgois, manans et habitans qui ès dictes ville, chastel, fauxbourgs et viconté de Caen ou ailleurs en notre obéissance vouldront demourer et faire le sèrement d'estre bonz, vraiz et loyaulx subgiez envers nous, avons accordé, consenti et octroyé, accordons, consentons et octroyons de notre certaine science, grâce espécial, plaine puissance et auctorité royal par ces présentes abolicion générale de tous cas, faultes et délitz par eulx et chacun d'eulx commiz et perpétrez tant en général comme en particulier à l'encontre de nous et de notre seigneurie paravant la reddicion desdictes ville et chastel en notre obéissance en quelconques manières ne pour quelconque cause que ce soit, et les avons restituez et restituons par ces présentes à leur bonne fame et renommée et à tous leurs bénéfices, biens meubles et immeubles, possessions, droiz, franchises, privileiges et libertez par la forme et manière qui ensuit :

C'est assavoir que tous lesdiz gens d'église, soient prélatz ou constituez en autre dignité, de quelque estat ou condicion qu'ilz soient, séculiers ou réguliers, demeurent paisiblement en toutes leurs prélatures, dignités, prébendes, cures, chappelles, droiz, bénéfices, offices et administracions ecclésiastiques quelzconques, situez et assiz en notre royaume, quelque part que ce soit, qu'ilz tenoient et possédoient alors que nous entrasmes en noz païs et duchié de Normendie pour la recouvrance d'iceulx ou depuis, sans ce que iceulx bénéficiers puissent ès choses dessus dictes estre aucunement troublez, molestez ou empeschez par quelque don de régale collacion ou présentacion de quelque seigneur temporel ou autres dons par nous ou autre seigneur temporel faiz à aultres d'iceulx prélatures, dignitez, bénéfices, offices ou administracions ecclésiastiques paravant la reddicion de nosdicts ville et chastel de Caen, réservé toutesvoyes quatre bénéfices, telz qu'il nous plaira, qui durant ladicte occupacion de nosdis ennemis ont vacqué en régale ou autrement, à notre collacion ou disposicion tant ès églises de notre dicte ville de Caen, comme en celle du Sépulcre et en l'abbaye des religieuses fondée de la Trinité près icelle ville de Caen, ou diocèze de Bayeux, lesquelz bénéfices nous avons réservez à nous pour en disposer à notre plaisir et entendons que ce soit sans préjudice de la réservation que avons faicte de certain autre nombre de bénéfices en octroyant par nous l'abolicion générale aux gens d'église de la ville de Bayeux, laquelle réservacion de Bayeux et ceste présente voullons avoir lieu et sortir effect et pourront disposer desdits quatre bénéfices par nous réservez ès églises desdites ville et fauxbourgs de Caen, toutesfoiz et à têles personnes que bon nous semblera, non obstant ceste présente abolicion, et voulons et ordonnons que ceulx qui ont eu provision desdiz bénéfices ou offices ecclésiastiques autres que les réservez dessus diz par collation royal, serons tenuz de prendre nouvelles lettres de nous de la collacion d'iceulx bénéfices, offices ou administracions et rendre les autres qu'ils avoient euz auparavant, s'ilz sont en nature et en leur possession ; lesquelles nouvelles lettres royaulx, que ainsi ilz auront prinses de nous, voullons qu'elles soyent d'autel effect et valeur comme se dès lors de la date des premières elles eussent esté par nous à eulx données ; aussi entendons nous que, s'il y a aucun desdiz gens d'église qui aient ou possident aucunes dignitez, bénéfices, offices ou administracions ecclésiastiques à tiltre de privacion de ceulx qui sont venuz demourer en notre obéissance, que iceulx possesseurs soient débouttez et ne joyssent aucunement desdictes dignitez, bénéfices ou offices, ains voullons que lesdiz privez, ou ceulx qui auroient leur droit par résignacion qu'ilz leur en avoient faicte, joïssent plainement et paisiblement et sans contredit ou empeschemeut desdictes dignitez, offices et bénéfices ; toutesvoyes, ou cas que iceulx privez seroient trespassez sans les avoir résignez, les gens d'église qui iceulx possedent à tiltre canonique, en joyront et leur demeurront seurs et paisibles comme dessus ; et quant aux biens meubles et immeubles nous avons accordé et octroié, accordons et octroyons à ladicte ville et audiz gens d'église, nobles, bourgois, manans et habitans de quelque estat, nacion ou condicion qu'ilz soyent, qui vouldront demourer en notredicte obéissance, et faire le sèrement ainsi que dessus, qu'ilz soient restituez et demeurent en tous les héritaiges, rentes et revenus, droiz et possessions quelzconques à eulz appartenans, leurs appartenances et appendences, quelque part qu'ilz soient situez et assiz en notre dicte obéissance, et en joyssent doresenavant tout ainsi que s'ilz avoient continuellement demouré en notredicte obéissance, sans eulx en estre aulcunement départiz, et pareillement aussi, au regard de tous leurs meubles qui au temps dudit siège miz et de la redduction desdites ville et chastel n'avoient esté prins par noz gens et officiers ou autres de notre dicte obéissance, non obstans quelzconques dons, déclaracions ou adjonctions à notre dommaine que pourrions avoir faiz desdits biens meubles ou immeubles à quelque personne ne en quelque manière au contraire, parmi ce toutesvoyes que lesdiz de Caen seront tenus à réparer et mectre en estat deu les démolicions qui ont esté faites ès fortificacions et murailles desdictes villes et chastel de Caen par les bonbardes, canons ou autrement depuis ledit siège mis devant iceulx chastel et ville de Caen et la reddicion d'iceulx ; et en oultre avons octroyé et octroyons à ladicte ville et aus dessus diz qu'ilz soyent restituez en tous leurs debtes, fruiz, revenus, arréraiges de bénéfices, rentes, revenus ou autres droictures quelzconques qui n'ont esté par nous cueillies et receues ou noz gens, officiers et subgiez obéissans, au devant la reddicion desdictes ville et chastel de Caen, sauf et réservé en tant qu'il touche les debtes et arréraiges deues par les personnes qui estoient demourans en notre obéissance paravant notre derrenière venue en nostredicte duchié de Normendie pour la recouvrance et redduction d'icelle et dont à iceulx lesdiz gens d'église, nobles, bourgois, manans et habitans ne pourroient faire question ou demande; et avecques ce avons octroyé et octroyons à ladicte ville et aux dessusdiz gens d'église, nobles, bourgois, manans et habitans qu'ilz soient restituez et demeurent en tous leurs privileiges, franchises, libertez, prééminences, juridicions, auctoritez et prérogatives quelzconques dont ilz joyssoient, possidoient ou avoient droicture au temps de la descente de feu notre adversaire d'Angleterre dernier trespassé, et encores d'abondant leur avons accordé et octroyé, accordons et octroyons de notre dicte grace qu'ilz joyssent de la coustume du pays et de la chartre aux Normans, ainsy et par la manière que l'avons octroyé à ceulx de notre ville de Rouen par leur abolicion, et que toutes gens d'église, bourgois et habitans desdiz ville, chastel, fauxbourgs et viconté, natifs de notre royaume, absents pour leurs affaires ou autres causes, quelque part qu'ilz soient, puissent retourner, se bon leur semble, en icelle ville, chastel, fauxbourgs et viconté ou ailleurs en notre obéissance, jusques à deux mois prochainement venans, en faisant laquelle chose et le serrement d'estre bons, vraiz et loyaulx envers nous, leur accordons et octroyons de notre plus ample grâce qu'ilz soient restituez en tous leurs dignitez, bénéfices et offices ecclésiastiques, héritaiges, cens, rentes, revenues, possessions et biens quelzconques tant meubles que immeubles depuis leurdit retour, ainsi que les autres dessus diz et en tèle forme et manière que, s'ilz eussent esté ès dites ville, chastel et fauxbourgs au temps de la reddicion d'iceulx et feussent demourez en notredicte obéissance, et qu'ils aient abolicion générale et soient restituez à leur bonne fame et renommée comme les autres dessusdiz, non obstant comme dessus, en imposant silence perpétuel à notre procureur sur tous les cas, articles et poins dessusdiz à l'encontre desdiz gens d'église, bourgois, manans et habitans et lesquelz voulons qu'ilz joyssent et usent du contenu en chacun desdiz articles, ainsi et par la forme et manière et sur les conditions et réservations que dessus. Si donnons en mandement par ces dictes présentes à nos amez et féaulx conseillers les gens tenans et qui tendront notre Parlement à Paris et notre Echiquier en Normendie, aux bailli et viconte de Caen et à tous noz autres justiciers ou à leurs lieuxtenans, présens et à venir, et à chacun d'eulx, sy comme à lui appartendra, que lesdiz gens d'église, nobles, bourgois, manans et habitans desdites ville, fauxbourgs et viconté de Caen et chacun d'eulx, ilz facent, seuffrent et laissent joyr et user plainement et paisiblement de notre présente abolicion, grâce et octroy, sans leur faire ne souffrir estre fait ne à aucun d'eulx aucun arrest, destourbier ou empeschement en corps ne en biens, ores ne ou temps à venir pour quelque cause ne en quelque manière que ce soit, ainçois, se fait, mis ou donné leur estoit aucunement au contraire, si l'ostent on facent oster et mectre sans délay à plaine délivrance et au premier estat et deu. Et pour ce que de ces présentes on pourra avoir à faire en divers lieux, nous voulons que au vidimus d'icelles plaine foy soit adjousté comme à l'original, et, afin que ce soit chose ferme et estable à tousjours, nous avons fait mectre notre séel à ces dictes présentes, sauf en autre chose notre droit et l'autruy en toutes. Donné en l'abbaye d'Ardenne, près notre dicte ville de Caen, ou moys de juing l'an de grace mil cccc cinquante, de notre règne le vingt-huitiesme.

Sur le repli :

Par le roy en son conseil : DE LA LOÈRE.   Visa.

                                                  Contentor.

                                                  E. FROMENT.

En attache :

En l'Eschiquier de Normendie tenu à Rouen au terme de Pasques l'an mil ccccliii, par Rogier de La Valette, l'un des bourgois jurés de la ville de Caen, fu presentée la lettre de la concession et abolicion faicte par le roy notre sire aux gens d'église, nobles, bourgois, manans et habitans des chastel, ville et viconté dudit Caen, laquelle fu leue en l'auditore dudit Eschiquier et en entretenant et accomplissant l'ordonnance faicte par le roy notredit seigneur et le commandement de la court enregistrée eu registre dudit Eschiquier.

G. PICART.

XLII

1450, 2 juillet, Coutances.

Quittance donnée par huit ouvriers mineurs à James Godart (¹), vicomte de Coutances, de la somme de 56 l. 13 s. 4 d. t., à eux payée par Samson Pasquier, clerc et receveur dudit vicomte, pour leur salaire de trente-quatre journées qu'ils ont travaillé au siège de Caen par ordre du connétable de France.

(Parchemin non scellé. — Bibliothèque Nationale, français 26079, nº 6219.)

Guillaume de Breteville, Colin Morin, Guillaume Solail, Olivier Fonstaine, Guillaume Le Loureur, Colin Bonpain, Olivier Blondel, Jean Le Chevalier, tous mineurs, qui confessèrent avoir eu et receu de James Godart, escuier, viconte de Coustances, par la main de Sanson Pasquier, clerc et receveur dudit viconte, la somme de cinquante six livres, traize soulz tournès quatre deniers tournés, c'est assavoir chacun vii l. i s. viii d. tournés, qui ordonnés lour ont esté pour leur paine et salaire de avoir esté et servy au siège de Caen, chescun par l'espace de trente quatre jours, par l'ordonnance de messire le connestable de France, de laquelle somme de cinquante six livres traize soulz quatre deniers tournés ilz se tinrent contens et en quittèrent le roy nostre sire, ledit viconte, receveur et tous aultres. Fait et passé à Coustances, devant Estienne Jourdan, tabellion, le iie jour de juillet l'an mil iiiie cinquante, présens Thomas Ardaine et Roger de La Planque.

E. JOURDAN.

XLIII

1450, 4 juillet.

Certificat délivré par Gaspard Bureau, maître de l'artillerie, constatant que divers ouvriers charpentiers, scieurs de long, maçons, mineurs, pionniers, manouvriers et sergents désignés nommément dans ledit certificat, ont travaillé au siège de Caen, chacun pendant trente-quatre journées, y compris les quatre jours de leur voyage pour venir à Caen et s'en retourner à Coutances.

(Parchemin non scellé. — Bibliothèque Nationale, français 26079, no 6220.)

Jaspar Bureau, seigneur de Villemomble, maistre de l'artillerie du roy nostre sire, certiffie à tous que Colin Badin, Jehan Letellier, Guieffroy Loys, Denis Fontaine, Guillaume Lestande, Jehan Daulo, Richard Daulo, Perrin Greffier, Étienne Pichart, Guillaume Martin, Richart Le Gendre, Jehan Couillart, Jehan Le Gendre, charpentiers, Guillaume Chesnel, Thomas Legrant, sieurs au long, Guillaume Morain, Guillaume Lestande, Thomas Le Vavasseur, Raoul Pitelot, Guillaume Pitellot, machons, Guillaume Jehan, Jehan Le Gallet, Robin Cadet, Colin Letendre, Richart Legendre, Olivier Escoulant, Philippon Jehenne, Richart de Rées, Thomas Le Machon, Colin Le Villain, Jehan Le By, Thomas Jehan, Olivier Jehenne, Thomas Ardaine, Jehan Le Roulles, Gaultier du Sauxon, Colin de Besnouville, Rogier de La Planque, Guillaume de Brèteville, Colin Morin dit Bissac, Guillaume Solail, Olivier Fontaine, Guillaume Le Loreur, Colin Bonpain, Olivier Blondel, Jehan Le Chevalier, Raoul du Pont l'esney, Raoul du Pont le jeune, Colin Folain, Colin Asson, Raoul Le Fillastre, Colin Lenepveu, Jehan Lenepveu, Olivier Poulain, Jacques Julienne, Olivier Tostain, Colin Germain, Jehan Germain, Colin Lemière, Olivier Larchevesque, Colin Le Dentu, Guillaume Lateste, Colin Le Vachot, Olivier Ameline, myneurs et pionniers, Jehan Sieurie, Michiel Girart, Jehan Du Clos, Colin Guesnon, Perrin Alain, Perrin Lelieur, Jehan de Rabey, Robin Renault, Colin Aubril, Robin

Aimery, Jehan Campion, Jehan Mauger, Guillaume Biart, Jehan Castecuir, Thomas
Mauger, Jehan Anquetil, Jehan Vaultier, Jehan Gosselin, Colin Durant, Gieffroy d'Es-
palis, Regnier Lenayn, Colin Fourchel, Jehan Boschier, Estienne Guerel, Guillaume Le
Franc, Denys Le Joynel, Colin Guennes, Pierre Le Mosquet, Colin Drouet, Mahieu Le
Bonnel, Colin Le Maistre, Philippin Faloize, Perrin Morice, Loys Burnel, Bertault Le
Court, Robin Legay, Michiel Millon, Jehan De La Rue, Guillaume Le Chevalier, Cardin
Ysorey, Jehan Le Goupil, Colin Durant, Germain Hellet, Jehan Millart, Jehan Desvaux,
Gieffroy Dugardin, Raoul Varin, Guillaume Stelle, Yvon Guidon, Jehan Ligot, Robin
Drouet, Richart Le Mesguichier, Jehan Le Boulengier, Jehan Henry, Jacquet Edier et
Estienne Leporc, manouvriers, tous pour la viconté de Coustances, et Colin Jehan, Jehan
Le Chevalier, et Sandres Brocart, sergens à conduire et gouverner lesdits charpentiers,
machons, myneurs, pionniers et manouvriers, lesquelz charpentiers, machons, myneurs,
pionniers, manouvriers et sergens, ont servy le roy nostredit seigneur ou siège dernière-
ment tenu de par ledit seigneur devant Caen, par l'espace chacun de trente quatre journées,
à compter deux jours qu'ilz mistrent à venir dudit lieu de Coustances jucquez audit siège
et deux autres jours pour eulx en retourner en leurs hosteilz et domicilles. Tesmoing
mon signe manuel cy mis, le iiii⁰ jour de juillet l'an mil cccc cinquante.

JASPAR.

XLIV

1450, 6 août, Caen.

Lettres de rémission en faveur de Gringoire Farcy, bâtard de Pierre Farcy, écuyer,
seigneur de la Chapelle-Heuzebrocq (1), *qui, à la suite d'une querelle survenue*
entre lui et un certain Jean Caumont, avait tué ce dernier d'un coup de dague.

(Archives Nationales, JJ. 180, nᵒ 149, fᵒ 70 rᵒ.)

Charles, par la grâce de Dieu, roy de France, savoir faisons à tous présens et advenir
nous avoir reçeue l'umble supplication des parens et amis charnelz de Gringoire Farcy,
filz bastard de Pierre Farcy, escuier, seigneur de la chappelle Heuzebrocq, près Thorigny,
ou bailliage de Caen, icelluy bastart chargié de femme et enfans et aagé de xxx ans ou
environ, contenant que, ès féries de Penthecouste derrain passez, fussent seurvenuz, de
jour, à l'ostel dudit bastart, trois compaignons semblans estre gens de guerre du païs de
Normandie, non estans d'aucune garnison, ne prenant gage, mais eulx vivans lors sur le

_____

(1) A Beuvrigny, canton de Tessy (Manche).

plat païs, nommez Jean Caumont, Jehan Lyot et Girot Postel, qui estoient montez à cheval et descendirent à terre, ouquel ostel ilz eussent demandé du cydre à boire pour leur argent. A quoy ledit bastart leur respondy qu'ilz en auroient voluntiers sans paier argent et leur en feist tirer et bailler ung pot dont ilz ne paièrent rien, et après en eussent demandé en avoir encores à boire, pourquoy ladite femme d'icelluy bastart leur en bailla encores dont ilz paièrent argent à icelle femme. Et après, icelluy Jehan Liot, pour trouver manière de noise et riotte, eust fait acroyre qu'il avoit perdu son bonnet et que icelluy qui l'avait prins n'estoit pas filz de païsan et lors remontèrent à cheval, et ledit Lyot menaschant fort les gens dudit hostel pour cause de sondit bonnet. Et après ce, icelluy Jehan Caumont, descendy de dessus son cheval et vint devant l'uis de la sale dudit hostel tenant sa main à son espée, et adonc icelluy bastard, ce voyant et que ledit Caumont aprouchoit vers lui, doubtant qu'il l'en voulsist frapper, sailly hors de sondit hostel et donna de sa dague audit Caumont ung horion darrière l'espaule. Et lors les deux autres compagnons s'en alèrent et emportèrent une tasse d'argent d'icelluy hostel, qui depuis fut renvoyée audit hostel pour doubte de justice. Pour lequel cop de dague ainsi baillé audit Caumont, il a esté malade, gisant eu lit, en l'ostel d'icelluy bastard, par l'espace d'un moys, ou environ, aux despens dudit bastard, et après se feust levé et monté sur une beste chevaline et se feust fait mener au siège tenu devant nostre ville de Caen, pour trouver remède de guérison aux médecins qui y estoient, mais, par malegarde et [mauvois] gouvernement soit alé de vie à trespas, le tiers jour de ce présent mois d'aoust. Pour occasion duquel cas. etc... [*suit la formule ordinaire des lettres de rémission*]... Donné en nostre ville de Caen, le VIe jour du mois d'aoust, l'an de grâce mil CCCC cinquante et de nostre règne le XXVIIIe. Ainsi signé : Par le roy à la relacion du conseil.

BOUDOR.   Visa.

Contentor.

E. FROMENT

XLV

14{0, 2{ août.

Quittance donnée par Thomas Le Vavasseur, maçon, à James Godart, vicomte de Coutances, de la somme de 8 l. 10 s. t. à lui payée par Samson Pasquier, clerc et receveur dudit vicomte, pour avoir travaillé pendant trente-quatre journées au siège de Caen, au service du connétable de France.

(Parchemin non scellé. — Bibliothèque Nationale, franç. 26079, n° 6242.)

Thomas Le Vavasseur, machon, confesse avoir eu et receu de James Godart, escuier, viconte de Coustances, par la main de Sanson Pasquier, clerc, receveur dudit viconte, la somme de huit livres dix solz qui ordonnez lui ont esté pour sa paine et salaire d'avoir esté et servy au siège de Caen, par l'espace de trente quatre jours, par l'ordonnance de hault et puissant seigneur monsieur le connétable de France ; de laquelle somme il se tint content et en quicta le roy nostre seigneur, ledit viconte, receveur et tous autres. Fait et passé le xxvᵉ jour d'aoust l'an mil iiiiᶜ cinquante, présens Guillaume Morain et Colin Lainsné.

E. JOURDAN.

XLVI

1450, 29 août.

Quittance par Colin Jean, Jean Le Chevalier et Sandres Broquart, sergents, à James Godart, vicomte de Coutances, de la somme de 38 l. 5 s. t. à eux payée par Samson Pasquier, clerc et receveur dudit vicomte, pour trente-quatre journées employées à conduire et diriger des ouvriers qui travaillaient au siège de Caen.

(Parchemin non scellé. — Bibliothèque Nationale, franç. 26079, n° 6240.)

Colin Jehan, sergent, Jehan Le Chevalier, sergent, Sandres Broquart, confessent avoir eu et receu de James Godart, escuier, viconte de Coustances, par la main de Sanson Pasquier, clerc et receveur dudit viconte, la somme de trente huit livres cinq solz tournois, c'est assavoir : chacun la somme de douze livres quinze sols tournois qui ordonnés leur ont esté pour leur paine et salaire d'avoir esté chacun l'espace de trente quatre jours, pour aidier à conduire, mener et gouverner les maçons, charpentiers, myneurs et pionniers, au siège devant Caen, par l'ordonnance de haut et puissant seigneur, monseigneur le connestable de France; de laquelle somme ilz se tindrent contens et en quictèrent le roy nostre seigneur, ledit viconte, receveur et tous autres. Fait et passé devant Estienne Jourdan, tabellion à Coustances, le xxix° jour d'aoust l'an mil iiij° cinquante, présens Jehan Bouissée et Jehan Auber.

E. JOURDAN.

XLVII

1450, 10 octobre, Coutances.

Mandement de Guillaume Lecoq (¹), lieutenant-général d'Arthur de Montauban (²), bailli de Cotentin, au vicomte de Coutances, d'avoir à payer à Robin Proudomme, la somme de 37 s. 6 d. t. pour cinq jours de voyage employés à porter un mandement du connétable de France adressé aux sergents de la vicomté de Coutances, leur ordonnant de rassembler des ouvriers et des charettes pour le siège de Caen.

(Parchemin scellé sur simple queue, sceau manquant. — Bibliothèque Nationale, français 26079, n° 6258.)

Guillaume Lecoq, lieutenant général de noble homme Arthur de Montauban, seigneur de Creppon, escuier d'escurie du roy nostre sire, bailli de Costentin, au vicomte de Coustances ou à son lieutenant, salut. Nous vous mandons et commandons que des deniers de votre recepte de l'assiette faicte de l'assis des pionniers ordonnez pour le siège de Caen, vous poiez, baillez et délivrés à Robin Proudomme, poursuivant d'armes, demourant à Coutances, la somme de trente sept solz IX deniers tournois que tauxez lui advons, par l'advis et consentement des procureur et conseil du roy nostredit sire, pour son travail, paine, sallaire et despens d'estre party dudit lieu de Coustances et avoir porté hastivement, tant de jour que de nuit, nostre mandement exécutoire du mandement de haut et puissant seigneur monseigneur le connestable de France à nous adrechant, aux sergens du roy nostredit sire, en ladite viconté, c'est assavoir aux sergens des sergenteries Richart Pierres et Sabot, de Gavray, Chaslon, Drouart, Forestier et Petusse, ès paroisses et sergenteries ou iceulx sergens estoient résidens et demourans, affin que iceulx sergens feissent promptement et o toute diligence tenir audit lieu de Coustances, devers nous et vous ledit vicomte, grand nombre de charètes, charpentiers, machons, pyonniers et manouvriers, deument atelées, ordonnés et habillés et fournis chascun de ce que à son mestier appartenoit, pour aler incontinent devers mondit seigneur le connestable ou ses commis, devant la ville, place et chastel de Caen, lors détenue et occuppée par les Anglois anciens ennemis du roy nostredit sire, pour illec besoigner et servir le roy nostredit sire, chascun selon son estat, au fait du siège tenu devant ladite ville et chastel de Caen, ainsi que mandé et chargié nous avoit esté par mondit seigneur le connestable, et admené et fait venir devers nous lesdits sergens, charètes, charpentiers, machons et pionniers, euquel voyage et diligence faisant ledit pourssuivant auroit

---

(¹) Nous trouvons G. Lecoq mentionné comme lieutenant-général du bailli de Cotentin, aux dates suivantes : 1450, 24 juillet (Archives de la Manche, H. 3364); 1451, 18 mai (Archives de la Manche, H. Prieuré de Héauville), 13 août et 18 septembre (*ibid.*, H. 3365, 13436); 1452, 16 février (N. S.) (*ibid.*, H. 2273); sans date de mois (*ibid.*, H. 3161); 1453, 10 avril (*ibid.*, E. Lecoq), sans date de mois (*ibid.*, H. 2521).

(²) Bailli de Cotentin. 1450-1451. Cf. Le Père Anselme, *op. cit.*, t. IV, p. 80.

vacqué par cinq jours entiers, tant en alant, séjournant que retournant audit lieu de Coustances. Pour chacun desquels jours lui avons tauxé, par l'advis que dessus, la somme de sept sols six deniers tournois, qui pour tout valent ladite somme de trente sept solz six deniers tournois. Et par rapportant ces présentes et quictance dudit poursuivant, icelle somme sera alloée en vos comptes et rabatue de vostredicte recepte des pionniers dudit lieu de Caen, par nosseigneurs les gens des Comptes du roy nostre-dit sire, auxquelz par ces présentes nous supplions et requérons que ainsi leur plaise faire. Donné audit lieu de Coustances, le xe jour d'octobre l'an de grace mil iiii^c cinquante.

G. Le Coq.

XLVIII

1460, juin, Tours.

Lettre de rémission en faveur de Colin Juecte.

(Archives Nationale, JJ. 190, n° 120, fol. 63 v°, 64 r° et v°.)

Charles, par la grâce de Dieu, roi de France, savoir faisons à tous présens et avenir nous avoir receue l'umble supplicacion des parens et amis charnelz de Colin Juecte, natif de la peroisse de Grancamp (¹), au bailliage d'Evreux, aagé de xxxvii ans ou environ, chargié de femme et de six petits enfans, avec la mère de sa femme et ung enffant qui est à elle, prisonnier en noz prisons d'Orbec (²), contenant que, derrenièrement, en faisant la réduction de noz païs et duchié de Normandie, fismes cryer que tous ceulx qui seroient trouvez menans vivres à noz anciéns ennemis et adversaires les Anglois qu'ilz fussent prins et arrestez. En ensuivant laquelle criée, ledict Juecte, qui s'estoit mis de nostre party, et certains autres gens de guerre trouvèrent certains marchans qui menoient auxditz ennemis des avoines ou autres grains à Caen, lors encores occupé par iceulx Anglois, la charge de quatre à cinq chevaulx, lesquelz chevaulx, avoines ou grains ilz prindrent et les menèrent à Bernay (³), auquel lieu ilz furent renduz ausdiz marchans et n'en eut riens icelluy Juete . . . .
. . . . Il a commis depuis autres vols . . . . .
(Suit la formule ordinaire des lettres de rémission.). Donné à Tours, au mois de juing mil cccc soixante et de nostre règne le xxxie. Par le roy à la relation du conseil.

A. Roland. Visa. Contentor

Chaligaut.

(¹) Grand-Camp, Eure, arrondissement de Bernay, canton de Broglie.
(²) Calvados, arrondissement de Lisieux, canton d'Orbec.
(³) Eure, arrondissement et canton de Bernay.

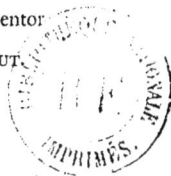

CORRECTIONS ET ADDITIONS

PAGES   9, ligne 24 de la note 2................. *Au lieu de :* avec Charles d'Anjou, comte d'Eu, *lisez :* avec Charles d'Artois, comte d'Eu.

—   11, ligne 5 de la note 4 de la page précédente   *Au lieu de :* Mathieu Gogh, *lisez :* Mathieu Gough.

—   11, ligne 21 de la note 4 de la page précédente   *Au lieu de :* Marie d'Anjou, *lisez :* Marguerite d'Anjou.

—   12, ligne 19 de la note 1 et ligne 2 de la note 3   *Au lieu de :* Mathieu Gogh, *lisez :* Mathieu Gough.

—   15, ligne 14 de la note 2 ....   *Au lieu de :* Mathieu Gogh, *lisez :* Mathieu Gough.

—·   16, ligne 2 de la note 3 ....   *Au lieu de :* Mathieu Gogh, *lisez :* Mathieu Gough.

—   32, ligne 16 de la note de la page précédente.   *Au lieu de :* rue de Geôle, no 31, *lisez :* no 37.

—   32, ligne 17 de la note de la page précédente.   *Au lieu de :* crayon de G. Bouet, *lisez :* lithographie de G. Bouet.

—   A la fin de ladite note ....   *Ajoutez :* Le sceau de Thomas de Loraille, présentait un chevron accompagné de trois coquilles (cf. J. Roman : *Inventaire des sceaux de la collection des pièces originales du Cabinet des titres à la Bibliothèque Nationale,* t. I, Paris, 1908, in-4o, p. 776, no 6643).

On lit dans les *Annotations aux Origines de la ville de Caen de Huet,* par l'abbé De La Rue (Bibliothèque de Caen, ms. in-8o 50, t. II, fo 51 vo) : « ... Loraille étant mort en 1470, sa fille Gilette, épouse de Michel de Tilly, seigneur de Saint-Germain, vendit sa maison en 1480 à Alain de Goyon ; celui-ci n'ayant pas exécuté les clauses du contrat de vente, la maison fut revendue en 1481 à Bertin de Silly ; enfin ladite Gillette la racheta quelque temps après par échange avec ledit Bertin et elle y demouroit encore en 1488. Tous ces faits sont constants par les registres des tabellions. »

—   46, ligne 33 de la note 3, concernant R. de Floques, avant les mots : « voici la description de son sceau »........   *Ajoutez :* cf. aussi : Le Métayer-Masselin : *Collection des dalles tumulaires de la Normandie,* Caen, 1861, in-4o, p. 19.

—   48, ligne 2 de la note 4 ....   *Au lieu de :* Jeanne d'Ondeauville, *lisez :* Jeanne d'Oudeauville.

—   LXIX, pièce no XXXIII...................   *Au lieu de :* 1450 (N. S.) february, *lisez :* 1450 (N. S.) February, 4.

—   LXXIV, ligne 9.......................   *Au lieu de :* a noble puissance, *lisez :* a noble puissaunce.

—   à l'avant-dernière ligne de la même page.......................   *Au lieu de :* and essent, *lisez :* and assent.

—   LXXVIII, note 7......................   *Au lieu de :* canton de Vire, *lisez :* arrondissement de Vire.

TABLE

DES NOMS DE PERSONNES ET DE LIEUX

C

L

M

W

X

Y

TABLE DES MATIÈRES

DEUXIÈME PARTIE

PREUVES

PIÈCES ADMINISTRATIVES

IMPRIMERIE :: :: ::
CHAMPION ET PAILLÉ
:: :: :: :: :: PARIS